불안한 평화

UNSTABLE
PEACE

· 공병호 지음 ·

불안한 평화

대한민국의 운명을 결정할 한미 관계 전략

21세기북스

무지가 오판과

교만을 낳는다

"어떤 사람을 판단할 때 그 사람의 입이 아니라 걸어온 길을 보아야 한다. 어떤 나라와 관계를 맺을 때도 이 원칙은 변함이 없다. 미래는 과거의 연장에서 올바르게 이해될 수 있기 때문이다. 그 나라에게 '대충 좋은 것이 좋다'는 없다."

이 땅에 살면서 오늘날처럼 혼란스럽고 위태로웠던 적은 없었다. 경제가 출렁거리는 문제는 지갑의 문제이기에 지나친 걱정을 하지 않았다. 시간이 가면서 경제는 정상으로 돌아오는 경향이 있기 때문이다. 하지만 지금 우리가 겪고 있는 어려움은 북한이 핵무기를 손에 넣고 실전에 배치하는 움직임이 시시각각으로 현실화되는 데서 비롯되었다. 아직도 북한의 핵무기를 두고 체제 유지용과 같은 이유를 믿고 싶어 하는 사람들도 있지만 필자의 생각은 다르다.

오래전부터 세계사와 전쟁사를 즐겨 읽어온 사람에게 국가 간 대결의 결론은 명백하다. 어떤 적대 세력도 상대국의 호의에 의해 마음을 돌리는 일은 없었다는 사실이다. 누군가 상대방에게 적대감을 갖고 있다면 그리고 무력에 의해 막대한 전리품을 손에 넣을 수 있다면, 적대 세력의 적의를 제거하려는 어떤 호혜적인 지원이나 조치도 적대감 자체를 없앨 수는 없다는 점이다. 이는 인간이란 존재를 들여다보면 볼수록 너무나 명백해진다.

이런 생각을 두고 지나친 우려라고 여기는 사람들도 있지만, 사실은 그렇지 않다. 정치학을 연구하는 전문가들 가운데 이런 견해에 동의하는 사람들이 많다. 동북아시아 연구를 수행하는 순수 민간 싱크탱크인 니어재단이 개최한 제1회 NEAR 한중일 서울 프로세스에서 '동북아의 잠재적 위기'라는 세션을 진행한 적이 있다. 다수 한국 전문가들의 주장이 『동북아시아의 파워 매트릭스』(NEAR재단, 이새, 2017)라는 저서에 다음과 같이 여과 없이 소개되어 있다.

북한의 핵 개발이 한반도 적화통일로 이어질 가능성을 배제할 수 없고, 실제로 그 가능성도 크다. 이를 인정하고 한반도 상황을 이해해야 함에도 불구하고 아직도 많은 국가들이 북핵 위협을 심각하게 받아들이지 않고 있으며 미국조차도 그 가능성을 낮게 점치고 있다. 만약 북한의 핵미사일이 실제로 전선에 배치되고, 북한이 이를 사용할 경우 한반도의 상황은 불 보듯 뻔하다. 핵은 단순히 위력이 큰 무기가 아니라 단 한 발로도 모든 것을 소멸시킬 수 있는 절대적인 무기다. 또한 실제로 사용하지 않는다고 하더라도 '그림자 효과shadow effect'가 존재한다. 남북의 군사적 균형이 붕괴되면 한국은 전쟁과 항복이라는 선택지에 한없이 시달리게 됨으로써 북한은 한반도를 점차 적화의 길로 끌어들일 가능성이 크다. 설사 평화가 유지된다고 할지라도 한국의 입장에서 보면 결국 종속적, 노예적인 평화에서 벗어나기 쉽지 않을 것이다.

적대 세력이 핵무기를 갖는 이유

적대 세력이 가공할 무기를 손에 넣는 데에는 명백하게 추구하는 목표가 있다. 그것은 경쟁국을 무력으로 굴복시키기 위함 그 이상 그 이하도 아니다. 필자는 북한 핵무기는 명백하게 한반도의 적화를 목표로 하고 있다는 점을 오랫동안 생각해왔다. 그런 생각이 다소 과격한 주장이라고 간주되던 시절에도 일관되게 그렇게 판단하였다.

언젠가 한반도에 인위적으로 조성된 해빙 무드가 나라 전체를 휩쓸고 있던 시절이 있었다. 이름만 대면 알 만한 사람들이 북한 땅을 경쟁적으로 밟으며 "조국은 하나", "민족도 하나" 등과 같은 낭만적인 미사여구를 외치면서 건배를 할 때가 있었다. 그때도 그런 선택으로 인해 이 민족에게 주어질 질곡의 세월을 생각하면서 크게 걱정하였다. 그때만 하더라도 핵무기는 가능성의 영역이었지만, 현실화의 영역에 속하지 않았다. 이제 우리는 적대 세력의 선의에 대한 낭만적인 믿음과 그것에 기초한 반복적인 실수의 연속으로 북한 핵무기의 실전 배치라는 끔찍한 현실 앞에 서게 되었다.

이 책을 쓰게 된 계기는 이처럼 피하고 싶은 위험 앞에 시민으로서, 공동체로서 무엇을 어떻게 해야 하는가에 대한 답을 찾아보기 위함이다. 우리 역사를 돌아보면, 한반도의 운명은 안타깝게도 우리 자신의 독자적인 선택에 의해 결정된 적이 거의 없다. 당연히 그래야

함에도 불구하고 지정학적인 요인, 국력의 열세라는 요인, 공동체의 분열이라는 요인, 지도층의 잘못된 선택이란 요인 때문에 늘 외부적인 힘의 균형과 불균형 사이에서 결정되곤 했다. 다시 말하면 외부 세력의 침략이나 협상의 산물로서 한반도의 운명이 결정되었다. 지금 이 시대는 다르다고 외치고 싶은 사람들도 있지만, 그때나 지금이나 '무엇이 그렇게 다른가'라는 생각이 한시도 머리를 떠나지 않는다.

세상에는 소망하는 일이 있지만 소망한다고 해서 모두가 자신의 뜻대로 이루어질 수는 없다. 우리의 운명은 우리 스스로 결정하려 하지만 그것은 소망이고 현실은 결코 그렇게 할 수 없을 때가 많다. 이처럼 피할 수 없는 불편한 진실을 직시하고 기꺼이 받아들이면 그때부터 현실적인 해결책을 찾게 된다. 나라의 명운이 걸린 중대한 일일수록 낭만이나 정염 그리고 당위가 눈을 가려서는 안 된다. 그런 일일수록 이성과 합리 그리고 현실에 기초해서 문제 해결책을 찾아야 한다. 사실 우리가 지금까지 적대 세력의 진의와 본심 그리고 인간 본성을 꿰뚫어보는 현실주의자였다면 상황이 여기까지 오지 않았을 것이다.

미국에 대한 올바른 이해

우리가 문제 해결책을 구함에 있어서 가장 중요한 것은 '한미 간의 상호 관계를 어떻게 끌어갈 것인가'이다. 미국이 한반도에 대해 어떤 판단을 하고, 한국과 한국인을 어떻게 바라보고, 어떤 결정을 내리는가에 따라서 우리 운명의 상당 부분이 영향을 받을 수밖에 없다. 따라서 현실을 냉철하게 직시할 수 있을 때 비로소 나라의 안위를 확보하는 현실적인 대안이 나올 수 있다.

이 책은 한반도 위기 극복법을 찾는 것이 목적이다. 이를 위해 반드시 필요한 것은 미국을 이해하는 일이다. 그래서 이 책의 또 한 가지 목적은 미국을 제대로 이해하는 데 있다. 편견과 선입견 그리고 통념을 모두 내려놓고 있는 그대로 미국을 이해해야 위기 극복에 도움을 받을 수 있다. 어떤 나라와 관계를 맺는 것은 상호 이해에 바탕을 두게 된다. 어떻게 이해하는가에 따라 선택이 크게 달라진다. 그 이해도 피상적으로 지금 당장 드러나는 현상이 아니라 역사적으로 발전되어온 경로를 추적하고 현주소를 확인하고 미래를 전망하면 미국을 더 잘 이해할 수 있다. 미국은 대충 좋은 것이 좋다는 식과는 거리가 먼 나라다. 특히 자국의 안위에 위해를 가하는 것이 확실하다고 판단하면 서슴지 않고 원칙을 고수하는 원칙주의자의 경향이 강하다. 이는 미국이 걸어온 길뿐 아니라 평균적인 미국인들의 생활 속에서도 자주 확인할 수 있는 성향이자 특성이다. 이런 점을 정확히 제대로 이해해야 우리가 미국의 선택에 대해 현명한 대응책을 생각해낼 수 있을 것이다.

이 책은 우선 한미 관계의 과거와 현재, 미국의 미래에 대한 전망에 대해 각각 한 장씩 할애한 다음에 우리 내부에 존재하는 미국을 바라보는 시각의 빛과 그림자를 살펴볼 것이다. 그리고 미국과 이에 대항하는 세력인 중국과의 비교 분석을 거친 다음에 한국과 한국인의 선택으로 마무리한다.

필자는 정치학을 전공한 전문가는 아니다. 20대 중반에 처음 미국이라는 나라와 미국인을 학생으로 만났다. 이후 1년에 여러 차례 미국을 방문하는 일이 이어져왔다. 세월의 흐름은 어떤 사람이 사물이나 현상을 바라보는 시각을 조금씩 변화시키는데, 필자는 20대에 본 미국을 30대, 40대 그리고 50대를 거치면서 더 넓게 포괄적으로 이해하게 되었다. 다시 말하면 세월은 젊은 날의 협소한 시각을 벗어나 미국과 미국인을 있는 그대로 바라보도록 만들었다. 이 책이 시민은 물론이고 나라를 이끄는 지도층에게 미국과 미국의 선택을 정확히 이해하고 전망하는 데 도움이 되기를 바란다. 북한과 주변국들이 어떤 나라들인지를 이해하는 데도 도움이 되기를 바란다. 또한 한국과 미국이 우호적인 상호 관계 속에서 현명한 선택을 내릴 수 있도록 만드는 데 기여하기를 바라는 마음이 간절하다.

2018년 2월

공병호

차례

제6장 한국과 한국인의 선택

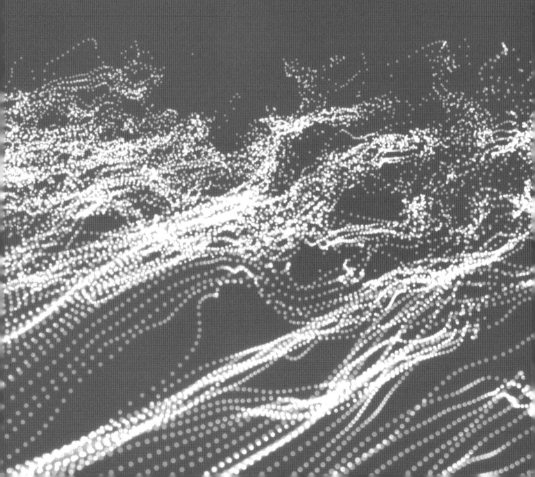

제1장

미국과의 인연

"미국이란 나라는 영토적 야심이 없다. 정글 같은 국제 사회에서 집요하게 패권을 추구해온 중국과 러시아가 걸어온 행보와는 뚜렷한 차이를 보인 대국이다. 그들의 개방성과 보편적 가치에 대한 믿음으로 우리는 많은 혜택을 받았다."

....

시간이 흐르면서 귀한 것은 잊히고 만다. 개인의 삶에서도 그러하고 공동체의 역사에서도 꼭 같은 일이 일어난다. 잘되는 개인이나 집안은 어려웠던 시절을 잊지 않는 나름의 습관을 갖고 있다. 조직이나 나라라는 공동체도 마찬가지다. 과거를 잊으면 어김없이 '풍요의 저주'와 같은 일이 일어나게 된다. 살면서 깨우치는 진실 가운데 하나는 '과거를 올바르게 기억하는 것만으로도 자신과 가족과 조직과 나라를 구할 수 있다'는 것이다.

하지만 망각의 힘은 워낙 질겨서 고생스러운 기억은 오래가지 않는다. 현재의 안보 위기를 슬기롭게 극복하기 위해서 필요한 일은 과거를 잊지 않는 것이다. 과거 가운데서도 미국과 맺었던 인연의 중요한 부분을 알아야 하고, 그것이 오늘의 우리에게 무엇을 의미하는가를 새길 수 있어야 한다. "누구도 과거 없는 현재를 말할 수 없다"는 사실을 기억해야 한다. 원로 역사학자 이만열은 과거를 무시해버리는 현대인들을 두고, 이렇게 역설한다. "역사를 외면하는 공동체는 자신의 주체성을 가질 수 없다. 그래서 역사는 언어와 마찬가지로 한 공동체로 하여금 공동체 되게 만드는 가장 핵심적이고 기본적인 공유물이다." 미국과의 인연은 시민으로서 뿐만 아니라 한국이란 공동체로서 내려야 할 선택의 단초를 제공해줄 것이다.

01

미국과의

만남

우호적으로 시작된 만남

　조선인과 미국인은 언제 처음으로 만났을까? 당시 상황은 어떠하였을까? 미국인이 최초로 이 땅을 밟은 일은 1855년(철종 6년)에 일어난다. 이보다 앞서 1852년 12월 동래 용당포에 표류했던 미국 포경선은 조선에 나타난 최초의 미국 선박이었지만, 승선했던 선원들은 조선 땅을 밟지는 않았다. 1853년에는 사우스 아메리카호가 일본으로 항해하던 중에 부산에 입항하여 열흘을 머물면서 조선 관리들과 식사를 하기도 했다는데, 기록이 확실치 않다. 기록으로 뚜렷하게 남아 있는 사건을 중심으로 보면 처음으로 조선 땅을 밟은 미국인은 포악한 선장 때문에 미국 포경선 '투 브러더스호'를 탈출한 4명의 젊은 선원들이었다.

1855년 6월(음력), 강원도 통천군 임도면 남애진 앞바다에서 일어난 일이다. 미국인을 본 조선인은 "생김새가 괴상했고, 어떤 사람은 키가 크고 또 어떤 사람은 작았다"는 기록을 남겼다. "얼굴색은 반쯤은 붉고 반은 희고, 수염은 짧고 콧대는 높았으며 눈동자는 파랬다"는 기록이 남아 있다. 바깥 문명으로부터 차단되어 살았던 18세기 조선인에게 미국인은 현대인에게 외계인과 같은 모습이었을 것이다. 미국 포경선 선원들은 서울을 거쳐 북경으로 보내졌고 그곳에서 상선에 태워져 미국으로 갔다고 한다.

훗날 본국으로 돌아간 미국인들은 조선인들의 환대를 무척 고마워했다는 기록을 남겼다. 그들은 10~20대 청년으로 원산 영흥만 근해에서 표류하였으며, 통천군 남애진에서 약 30일 동안 묵었다. 필라델피아 출신의 데이비드 맥과이어는 "마을 주민들은 해안으로 나와서 우리를 맞이했고 그들의 집으로 데려가서 우리들을 친절하게 대접해주었을 뿐만 아니라 옷과 음식을 후하게 주었다"고 말했다. 또한 오하이오 출신의 데이비드 번스는 "조선인은 우리를 인간적으로 대우했다"고 증언했다.

민간의 반응도 호의적이었지만 관청의 반응도 우호적이었다. 비변사는 미국인 처리 문제와 관련해서 국왕에게 "이국인들에게 새 옷을 만들어 지급하고 아침저녁으로 음식을 주어 그들이 착실히 거행하게 하여 조정의 유원지의柔遠之義를 보여야 합니다"라고 보고하였다.

침략으로 얼룩지기 마련인 열강의 진출 사례와 달리 한국과 미국의 만남은 우호적으로 시작된다. 그들이 북경으로 호송된 지 얼마 되지 않은 1855년 8월 4일, 범선 1척이 함흥부 운전진 앞바다에 나타나는 일이 또 일어난다. 이 소식을 접한 함흥 판관 김재헌이 급히 말을 달려 그들과 대화를 시도한다. 본선으로부터 작은 배를 타고 뭍으로 접근한 다섯 사람 가운데 두 사람이 육지에 올랐다.

김재헌은 말을 해보려 했지만 도통 통하지 않아서 갑갑했다. 영어를 알아듣기 힘들었던 김재헌에게 미국인의 말소리는 마치 금수의 소리 같기도 하고 새가 지저귀는 것 같기도 했다. 예나 지금이나 한국 사람들이 영어 때문에 고생하는 것은 변함없다는 생각에 웃음이 나온다.

김재헌은 필담이 나을 것 같아서 "어느 나라 사람인가?", "무슨 일로 이곳에 오게 되었는가?"를 물었다. 종이와 붓을 집어든 그들이 쓴 문자는 한번도 본 적이 없는 모양으로 물과 구름을 그린 것처럼 보였다. 영어 글자가 김재헌에게 얼마나 기이한 모습을 비췄을지 짐작하는 일은 어렵지 않다. 그때도 조선인은 친절했다. 술과 밥, 복숭아와 배, 연초 등을 대접하자 미국인들은 기쁘게 받아먹고 여러 차례 머리를 끄떡거리면서 감사함을 표하였다. 『악령이 출몰하던 조선의 바다』의 저자인 박천홍은 미국인 포경선에 오른 김재헌의 관찰기를 찬찬히 옮겼다.

배에 탄 사람들의 생김새는 기묘했다. 붉거나 노란 머리카락을 이마에 늘어뜨렸다. 얼굴색은 희고 눈은 깊고 노랬다. 코는 뾰족했다. 머리에 쓴 관은 거푸집 같았다. 옷은 서양 비단으로 지었는데, 파랗거나 노랗고 검은 색도 있었다. 배 안에는 철창 12개가 있었다. 고래를 잡을 때 쓰는 것 같았다. 사람들은 5촌(15cm)쯤 되는 조총 한 자루를 각각 품안에 지니고 있었다. 나무 단지 20여 개에는 고래 기름도 담겨 있었다.

정면충돌, 1866년 대동강의 셔먼호 사건

우호적인 만남은 오래 지속되지 않았다. 그로부터 10여 년이 흐른 1866년(고종 3년) 조선과 미국이 정면으로 충돌하는 비극적인 사건이 터진다. 같은 해 8월 21일(양력) 대동강을 거슬러 올라온 제너럴셔먼호는 평양에서 통상을 요구한다. 이 배에는 선장 페이지 외에 청나라 선원 13명, 말레이시아 선원 3명, 선장을 제외한 서양인 4명이 탑승하고 있었는데, 이 가운데 한 사람이 런던 선교회 소속 개신교 선교사인 로버트 저메인 토머스Robert Jermain Thomas다. 그는 한국어에 능했기 때문에 통역 자격을 겸해서 승선하고 있었다. 셔먼호는 자력으로 대동강을 거슬러 올라온 것이 아니었다. 20여 년간 조선 무역에 관여해오면서 지리에 능한 청나라 선장 유화태가 운영하는 중국 정크선의 인도를 받은 덕분에 가능하였다.

셔먼호에 탑승한 사람들이 당시 평양 분위기를 알았을 리가 없다. 그랬다면 그들은 좀 더 조신하게 행동하였을 것이다. 프랑스 군함이 곧 침입해 올 것이라는 소문이 시중에 일파만파처럼 퍼져나갔던 시점이라 평양 관원들과 주민들은 모두 긴장하고 있었다. 평양 경내에서 지방 관리를 만난 토머스 선교사는 선원들의 국적을 밝히면서 "우리의 항해는 오로지 상거래를 위한 것뿐입니다"라는 사실을 명백히 밝혔지만 지방 관리로부터 돌아온 답은 거절이었다. "우리는 외국과 어떤 상거래도 원하지 않지만, 당신들이 원하면 승조원들의 식량과 보급품은 제공하겠다." 지방 관리는 토머스 선교사에게 고급 관리와 협의를 마무리할 때까지 다른 곳으로 움직이지 말고 지금 장소에서 기다려달라고 요구하지만, 셔먼호는 강을 더 거슬러 올라가 평양 서쪽까지 이르러 정박하기에 이른다. 이 같은 행동을 위험한 일로 간주한 중군 이현익이 저지하자, 셔먼호 선원들이 그를 붙잡아 감금해버린다. 이런 소문이 들불처럼 번져나가자 예상치 못한 일이 걷잡을 수 없이 확산되었다. 평양성의 격분한 민간인들이 강변으로 몰려들자 위협을 느낀 셔먼호 선원들은 과민하게 반응했다. 소총과 대포를 강변에 모여 있는 사람에게 쏘기 시작했다. 이에 격분한 민간인들은 돌팔매질을 시작하고 관원들은 기다리기라도 한 듯 활과 소총을 쏘아댔다.

이 정도에서 수습이 되었으면 좋았을 텐데 상황이 더욱 악화되는 일이 우연히 발생하고 만다. 셔먼호가 모래톱에 걸려 꼼짝달싹도 할 수 없는 딱한 상황에 놓였기 때문이다. 사방이 적으로 둘러싸인 상태에서 인간이 느끼는 불안과 초조함은 극을 달리게 된다. 선원들은 불안한 상황에 압도된 나머지 위협 사격을 개시한다. 그들이 예상하지 않은 일이었을 텐데, 이 발포로 말미암아 평양 사람 7명이 죽고 5명이 다치는 참사가 일어난다. 관민의 분노가 들끓음은 물론이다. 이때 훗날 우의정까지 오르는 박규수는 불화살로 배를 태우는 아이디어를 생각해낸다. 우선 어촌의 작은 배들을 동원하여 셔먼호 안에 기름을 끼얹은 뒤에 불화살을 쏘아서 셔먼호를 격침시켰다. 이 와중에 승선했던 23명 중 대부분이 불에 타 죽고 2명만 겨우 생명을 건졌지만 분노한 사람들에 의해 맞아 죽는다. 묻혀버릴 수 있었던 사건이 국제적인 사건으로 비화된 것은 미국 군함 1척이 셔먼호를 구하기 위해 달려온 덕분이다. 화살 세례를 받은 미국 군함은 배 안에 있던 인화 물질 때문에 불타고 말았지만, 군함에 승선했던 일부 미국 상인들이 간신히 생명을 건져서 중국으로 돌아갈 수 있었다. 이 사건은 조선 조정의 입장을 더욱 강경하게 만들어버림으로써 조선이 쇄국을 향해 달려가는 데 힘을 더하였다.

군사 충돌, 1871년 신미양요

어떤 시대든 시대를 특징짓는 용어가 있다. 19세기는 제국주의의 시대였다. 특히 19세기 중반은 서구 열강이 아시아에서 새로운 통상로를 개설하기 위해 경쟁적으로 노력하던 시절이었다. 시대의 흐름을 꿰뚫고 이에 대처하는 방안을 마련하지 못하면 그때나 지금이나 고생길을 피하기 힘들다. 우리 조상들이 선택한 대안은 눈을 감고 귀를 닫는 일이었다. 시대의 도도한 흐름이 개방을 향하여 거세게 흘러가고 있었음에도 불구하고, 사실과 진실을 직시하기를 거부하였고 눈과 귀를 꼭 닫아버렸다. 외부 세계와의 교역을 전면 금지하는 쇄국 정책을 고집하게 된다. 이런 정책에 박차를 가하게 한 계기가 대동강에서 일어난 셔먼호 사건이다.

엎친 데 덮친 격으로 또 하나의 사건이 뒤를 따른다. 셔먼호 사건이 일어나고 나서 두 달 정도 지났을 때인 1866년 10월 26일부터 12월 17일 사이에 그 유명한 병인양요가 터진다. 흥선대원군의 천주교 탄압인 병인박해를 구실로 삼아 프랑스 신부를 살해한 자에 대한 처벌과 통상조약 체결을 요구한 프랑스 함대가 서울 양화진과 서강까지 진출하고 강화성을 점령하여 약탈하는 일이 일어난다. 흥선대원군의 쇄국 정책에 못을 박은 사건이 셔먼호 사건과 병인양요다. 미국과 프랑스를 모두 물리쳤다는 자가당착과 위기감이 흥선대원군으로 하여금 쇄국 정책을 더욱더 공고하게 추진하도록 만들었다.

자국 상선이 불타고 인명 손상이 심했는데, 미국 정부가 군함을 파견하여 항의하지 않은 이유는 무엇일까? 셔먼호 사건이 터지기 바로 한 해 전인 1865년에 미국의 에이브러햄 링컨Abraham Lincoln 대통령이 암살당하는 사건이 일어났다. 권력을 승계 받은 17대 앤드루 존슨Andrew Johnson, 1865~1869년 재임 대통령은 재임 중에 탄핵 대상이 됨으로써 셔먼호에 관심을 가질 형편이 되지 못하였다. 그러나 미국 정부로서는 셔먼호 사건이 그저 묵과하고 넘어갈 수 있는 일은 아니었다. 결국 사건이 터진 후 5년이 되는 1871년, 미국 정부는 셔먼호 사건 진상 조사와 거문도의 해군 기지 설립 조사를 목적으로 조선에 함대를 파견하지만, 양국은 대포 발사와 소총 응사 등의 경미한 충돌을 경험하고 끝나게 된다.

　마침내 미국과의 가장 큰 무력 충돌 사건이 터지는데, 이 사건이 1871년 6월 1일에 일어난 신미양요다. 이것은 미국이 주도하여 조선과 군사적 충돌을 일으킨 전쟁이다. 셔먼호 사건의 책임과 통상 교섭을 명분으로 내걸고 조선의 주요 수로였던 강화도와 김포 사이의 강화해협을 거슬러 올라온 미국군이 조선군과 교전했다. 3일간의 격렬한 전투 끝에 강화도의 광성보가 함락되고 수비 병력 대다수가 사망했다. 조선군의 피해는 243명 전사, 100명 익사, 20명 포로였다. 미국군의 피해는 3명 전사, 10명 부상이었다. 미국 해군은 20일간 통상을 요구하며 주둔하다가 조선의 완강한 쇄국 정책으로 아무런 협상을 하지 못하고 철수하고 마는데, 신미양요는 이미 가속도를 받고 있던 조선의 쇄국 정책을 더욱더 강화하는 역할을 하게 된다.

　주지하다시피 미국은 청나라와 1844년에 통상조약을 맺었고, 1853년에 일본과 통상을 개시하고 1854년에 통상조약인 가나가와조

24

약을 맺는 데 성공한다. 이후 일본은 메이지유신을 발판으로 삼아 후발 제국주의 국가 대열에 동참한다. 미국이 조선의 통상 개방 문제를 논의하기 시작한 시점은 1832년으로 알려졌다. 극동 지역에 파견된 최초의 미국 특명 전권 공사였던 에드먼드 로버츠Edmund Roberts는 국무장관에게 제출한 보고서에서 "조선 및 북부 중국과 통상을 여는 길은 먼저 일본과 조약을 맺는 것"이라는 내용을 썼다. 그러나 조선 통상 개방은 실익이 별로 없다는 판단 때문에 보류되었다. 19세기 중반을 전후하여 중국, 일본 그리고 한국은 대외 개방에 응한 시점에 따라 이후 전혀 다른 운명의 길을 걷게 된다. 한 시대를 살았던 지도층이 내린 의사결정이 이후 두고두고 영향을 끼치는데, 지금의 한반도 분단도 그 뿌리는 쇄국과 깊이 연결되어 있다.

어느 시대든 변화 그 자체가 삶의 본질이다. 살아 있는 모든 것은 변한다. 눈을 감더라도 귀를 막더라도 변화의 거대한 물줄기를 막을 수는 없다. 변화는 그 자체의 논리와 작동 방식으로 마치 한여름 폭우 후의 강물처럼 거침없이 제 갈 길을 갈 뿐이다. 19세기를 살았던 우리 조상들이 놓쳤던 것은 변화의 본질이며, 어쩌면 오늘날 우리가 놓치지 말아야 할 것도 변화의 실체와 본질일 것이다.

청나라 『조선책략』의 영향력

한미 관계의 뿌리를 탐구하다 보면 그 시원始原을 1882년 5월 20일 제물포에서 조선과 미국의 전권 대표들이 체결한 조미수호통상조약한미수호통상조약에서 찾을 수 있다. 개방을 완강하게 거부하던 조선 조정은 결국 1876년 일본의 강압에 의해 강화도조약을 체결하지 않을 수 없는 상황에 내몰린다. 서구 열강과의 최초 조약인 조미수호통상조약은 지금도 자주 불평등조약의 대표 사례처럼 인용되고 있다.

이 조약의 내용과 체결 전후의 상황을 살펴보면 이후의 한미 관계가 어떻게 발전해가는가를 가늠할 수 있다. 조선과의 수교를 간절히 원하던 미국은 처음에 일본 외무대신 이노우에의 소개장을 갖고 부산항을 방문해서 교섭을 시도하지만 효과를 보지 못한다. 사실은 조선 수교에 책임을 진 미국 전권대신 격인 슈펠트_{Robert W. Shufeldt} 총독이 일본의 비협조로 어려움을 겪었다. 일본 입장에서는 충분히 이해될 수 있는 일이다. 어렵게 통상조약을 체결하였기 때문에 상당 기간 독점적 지위로 인한 이익을 한껏 누리고 싶었을 것이다. 이익을 다투는 세계에서 사람 마음이란 어디서나 같다.

이후 1879년 청나라의 이홍장은 청나라의 주선하에 조선과 미국이 수교할 것을 적극 권하는데, 여기에는 나름의 의도가 있었다. 이홍장은 일본에 의해 조선 조정이 주권을 상실해가고 있었기 때문에 그대로 내버려두면 일본이 조선을 집어삼킬지도 모른다고 우려했다. 이홍장은 일본의 독점 지배와 침략 야욕을 경계하고 끊임없이 남진 정책을 추진하는 러시아를 견제하기 위해 당시 영부사인 이유원에게 미국과의 수교를 권유한다.

이 권고안은 받아들여지지 않았다. 왜냐하면 당시 조선 정부는 개방에 대해 깊은 피해 의식과 불신을 갖고 있었기 때문이다. 일본과는 강압 때문에 어찌할 수 없이 개방에 내몰리고 말았지만 추가적인 개방에 대해서는 확고한 거부감을 갖고 있었다. 그런데 이홍장의 권유는 쇄국 정책을 재검토하는 계기를 제공한 것이 사실이다. 마침 이때 김홍집에 의해 청나라에서 쓰인 한 권의 책이 유입된다. 이 책은 조선 조정의 개방에 대한 시각을 크게 바꾸어놓는 계기를 제공한다. 이것은 책이 가진 힘을 확인할 수 있는 사례다. 그리고 한 나라 외교 정책의 수립에서 올바른 방향을 선택하는 데 지식인의 역할이 얼마나 중요한가를 말해주기도 한다. 결국 외교에서 무력만큼 중요한 것이 지력이다. 이는 우리가 지금도 깊이 새겨야 할 메시지다. 방향을 올바로 선정하는 것이 외교의 핵심이다. 올바른 방향하에서는 상황 변화에 따라 전술을 선택할 수 있지만 방향이 잘못되면 백약이 무효가 되고 만다.

청나라 황준헌의 『조선책략』은 "친중(중국과 친교하고)-연미(미국과 연합하고)-결일(일본과 결연하라)"하여 러시아의 남하를 막아야 한다는 주장을 설득력 있게 서술한 책이다. 이 책은 흥선대원군 이후의 조선 조정이 개국 정책으로 정책 방향을 수정하는 데 큰 영향을 끼쳤다. 『조선책략』은 조선의 선택에 대해 이렇게 역설한다.

미국의 경우 비록 조선과는 멀리 떨어져 있지만 남의 토지나 인민을 탐내지 않고, 남의 나라 정사에도 간여하지 않는 민주 국가로서 오히려 약소국을 돕고자 하니 미국을 끌어들여 우방으로 삼으면 화를 면할 것이다.

위와 같은 주장에 대해 이견을 제시하는 전문가들도 있지만, 청나라 외교관 황준헌이 이미 그 시대에 미국이라는 나라의 실체와 본질을 정확하게 꿰뚫고 있었던 것은 사실이다. 그리고 그 기저에 자국 이익을 깔고 있다는 점을 염두에 두어야 할 것이다. 사물이든 현상이든 그것이 무엇이든 간에 실체와 본질을 꿰뚫어야 화를 피하고 기회를 잡을 수 있다. 당시에도 위정척사를 주장하는 개방 반대론자들의 목소리가 거세었다. 이 속에서 청나라의 힘을 빌려 미국과의 수교를 비밀리에 추진한 조선 조정의 움직임은 늦은 감이 있지만 현명한 선택이었던 것은 분명하다. 이런 결정에는 연미론을 주장한 한 권의 책이 중요한 역할을 하였다는 것은 잘 알려진 사실이다.

1882년, 조미수호통상조약

조미수호통상조약은 조선이 서구 열강과 처음 맺은 조약이다. '서구 열강=외세 침략=사악함'이란 도식이 자동적으로 작동하기 때문에 기존의 교과서나 역사 개설서 등은 이 조약에 대한 천편일률적인 해석을 덧붙였다. "강화도조약에 이어 치외법권과 최혜국 대우가 규정된 대표적인 불평등조약이었고 이후 서구 열강들과 맺은 조약의 원형이 되었다"는 해설이 약방의 감초처럼 따른다. 사실과 객관에 바탕을 둔다면 역사적 편견으로부터 자유로울 수 있는데, 열강들 특히 미국에 대한 관점은 여기서부터 뒤틀리는 일이 일어난다.

당시를 오늘날과 똑같은 선상에서 해석할 수는 없다. 제국주의의 도도한 흐름이 온 세상을 집어삼키던 시절이었다. 제국주의 시대의 정의는 각국이 경쟁적으로 약소국에 강자의 이익을 구현하는 것으로 해석되었다. 오늘날의 기준이나 보편타당함에서 보면 이 같은 주장은 옳지 않다. 하지만 그 시대를 살았던 다수 사람들은 그것을 정의로운 것, 올바른 것, 당연한 것으로 받아들였을 것이다.

그 시대를 살았던 사람들의 눈으로 보아야 한다. 우리 조상들뿐 아니라 외국인에 대해서도 그렇다. 조선을 둘러싼 외세의 압력과 김홍집을 비롯한 원로대신들의 개국 압박과 통상 이익으로 조선 조정은 결국 나라의 방향을 개방으로 돌리는 결정을 내린다. 이홍장이 주선한 대로 1882년 5월 22일 인천 제물포에서 조선 측 전권대신 신헌과 미국 측 전권대사 슈펠트 사이에 전문 14관으로 이루어진 조미수호통상조약이 체결되었다.

미국과 통상조약을 체결하던 때는 조선 정부가 제법 준비가 되어 있는 상태였다. 김홍집이 일본에서 가져온 『조선책략』은 협상에 임하는 사람들뿐 아니라 조선 조정의 모든 신하들이 읽고 논의를 거듭하게 하는 귀한 정보가 되었다. 이 책을 읽은 대다수는 미국과의 수교가 필요하다는 점을 공감하였다. 조정 바깥에서는 개방에 대한 반대의 목소리가 높았지만, 개방에 대한 공감대를 형성한 조정 대신들은 자신들이 해야 할 일을 제대로 해낸 사람들이다.

청나라는 소개비를 톡톡히 챙길 의도였다. 그래서 1조에 조선은 중국의 속국이라는 규정을 집어넣기 위해 무척 애를 썼다. 이홍장이 고집스럽게 밀어붙인 1조는 "조선은 오래전부터 중국의 속방이나, 모든 외교와 내정은 자주이며 타국은 간섭하지 않는다"는 내용을 담고 있다. 협상에 임하였던 김윤식은 찬성하는 입장에 섰다. 그는 청나라 질서하에서 오랫동안 살아온 사람이었기 때문이다. 하지만 슈펠트는 강력하게 반대하여 회담장을 박차고 나가기도 했다. 미국의 의도가 실제로 무엇이었는지를 정확히 알 길은 없다. 슈펠트가 '통상조약은 주권 국가들 사이의 조약이어야 한다'는 생각을 가졌을 수도 있고, 다른 한편으로는 속국을 인정하는 경우 조선과의 관계에서 청국의 눈치를 보아야 할 것을 걱정하였을 수도 있다. 결국 이홍장과 슈펠트는 조약에서 이 부분을 빼고 조선에서 미국에 보내는 외교 문서에만 조선이 중국의 속방임을 명기하는 선에서 서로 타협을 보았다.

이 조약은 오늘날 기준으로 미흡하지만 당시 기준으로는 호혜 원칙을 어느 정도 반영해서 만들어졌음을 알 수 있다. 강화도조약과 다른 점은 관세 자주권 인정과 치외법권의 제한 규정, 아편 금지, 재판 참관권 등이 포함된 것이다. 미국은 조선 정부의 관세권을 인정하여 일반 물품 10%, 사치품 30% 관세율을 인정하였다. 강화도조약을 체결할 당시 조선 정부는 국제 정세에 무지하였고 관세권이 무엇인지조차 잘 알지 못하였다. 통상의 중요성을 알지 못하였기 때문에 무역 규칙을 읽어보지도 않고 일본 측이 작성한 대로 조인하였던 한심한 면이 있었다. 그런데 미국과의 조약에서 관세권을 인정받았기 때문에 이후 일본 측과 조일통상장정을 체결할 때 관세 조항을 신설할 수 있었다.

한편 미국 입장에서도 생각해보아야 한다. 미국은 "일본과 동일한 조약을 체결해달라"고 얼마든지 요구할 수 있었다. 국제 사회에서 자신들이 갑의 위치에 있었고, 전례를 따르는 것이 무난하기 때문이다. 또한 미국 측은 추후 조선이 법률을 개정하여 구미와 비슷한 정도가 되었을 때 치외법권을 철회한다는 잠정안을 제시하기에 이른다. 이것은 일본은 물론이고 그 어떤 구미 열강과의 조약에도 들어 있지 않는 내용이다. 그뿐 아니라 영사 재판권은 당시 기준으로 보아도 파격적이었다. 조선인과 미국인 사이에 분쟁이 생겼을 때 피고국의 관리가 재판을 주재하고 원고국의 관리가 참관하고 반대 심문과 항변의 권리를 가진다고 밝혔다. 여기에는 상호주의의 원칙이 상당 부분 반영되어 있다고 할 수 있다. 물론 미국은 아편 무역 금지를 포함하는 것에 대해서는 어떤 반대도 표하지 않았다.

미국과 맺은 통상조약을 기초로 이후 1882년 4월 1일, 영국과 통상조약을 체결하고 이어서 5월 7일에 독일과도 통상조약을 맺는다. 그런데 영국 정부는 이 조약을 비준하지 않고 일방적으로 거부하였을 뿐 아니라 독일 정부로 하여금 조약 비준을 거부하도록 종용하기에 이른다. 영국의 종용으로 두 나라와의 조약이 무효가 되고 말았다. 영국의 거부는 제국주의 국가가 어떻게 행동하는가를 보여주고도 남음이 있다. 치외법권의 영구 인정 거부, 아편 금수禁輸와 몰수 조항, 30% 관세율에 대한 불만이 조약 거부의 이유였다. 나중에 영국은 조선의 외교 고문 묄렌도르프Paul George Von Möllendorff, 목인덕의 협조를 받아서 자신들의 이익을 철저하게 반영한 새로운 조영수호통상조약을 1883년 9월 27일에 조인하도록 만들었다.

  제국주의가 넘실거리던 그 시대에도 본질을 꿰뚫는 사람들은 타국 영토에 대한 야심을 갖지 않은 미국이라는 나라의 특별함을 지적하였다. 그들은 여타 제국들과 다른 미국의 특별함에 주목하였다. 자신들이 원하는 것이라면 게걸스럽고 무리하게 강요할 수 있었던 그 시대에, 무엇이 옳으냐에 따라서 자신의 요구를 적절히 절제하는 일은 오늘날의 기준으로 보아도 쉽지 않다. 지금도 여전히 국제 사회에서 힘의 공백이 허용되지 않는다. 누군가는 더 큰 힘을 가질 수밖에 없는 것이 자연계의 질서이고, 그 질서 가운데 하나가 국제 사회이다. 제국의 위치에서 자신의 힘을 휘두를 수 있는 국가에게 '절제된 힘'이라는 용어를 사용하기는 쉽지 않다. 중국이란 나라에 그런 용어를 사용할 수 있다고 보는가? 앞으로 그럴 수 있을 것으로 보는가? 결코 쉽지 않을 것이다. 어쩌면 죽었다가 깨어나는 한이 있더라도 중국에게 그런 일은 일어나지 않을 것이다.

02

구한말과
그 이후의 선교사들

무속으로 차고 넘쳤던 사회

조선은 유독 무속의 영향이 강한 사회였다. 구한말 이 땅을 찾았던 외국인들은 야밤의 정막을 깨뜨리는 여인들의 다듬이질하는 소리, 밤마다 무당들이 굿하는 소리, 서양인들을 보면 시도 때도 없이 짖어대는 개 소리가 조선을 특징짓는 소리라는 기록을 남겼다. 궁궐에는 나랏돈으로 먹고사는 무당과 점쟁이들이 득실거렸다. 지식인 윤치호는 1898년 5월 6일 일기에서 "몇 해 전 무당들이 환궁에서 득세할 때 상감께서 무당 앞에 엎드린 것을 보는 것은 흔히 있는 일이었다"고 말한다. 굿하는 무당이 실제로 그의 조상이나 되는 양 엎드려 큰절을 하면서 많은 양의 돈과 비단을 바치며 안절부절못하는 고종의 우스꽝스러운 모습을 일기에 남겼다. 그뿐 아니라 왕비 민 씨를 두고 "그 영리하고 이기적인 여인이 미신 섬기는 것의 반만큼이라도 백성을 열심히 섬겼더라면 그녀의 왕실은 오늘 안전했을 것"이라고 기록하고 있다.

왕실만 그런 것이 아니라 사회 전체가 굿과 무당에 사로잡혀 있었다. 1896년 12월 1일《독립신문》사설은 당시 이 땅의 상황을 전한다. "조선 사람들은 병이 들면 무조건 무당과 판수를 불러 굿을 하거나 넋두리를 하기 때문에 이 침쟁이와 무당과 판수만 금지해도 몇만 명을 충분히 살릴 수 있을 것이다. 때문에 경무청과 한성부에서는 시급히 나서서 이들을 단속하기 바란다"고 주장했다.

그로부터 60여 년이 지난 후에도 무속의 영향력은 만만치 않았다. 남도의 한 소도시에서 성장한 필자는 개인적인 경험을 통해 조선과 구한말의 상황을 짐작하는 일이 그리 어렵지 않다. 필자의 기억에는 신비스럽게 보이는 큰 나무에 빌고, 바다에 빌고, 장독대에 빌고, 큰 바위에 빌던 어른들의 모습이 남아 있다. 또한 무당과 박수가 요란하게 굿을 하던 모습도 추억 속에 고스란히 남아 있다.

인간의 무지와 불안을 이용해서 사람들을 갈취하던 허황된 굿과 무속이 이 사회에서 현저하게 줄어들게 된 것은 어떤 연유일까? 자유와 평등과 개인의 소중함을 깨우치게 만든 것은 무엇일까? 민권 의식이 성장하여 근대 국가로 탈바꿈하도록 만드는 데 기여한 것은 무엇일까? 신분 차별과 남녀 차별이 사라지고 여성 권리가 신장되는 데 기여한 것은 무엇일까? 근대 교육과 의료 혜택 그리고 과학 기술과 서양 문명의 통로 역할을 했던 것은 무엇일까? 다수의 한국인들이 글을 읽고 쓸 수 있는 데 크게 기여한 것은 무엇이었을까?

대다수 미국인에게 한국이 관심 밖의 나라였던 그 시대에 한국에

온 개신교 선교사들은 국가 차원이 아니라 다양한 미국 교회의 주도로 선교 활동을 펼쳤다. 물론 캐나다와 호주 선교사들의 활동도 있었지만 비중이나 중요도 면에서 미국 선교사들에 비할 바는 아니다. 우리 민족이 힘든 세월을 이겨내기 위해 몸부림치던 구한말부터 일제 치하까지 초기 개신교의 선교 활동은 큰 역할을 했다. 이 활동과 관련하여 미국의 크고 작은 교회들을 제쳐두고 이야기할 수는 없다.

헌신적이었던 선교사들

미국의 각 교단이 선교사 파송을 시작할 때 맨 처음 한국 땅을 밟은 사람은 알렌Horace Newton Allen, 1858~1932 선교사였다. 그는 미국 북장로교 소속 의료 선교사로 일본을 거쳐 중국에 부임하였다가 1884년 9월 한국에 입국했다. 훗날 갑신정변에서 피습당하여 생명이 위독한 민비의 조카 민영익에게 서양식 치료를 행하여 생명을 구해준 인물이기도 하다. 민영익의 생명을 구함으로써 "죽은 사람도 살려내는 인물"이라는 소문이 퍼졌고 그에게 환자들이 몰려와 이들을 위한 치료 시설이 필요하게 되었다. 이렇게 해서 알렌은 의료 선교를 펼칠 수 있는 터전을 마련한다. 1885년에 세워진 한국 최초의 서양식 왕립 병원 광혜원(혹은 제중원)이 그것이다. 이 의료 기관은 미국 북장로회에 의해 운영되다가 훗날 세브란스병원으로 발전하게 된다. 알렌이 병원 설립을 위해 고종에게 올린 병원 설립 청원서가 세브란스 출신인 재미 의사 허정이 쓴 『알렌과 제중원 의사들』에 남아 있다. 이것은 초기 미국 선교사들이 이 땅에서 어떤 자세와 마음으로 일했는지를 여과 없이 말해준다.

미국 시민으로서 모든 힘을 다하여 조선인을 위해 일하고 싶습니다. 조선 정부가 몇 개의 시설을 제공해주면, 서양 의학을 이용하여 병든 자를 치료하고, 부상당한 군인들을 돌보며 또한 젊은이들에게 서양 의학과 위생학을 가르치게 되면 응분의 보상이 돌아올 것이라 믿습니다. 미국 내의 각 도시에도 한두 개의 병원 시설이 있습니다. 서울에도 하나가 있어야 한다고 믿사오며 소액의 자금으로 운영이 가능합니다. 정부의 주관 아래 소신이 책임자가 되어 운영할 의향이 있사오며, 소신은 금전적인 보상을 바라지 않습니다. 다만 필요한 것은 밝힐 불과 취사용 시설을 갖춘 커다란 한옥과 보조원들, 간호원들, 하인들, 가난하여 음식을 가져오지 못하는 자들을 위한 음식물 제공이 필요하며, 약품 대가로 500달러가 필요합니다.

이 일이 윤허되면 6개월 이내에 미국인 의사 1명을 초청하여 보수 없이 같이 일하겠다는 약속을 올립니다. 우리의 생활비는 북경, 천진, 상해, 광둥과 다른 도시에 있는 병원들을 돕는 미국 내의 자선 단체에서 도움을 받을 것입니다.

알렌이 한국에 머문 세월은 20년하고도 6개월이었다. 그는 1887년 8월에는 주한 한국 공사관의 참찬관으로 임명받아 워싱턴에서 일하였다. 1890년 7월부터는 주한 미국 공사관 서기관에 임명됨으로써 선교사직을 사임하게 되는데, 1905년까지 미국 외교관으로 서울에서 일하였다. 알렌은 의료 선교사 역할뿐 아니라 자신이 할 수 있는 한 모든 수단과 방법으로 동원하여 조선을 도왔다. 미국 외교관으로 1903년 조선인들의 하와이 이주를 도왔고 미국 회사들을 주선하여 경인선 철도, 전기, 수도 시설, 시내 전차 등을 만들어서 조선이 근대화의 길을 갈 수 있도록 도왔다. 1903년 러시아를 거쳐 도미한 알렌은 미국 대통령 시어도어 루스벨트Theodore Roosevelt와 면담할 때 친노배일親露排日 정책을 채택하여 일본의 대륙 침략을 저지해야 한다고 역설하다가 친일 정책을 고수하는 대통령과 얼굴을 붉힐 정도로 격론을 벌였다. 이 사건으로 말미암아 알렌은 해임되고 만다. 조선의 국권 상실 소식을 접한 그는 "이토록 긴 역사를 가진 선량한 조선 사람들이 자주 권한을 박탈당하는 것이 안타깝고 슬픈 일이며, 내 아내는 조선의 운명을 슬퍼하며 눈물을 많이 흘리고 있고, 나의 가슴속은 눈물로 젖어 있다"는 기록을 남겼다. 그러나 알렌은 운산 금광 채굴권이 미국인 사업가들에게 넘어가는 데 협조한 일로 오해를 받기도 한다. 이에 대해 카이스트의 전봉관 교수는 "알렌이 양국의 공동 이익을 위해 금광 개발을 주선했지만, 자신의 이익을 돌보지 않을 만큼 성인군자는 아니었다"고 지적한다.

그러나 대부분의 초기 선교사들은 목숨을 내놓을 정도로 헌신적이었다. 열악하기 짝이 없는 낯선 조선 땅을 밟았던 젊은 선교사들은 "복음을 땅끝까지 전하라"는 성경 말씀에 충실하게 헌신하였고, "한 알의 밀알이 죽으면 많은 열매를 맺는다"는 말씀을 따라 이 땅에서 활동하였다. 언젠가 대구광역시 중구에 있는 계명대학교 동산 의료원에 위치한 '은혜의 정원'을 찾을 기회가 있었다. 지금은 시내 중심지가 된 이곳은 원래 가난한 사람들이 장례를 치르지 못해 몰래 시신을 묻었던 버려진 땅이었다. 당시 조선의 고관들에게 골치 아픈 땅을 매입해서 계명대와 동산의료원의 초석을 다진 인물이 대구 지역의 초기 선교사 제임스 E. 애덤스James E. Adames, 안의와, 1867~1929다. 그는 대구 선교의 아버지로 불리는 인물이다. 미국 캔자스 출신으로 미 북장로교 교단 소속이며 넬리 딕과 결혼하고 1895년에 한국에 왔다. 그의 나이 26세가 되던 때였다. 이후 40년간 한국 선교를 위해 헌신했다. 이 과정에서 부인은 병을 얻어 죽고, 그는 오늘날의 계명중학교와 계명대학교 그리고 동산의료원을 세웠다. 그가 남긴 4남 1녀의 자녀 가운데 아들들도 대를 이어 조선 사랑을 실천에 옮겼다.

한때 대구 사과가 유명하였다. 1900년 무렵 그가 고향 캔자스에서 접가지나무를 수입하여 능금나무에 접목하고 교인들에게 보급한 것이 시작이었다고 한다. 그들은 선교 활동뿐 아니라 가난했던 그 시절을 살아낸 한국인의 삶을 개선하기 위해 어떤 방법이든 헌신하였다. 지금도 동산의료원 내에 잘 가꾸어진 은혜의 정원에는 애덤스 선교사의 부인을 포함하여 10기의 선교사 묘소가 정성스럽게 조성되어 있다. 은혜의 정원의 표지판 앞에 서면 풍요로운 이 시대를 살아가는 한국 사람들의 가슴을 적시는 감동의 메시지가 기록되어 있다.

> 우리가 어렵고 가난할 때 태평양 건너 머나먼 이국에 와서 배척과 박해를 무릅쓰고 혼신을 다해 복음을 전파하고 인술을 베풀다가 삶을 마감한 선교사와 그 가족들이 여기에 고이 잠들어 있다. 지금도 이 민족의 복음화와 번영을 위해 하나님께 기도하고 있으리라.

언더우드와 아펜젤러 선교사

이 땅에 선교사를 맨 처음 파견한 교단은 1789년에 조직된 미국 북장로회로 중국, 일본에 이어 한국 선교를 활발하게 펼쳤다. 알렌에 이어 북장로회 소속의 언더우드Horace Grant Underwood, 1859~1916 선교사

와 미국 북감리회 소속의 아펜젤러Henry Gerhard Appenzeller, 1858~1902 선교
사가 1885년 4월에 제물포항을 통해 함께 입국했다. 언더우드는 서
울의 새문안교회, 기독청년회YMCA, 연세대학교 설립에 기여하였다.
연세대학교의 중심에 자리 잡은 고풍스러운 본관 건물인 언더우드
관은 그를 기념하여 형인 존 토머스 언더우드(언더우드 타이프라이터
회사 소유주)가 기부한 10만 달러로 1925년에 준공되었다. 본관 앞 정
원에는 그의 동상이 우뚝 서 있다. 언더우드의 헌신적인 활동에 대
한 일화는 수없이 많지만, 이 가운데서 1887년 여름 콜레라가 전국
을 휩쓸었을 때의 이야기가 지금도 전해 내려오고 있다.

사망자 수가 수천 명으로 늘어나자 제중원의 의사 에비슨이 총책
임을 맡아 그의 지휘 아래 의사들과 간호사들이 조별로 여러 지역에
검역소를 설치하여 콜레라와의 전쟁에 뛰어들었다. 이때 한국 교인
들도 자원봉사자로 힘을 더하였다. 이들은 전염될 위험을 개의치 않
고 검역소에 입원한 환자들을 치료했고, 집집마다 방문하여 전염병
예방과 위생에 관한 교육을 실시하였다. 이는 자기 몸을 내던진 희
생적 행동이었다. 그러자 소문이 들불처럼 퍼져나갔다. "기독교 병원
에 가면 환자가 죽지 않고 살아난다"는 벽보가 성벽에 나붙었다. 헌
신적이고 희생적으로 활동하는 선교사들을 본 서울 주민들은 "이
외국인들이 우리를 얼마나 사랑하는지! 그들이 이방인을 위해 하는
것만큼 우리 가족 중 하나(환자)를 위해서 그만큼 희생하려고 할까?"
라고 탄식하였다. 교회사 연구가 임희국의 저서 『공감, 교회역사 공
부』(장로회신학대학교출판부, 2014)에는 어느 날 새벽 천막 진료소로
들어가는 선교사 언더우드를 두고 주민들이 수군거리는 소리가 기록
되어 있다. "저기 인간 예수가 가는군. 그는 쉬지 않고 밤낮 환자 곁

에서 일한다네!" 주민들의 반응을 전해 들은 언더우드는 "사람들이 우리의 봉사를 통하여 주 예수를 발견하게 되는 것보다 더 달콤한 보상이 있을 수 있겠는가?"라고 반문하면서 감격했다.

한편 아펜젤러 선교사는 배재학당을 설립하고 성경을 한국어로 번역하는 데 기여하였으며, 1902년 목포에서 열리는 성경 번역자 회의에 참석하기 위해 배를 타고 가다가 군산 앞바다에서 충돌 사고로 사망하였다. 언더우드와 아펜젤러는 교파는 달랐지만 가장 친근한 선교의 반려자로 일생 내내 상호 협력한 인물들이다.

1885년에 설립된 배재학당은 우리 민족과는 특별한 인연이 있다. 아펜젤러는 설립 초기에 "통역관을 양성하거나 우리 학교의 일꾼을 가르치려는 것이 아니라, 자유의 교육을 받은 사람을 내보내려는 것"이라고 말한 바 있다. 아펜젤러의 설립 취지가 우리 민족의 앞날에 영향을 끼치게 된다. 말년의 실수로 말미암아 공적이 가려진 면도 있지만 초대 대통령 이승만은 배재학당 출신이다. 진취적이고 비판적이었던 청년은 배재학당에서 자신이 배우고 싶은 것이 무엇이었던가를 분명하게 밝힌 적이 있다.

내가 배재학당에 가기로 하면서 가졌던 포부는 영어를, 단지 영어만을 배우고자 하는 것이었다. 그러나 나는 그곳에서 영어보다 훨씬 더 중요한 것을 배웠는데, 그것은 정치적 자유에 대한 사상이었다. 한국 사람들이 정치적으로 어떻게 억압받고 있었는지 조금이라도 아는 사람이라면 기독교 국가 시민들이 그들의 통치자들의 억압으로부터 법적으로 보호를 받고 있다는 사실을 난생처음 들은 나의 가슴에 어떠한 변화가 있었는지 상상할 수 있을 것이다. 너무나 혁명적인 것이었다. 나는 '우리나라에서도 그와 같은 정치적 원칙을 따를 수 있다면 얼마나 좋을까' 하는 생각을 하게 되었다.

아펜젤러가 소망했던 자유의 정신을 고스란히 배우고야 말겠다는 한 청년의 고백이 배재학당에서 영글었음을 알 수 있다. 이승만이 선교사와 접촉하면서 갈고닦았던 영어 실력의 초석도 배재학당에서 깔리는데, 미국 상류층 수준의 영어 실력은 훗날 신생 한국이 국제사회의 험로를 뚫고 국가로서 우뚝 서는 데 기여하였다.

한편 북장로회 한국선교부가 본격적으로 활동하기 시작하는 것은 언더우드, 아펜젤러에 이어 같은 해 6월 의사 헤론John W. Heron이 한국 땅을 밟게 되면서부터다. 이들은 서울을 중심으로 개척 전도, 의료, 교육 사업을 펼치기 시작했다. 헤론은 알렌을 대신하여 제중원의 책임자로 일하다가 이질로 1900년에 사망하였으며 그의 부인도 얼마 후에 결핵으로 사망하였다. 이후 1890년 마포삼열새뮤얼 모펫 Samuel Moffet, 1891년 배위량윌리엄 베어드William Baird, 1892년 소안론왠 스왈렌W. Swallen, 1892년 이길함그레함 리Graham Lee 선교사가 내한하여 평양과 부산에 선교지부를 설치하여 선교 지역을 확대해나간다. 또한 1895년에 내한한 애덤스 목사 부부는 대구에, 1892년에 내한한 밀러 목사는 청주에 각각 선교지부를 개설하였다. 이후에도 계속 안동 등지에 선교지부가 설립된다.

선교사들의 최초 활동은 서양 의술을 한국에 도입하는 것이었고, 그다음으로 서양식 학교 교육을 통하여 서양 문명을 가져왔다. 선교사들이 서양 문명 대중화의 문호를 열자 조선은 점차 근대화의 이름으로 서양 문명을 적극적으로 받아들이고 그 문명의 영향을 받게 된다. 민족주의 사관과 내재적 발전론을 옹호하는 지식인들은 한국 근대화의 뿌리를 한국 전통문화에서 찾으려는 노력을 기울여왔다. 1980년대는 반미 정서와 민족주의 정서가 맞물리면서 민족주의 사관이 크게 힘을 얻었다. 조선 말엽과 구한말 한반도의 전반적인 상황을 고려하면, "외세의 개입 없이 이 땅의 근대화가 가능하였을까?"라는 의문에 대해서 "그렇다"는 답이 선뜻 나오지 않는다. 자생적 발전론은 객관적 사실이라기보다 그렇게 믿고 싶은 믿음이나 바람일 뿐이다.

문명은 상호 교류를 통해 발전하고 성장해왔다는 사실을 잊지 않아야 한다. 이런 면에서 보면 오늘의 한국은 서양 근대 문화를 창조적으로 수용해서 괄목할 만한 성과를 거둔 대표적인 국가 가운데 하나임이 틀림없다. 이 과정에서 개신교의 역할과 기여를 객관적으로 인정하는 열린 마음과 자세가 필요하다.

한편 한반도에 대한 선교는 교단 간 합의에 따라 한반도를 세로로 두 쪽으로 나누어서 북쪽은 미국 북장로교가, 남쪽은 미국 남장로교가 맡았다. 강원도 지역은 감리교가 맡고, 경남북은 각각 호주 장로회와 미 북장로교가 맡았다. 해방 전까지 1,059명의 미국 선교사가 내한했다.

이렇게 많은 선교사가 한국에 파송될 수 있었던 이유는 무엇이었을까? 놀랍게도 한국 선교가 활성화되었던 시점은 미국의 선교 황금기(1880~1930)와 일치한다. 선교 황금기는 경제적인 전성기와 일치한다. 1870년대 미국은 대평원의 철로 건설과 1876년 필라델피아에서 열린 미국 독립 100주년 기념 박람회로 상징되듯이 경제가 폭발적으로 성장하고 있었다. 미국이 영국을 대신하여 선교 대국으로 발돋

움하던 바로 그 시점에 한국 선교에 불이 붙기 시작한다. 19세기 미국은 자국을 자선 제국이라 부를 정도로 신자들을 포함한 많은 사람이 구제와 선교에 열정을 보였다. 바로 이 시기에 선교사를 한국에 집중 파송한다. 구체적인 시기는 1884년부터 이후 50년이 되는 1934년까지인데, 이때 내한한 선교사의 도움으로 우리 사회는 종교, 교육, 의료, 언론, 문화 등에서 큰 변화를 경험한다. 예를 들어 훗날 한국의 지도층 인사가 되는 인재들 가운데 젊은 날 선교사들과의 접촉으로 유학길에 오른 인물들이 많다. 이승만, 김규식, 조병옥, 백낙준, 김활란 등은 모두 선교사의 도움을 받았던 인물이다.

미국 교계는 세계 선교 역사에서 한국 선교를 가장 성공적인 선교 활동으로 꼽는 데 주저하지 않는다. 한국은 기독교가 전파된 지 50년이 되는 1930년대에 이미 교회 수 4,000여 곳에 개신교 신자 50만 명에 달하게 된다. 그리고 그때부터 해외 선교사에 의존하지 않고 자진전도自進傳道, 자력운영自力運營, 자주치리自主治理라는 이상적인 3대 선교 정책이 거의 다 이루어졌다.

어려웠던 시절에 힘이 되었던 사람들

우리는 참으로 어려웠다. 굳이 그 시절을 기억해내야 할 의무는 없지만, 그 시절을 이따금 기억하는 것은 우리가 길이길이 번영하는 데 도움이 될 것이다. 초기 선교사들의 기록들은 우리의 처지와 형편을 한 번 더 생각할 수 있는 계기를 제공한다. 1920년대에 세브란스에 의료 선교사로 헌신했던 윌리엄 케이트(1893~1973)가 남긴 기록들 가운데 당시 상황을 생생히 보여주는 부분이 있다.

흔하게 일어나는 의료상의 문제점은 때늦은 치료 시기 때문에 목숨을 잃는 일이었다. 한 아버지가 3세 된 아이를 업고 40리 길을 걸어서 왔지만 도중에 아이는 이미 사망한 상태였다. 시신을 업은 후에 새끼줄을 띠같이 묶고 돌아가는 슬픈 광경을 그는 일평생 잊을 수 없었다고 한다. 얼마 전 남한으로 탈출한 북한 병사를 수술하는 중에 기생충이 너무 많아서 애를 먹었다는 한 의사의 언급이 사람들을 놀라게 했다. 그런데 케이트의 임상 기록에는 한 사람이 장폐색으로 병원을 방문했는데, 수술할 때 기생충이 무려 569마리가 나왔다고 한다. 이렇게 보면 지금 북한 사람들이 받는 의료 혜택이란 것이 어느 정도로 낮은 수준인지를 짐작할 수 있다. 조선인들을 진료하면 뜸으로 인한 화상, 피부 농양, 상처 등으로 성한 사람이 없을 정도였다. 병원에는 환자가 계속 몰려들어서 무료 환자나 만성 환자들은 퇴원을 해주어야 하는데 우기면서 퇴원을 거부하는 사람들 때문에 골머리를 앓기도 했다. 기찻삯을 주면서 퇴원을 종용하는 일도 힘들었지만, 추위를 피해 거지들이 병원으로 몰려 들어오는 것도 난감한 일이었다. 일단 병원으로 들어오면 하루 내내 있기 때문에 병원 청소를 자주 해야 냄새와 이와 벼룩을 없앨 수 있었다.

무지함과 몽매함도 의료 선교사를 당황하게 하는 일이었다. 광주 선교부에 속했던 윌슨 의료 선교사의 경험은 놀랍기도 하고 슬프기도 하다. 어린아이가 용변을 본 후 개가 핥게 하는 관습으로 인하여 고환을 잃거나 물어뜯긴 아이들을 5명 정도 보았다고 한다. 또한 난산 때문에 힘들어하는 산모 배 위에 널판자를 가로로 깔고 한 여인이 그 위에 서서 발로 판자 양 끝에 압력을 가하여 자궁이 파열된 사례들도 있었다고 한다. 몇 주일간의 독감 유행이 있고 나면 어김없이 길에는 쌀, 보리, 좁쌀들이 널려져 있기 마련이다. 이유는 병을 일으키는 귀신들이 먹고 물러간다고 믿었기 때문이다. 주목할 만한 내용은 병원이 한국 민주주의의 발상지 역할을 톡톡히 담당해왔다는 점이다. 병원에서는 남녀 차별이나 신분 차이나 빈부 차이가 없었다. 대기실에서 자기 차례를 기다렸으며 도착하는 순서대로 치료를 받았기 때문이다. 배재학당 교장을 지냈던 신흥우는 『한국의 재탄생』이란 책에서 "세브란스의 케이트 교수가 귀국 송별회를 진행할 때 귀족 출신, 학자들, 병원 소속 운전수와 다른 낮은 계급의 사람들이 참석하여 나란히 앉았다"고 전한다. 서양 문명은 빈부귀천의 차별 없이 대우받아야 한다는 것을 가르쳐주었는데, 이는 당시 사람들에게는 엄청난 충격이었다.

세브란스의 오늘이 있기까지 헌신했던 사람들

귀한 것을 만들어내는 데는 수십 년이나 수백 년이 걸리지만, 허물어뜨리는 데는 몇 개월이나 몇 년이면 족하다. 우리는 만들어내는 것이 얼마나 어려운가를 늘 가슴에 새겨야 한다. 오늘날 연세대학교 곁에 우뚝 선 초현대식 세브란스병원은 그 위용을 자랑하고 있다. 화려한 외관과 뛰어난 의술은 당장 눈에 보이는 것이기 때문에 모두가 그것에 주목한다. 하지만 우리는 세브란스병원의 오늘이 어떻게 만들어지게 되었는가를 새겨볼 필요가 있다.

몇 해 전 세브란스병원에서 진료를 기다리던 중이었다. 우연히 세브란스의 오늘이 가능하게 헌신했던 인물들의 일대기에 관한 책인 재미 의사 허정의 『알렌과 제중원 의사들』을 읽게 되었다. 이 책에는 세브란스를 만들어내는 데 기여했던 미국인 의료 선교사들 이야기가 빼곡히 채워져 있었다. 진료를 기다리는 시간 동안 읽기 시작한 책에서 정말 깊은 감명을 받았다. 세브란스의 역사는 이 나라의 오늘이 있기까지는 음지에서 드러나지 않게 헌신했던 외국인 선교사들을 생각하게 해주었다. 우리 사회의 구석구석에서 비슷한 이야기를 찾아내는 일은 조금도 어렵지 않을 것이다.

1893년 9월, 토론토 의과대학 교수직을 사임하고 한국에 입국한 인물은 제4대 제중원 원장이었던 애비슨O. R. Avision, 1860~1956이다. 캐나다 명문 의과대학을 그만두고 오지와 다름없는 한국 땅을 밟은 사연이 눈길을 끈다. 기독 학생들을 위해 순회 강연 중인 언더우드를 연사로 초청한 것이 인연이 되었다. 조선에 헌신할 일꾼이 필요하다는 호소에 감명을 받고 애비슨은 의료 선교사를 지원한다. 애비슨과 언더우드는 의기투합하는 사이였으며, 연세대 출범에도 크게 기여하였다. 세브란스병원을 건립할 때 1만 달러의 절반을 평양지부의 전도에 사용하도록 선교사들이 투표로 결정할 때, 상황을 극적으로 번복시킨 사람이 애비슨이다. 이렇게 마련한 5,000달러를 종잣돈으로 삼아 1915년 오늘날의 연세대학교(연희전문)가 세워질 수 있었다. 이듬해 언더우드가 병사하자 애비슨이 세브란스와 연희전문 두 곳 교장을 18년간 겸직했다. 그는 1904년 새 제중병원인 세브란스병원을 남대문 밖의 도동(오늘날 남대문 곁의 연세재단 빌딩 터)에 짓기도 하고 광견병 예방주사, 난시용 안경 개발이란 업적을 남겼다.

의료 선교사로 활동했던 인물들 가운데는 여성으로서 간호사 역할을 맡았던 사람들도 많았다. 예를 들어 야곱센Jacobsen, 1868~1897은 애비슨 병원장을 도와서 헌신했던 인물이다. 그녀는 1895년에 한국에 왔는데, 오던 해에 창궐한 콜레라를 퇴치하기 위해 애비슨을 적극 도와 일하기도 했다. 야곱센은 입국 3년 후에 아메바성 간농양으로 29세에 사망하는데, 1897년 1월 21일 《독립신문》은 이 간호사의 죽음을 이렇게 전한다.

> 간호사 학문을 배워가지고 조선 제중병원에서 3년 동안 조선 백성을 위하여 주야로 고생하고, 병든 사람들을 착실히 구완하여, 좋은 말과 옳은 교를 보는 사람마다 일러주어 죽는 사람의 마음을 위로하고 산 사람의 행실을 옳게 가르치며, 구주 예수 그리스도의 이름을 조선에 빛나도록 일을 하다가, 작년 여름에 이질로 죽게 되었다가 […] 내일 오전에 언더우드 교사 집에서 장사 예절을 거행할 터인즉, 누구든지 평일에 이 여인을 알던 이는 원 교사 집으로 와서 장사 예절을 참례하고, 마지막 한 번 조선 백성 사랑하던 이 얼굴을 보고 산소는 양화진 외국 매장지라 거기까지 가서 참례하고 싶은 이는 다 가시오.

우리에게 선교 헌금을 보내주세요

미국의 교인들은 조선을 위해 선교 헌금을 내놓는 데 인색하지 않았다. 그들 중에는 잘살았던 사람들도 있었지만 평범한 사람들도 많았다. 먼 나라 조선을 위해 그들이 내놓은 돈이 오늘날 세브란스의 초석이 되었다. 이런 일이 세브란스병원에서만 일어났겠는가!

1900년 봄, 제중원 4대 원장 애비슨은 뉴욕 카네기홀에서 열린 세계선교대회에 참석했다. "조선에 현대식 병원이 꼭 필요합니다"라는 그의 간절한 소망이 담긴 강연에 답하는 사람이 등장했다. 사업가이자 자선사업가인 루이스 세브란스Louis Severance, 1838~1913가 선뜻 1만 달러(1900년 미국인의 연평균 소득 남자 591달러, 여자 254달러)를 내놓았다. 그는 후에 3만 5,000달러를 더 기부하였다. 이 돈으로 신촌 세브란스병원의 전신이 되는 병원 건물이 서울역 맞은편에 우뚝 서게 된다. 그때가 1904년 11월이다. 세브란스 가문의 세브란스병원 사랑은 당대에 끝나지 않았다. 그의 아들 존 세브란스는 "세브란스병원을 계속 도와주라"는 아버지의 유지를 받들어 1934년까지 20년 동안 12만 4,500달러를 기부하였다. 존 세브란스는 세상을 떠나면서 '존 루이스 세브란스 기금'을 만들어 지금까지도 후원금을 보내고 있다. 이 기금은 1955년 7,000달러를 시작으로 해서 2017년까지 매년 평균 1만 8,000달러를 기부했는데, 총 110만 달러에 달한다.

병원 건립뿐 아니라 운영에도 돈이 필요하였다. 당시 조선은 이를 감당할 만한 여력이 없었기 때문에 의료 선교사들은 틈만 나면 미국 교인들에게 "조선을 위하여 선교 헌금을 도와주세요!"라는 편지를 보내기도 하고 모금 활동을 펼치기도 했다. 1927년과 1928년 세브란스병원의 현황 보고서에는 치과 의사로 일하는 부츠가 치과 진료소를 건립하기 위하여 미국으로 건너가서 개인 치과 의사에게서 1만 달러를 모금했다는 이야기와 10만 달러의 모금 목표를 달성하기 위해 전력을 기울이고 있다는 내용이 기록되어 있다. 또한 미국 동북부장로회에서 3,400달러 상당의 물품과 붕대 등을 41상자 보내주었다는 사실, 개인과 교회 단체들이 십시일반으로 선교 헌금을 모아서 선교사 주택 건축비 6,000달러를 모았다는 점이 기록되어 있다. 그뿐 아니라 미국의 한 교회에서 피아노를 기증하고, 네슬레 분유 회사가 기증했다는 내용도 기록으로 남아 있다.

오늘날 신촌의 세브란스병원은 1962년에 남대문으로부터 이전 되었다. 막대한 자금이 소요되는 이전 작업에서 혁혁한 공을 세운 사람은 10년간 건축위원장을 맡아 불철주야 일했던 와이스_{Ernest Weiss, 1908~1984} 의료 선교사다. 그는 중국 의료 선교사로 활동하다가 1954년 세브란스에 외과 교수로 부임하였다. 재미 의사로서 세브란스 의대 출신인 허정은 "미 8군, 해외 종교 단체 지원, 국내외 지도자들의 헌신적인 노력과 희생, 관심 있는 동창들과 이름 없는 개개인 미국 기독교인들의 기독 박애 정신의 산물로 신촌 세브란스병원이 건립되었다"고 말한다. 와이스 교수는 건립 헌금을 얻기 위해 미국에만 무려 1,500통가량의 편지를 보냈다. 1959년 2월 15일, 와이스가 한 친구에게 보낸 편지에는 간절한 소망이 담겨 있다.

미 제8군이 능력껏 도울 만큼 돕고 있습니다. 참모장 테일러 장군이 최근 우리를 방문하여 이 사업을 위하여 무엇을 더 해주어야 할지 알고 싶어 하고 지속적인 관심을 표해주었습니다. 현지 세브란스 한국인 직원, 동창과 후원인들이 경제적으로 매우 어려운 처지에 있으면서도, 꼭 필요한 외래 시설을 위하여 20만 달러를 모으려고 애타는 노력을 하고 있습니다. [⋯] 한국 전역을 둘러볼 때 수천 명의 전쟁고아를 보게 되고, 여러분들이 그들을 먹이고 입히고 교육시키고 병을 치료하게 하는 데 도움을 베풀어주신 것을 알고 있으며, 이런 일은 쉽지 않은 일인 것과 그들이 항상 미국인 여러분들을 친구로 여길 것을 알려드립니다.

이런 호소에 미국의 많은 교인과 교회들이 적극 호응하여, 550만 달러의 경비가 들어가는 건축 기금에 큰 보탬을 주었고, 전쟁고아들을 위해 구호물자도 보내주었다. 세브란스 건립 기금 마련을 위한 선교 헌금이 미국 전역에서 펼쳐졌다. 예를 들어 텍사스주 갤버스턴에 소재한 제일장로교회의 벽면에도 세브란스병원 건축에 참여하였다는 명패가 2004년 태풍으로 교회가 피해를 입기 전까지 붙어 있었다.

남을 돕는 일은 으레 세월과 함께 잊힌다. 도움을 주었던 사람들도 무언가를 바라고 도와주었을 리도 없다. 그러나 우리는 우리 자신을 위해서라도 과거를 기억해야 한다. 자신이 태어난 풍요롭고 안전하고 안락한 조국을 떠나서 더할 수 없이 척박했던 오지 조선 땅에서 선교사 활동을 하는 것은 때로는 목숨까지 버려야 하는 일이었다. 이런 선교사를 물적으로 심적으로 헌신적으로 도왔던 미국, 호주, 캐나다 등지의 크고 작은 교회 교인들의 헌금도 우리가 이만큼 일어서는 데 큰 힘이 되어주었다.

03

미국,
해방정국에 발을 담그다

한반도 분단의 책임과 미국

"당신들 때문이야!" 대북 제재가 본격화되는 시점에서 북한 당국
자들이 내뱉은 말이다. 그들이 "중국의 배신 때문에 우리가 어렵게
되었다"는 식으로 주민 교양에 적극적으로 나섰다는 소식이 들린다.
자유아시아방송의 소식통은 함경도 청진의 동 단위 여성연맹회의에
서 한 간부가 "일본은 100년 숙적, 중국은 1,000년 숙적"이라 해서
참석자들이 술렁인 적도 있었다고 전한다. 이 소식을 접하였을 때,
우둔한 사람의 특징을 생각해보았다. 우선은 인과관계를 흐릿하게
만들고, 그다음으로 타인이나 다른 집단에게 책임을 돌리는 것이다.
'남 탓으로 돌리기'는 일종의 질환 같은 것이라서 개인에게나 공동체
에 큰 해를 끼치게 된다. 하지만 이는 뿌리 깊은 질환이라서 치유하

기가 쉽지 않다.

북한에서 경제난의 책임이 중국 탓이라는 주장이 설득력을 얻었다면, 동시에 한국에서는 한반도 분단이 미국 탓이라고 믿는 사람들이 있다. 한반도의 전략적 가치를 높게 평가한 미국이 영구적으로 한반도를 분할하여 지배하려는 의도 때문에 분단되었다는 주장을 펼치는 사람들이 더러 있다. 이런 유의 주장을 굳게 믿는 사람들은 여기서 한 걸음 나아가 "미국이 한반도를 분할해서 아직도 우리가 통일하지 못하고 있다"는 주장은 물론이고 "통일의 걸림돌은 북한이나 중국이 아니라 미국"이라는 주장을 더하기도 한다. '미 제국주의' 혹은 '미국 놈' 같은 누군가의 탓으로 돌리거나 누군가를 원망하는 태도와 마음가짐에 대해서 옳고 그름을 분명히 판단하는 일이 필요하다. 이것이 한국과 미국 사이의 상호 관계를 올바르게 이해하도록 돕는 첫 단추에 속하기 때문이다.

사실 나는 개인적인 문제에서도 누군가를 탓하는 것을 지극히도 싫어하는 사람이다. 그것이 올바른 일이 아니라고 생각하기 때문이다. 예를 들어 내가 어려운 집안에서 태어났다고 해보자. 객관적으로 어렵다는 사실이 현재를 기준으로 하면 불편한 것은 사실이다. 그러나 그런 어려움 때문에 더 풍부한 경험을 할 수 있고, 그런 어려움 때문에 더 분발할 수도 있고, 그런 어려움 때문에 실패할 수도 있지만 성공할 수도 있다고 생각한다. 따라서 스스로 선택하고 책임지는 것에 대해서는 신념을 갖고 살아간다.

이런 신념은 개인을 넘어서 공동체에서도 마찬가지다. 어떤 공동체가 어려움을 맞는다면 그 어려움의 원인을 최우선적으로 내부에서 찾아야 한다는 생각을 갖고 있다. 늘 바깥에서 원인을 찾다 보면 결국은 자신이 책임져야 할 일은 아무것도 없게 된다. 이것은 책임의 문제로 그치는 것이 아니라 개인에게는 성공과 실패의 문제이고 공동체에는 번영과 쇠락의 문제로 결론짓게 된다. 내가 책임질 것이 없으면 늘 남 탓하면서 시간을 흘려보낼 수 있는 것이 아닌가! 한반도가 분단된 지가 80년에 가까워지고 있는데 아직도 "당신들 때문에 한반도가 분단되었다"고 외치는 것이 무슨 유용성이 있을까? 그리고 그것이 정말 옳은 일이라고 생각하는가?

한반도 분열, 그나마 천만다행인 것

사람은 자기중심으로 매사를 보는 데 익숙하다. 여기서 자기중심이란 것은 '우리나라가 매우 중요하다'고 과도하게 믿는 성향이다. 우리는 우리나라가 지정학적으로 전략적 가치가 그다지 높지 않다는 점을 상기할 필요가 있다. 지도를 펼쳐보면 그야말로 한국은 먼 극동의 나라다. 미국이 태평양을 지켜야 한다면 일본을 방파제로 삼는 것으로 충분하다. 미국은 일본을 지키는 것만으로 충분하다고 생각할 수 있다.

2차 세계대전이 종전으로 치닫고 있을 때 참전국 지도자들이 여러 차례 만났지만 단 한번도 한국 문제가 주요 논제로 등장한 적은 없다. 카이로, 테헤란, 얄타, 포츠담에서 보조 주제로 등장한 적은 있지만 주요 주제가 될 수는 없었다. 한국이 미국을 대할 때 이 점을 기억할 필요가 있다. 결론적으로 한반도 분단에 대해 '그나마 38선을 중심으로 분리하는 선을 그은 것만으로 하나님이 도우신 일'이라는 생각을 하지 않을 수 없다. 그마저도 긋지 않았다면 현재의 한국은 아마도 공산 치하에 들어가고 말았을 것이다.

한반도의 남쪽이라도 자유민주주의 체제 아래 두는 결정 과정은 미국 국무장관을 지냈던 딘 러스크(당시 육군 대령)의 회고록인『냉전의 비망록』에 기록되어 있다. 소련군은 일본의 패전이 확실시되는 8월 8일에 대일 선전포고와 동시에 참전을 결정한다. 그들은 불과 일주일 참전으로 연합국의 일원이 되었고 1945년 2월 얄타회담에서 결정한 대로 전쟁 종식 시 최전방에서 경계를 긋고 일본군을 무장해제하는 자격을 얻게 되었다. 여기서 최전방에서 경계를 긋는 것은 중요한 의미를 지닌다. 그곳이 전쟁 이후의 점령지를 분할하는 기준이 될 수 있기 때문이다.

미국이 예상한 것보다 전쟁이 일찍 끝난 것도 문제가 되었다. 미국은 1946년 정도까지 전쟁이 계속될 것으로 내다보았고 일본의 항복 선언이 있을 때 한반도 처리에 대해 뚜렷한 구상을 갖고 있지 않았다. 미군이 오키나와까지 북상하였을 때 소련군은 빠르게 북한을 접수하기 시작했다. 소련군의 진군이 얼마나 신속하였는가를 살펴보자. 소련군은 8월 8일 두만강을 넘어서 경흥으로, 12일에 나진과 청진으로, 16일에 원산으로, 21일에 평양까지 진주한다. 28일이 되면 북한 전역에 대한 소련의 군사적 진주가 완료된다. 이때 미군은 한국으로부터 1,000km나 떨어진 오키나와에 있었다.

소련군은 한반도 점령은 물론이고 일본 북해도 인근으로부터 일본 점령까지 서둘렀다. 소련군이 점령한 동유럽 지역에서 친소 정권을 수립하려는 의도를 간파한 트루먼 대통령과 워싱턴 관계자들은 당황하지 않을 수 없었다. 내버려두면 일본은 미국 관할로 그리고 한반도 전체는 소련 관할로 넘어갈 위태로운 상황이었다. 이 무렵 워싱턴에서는 사태의 긴급성을 확인하고 대통령 주재로 국무장관과 해군장관 등이 참석하여 한반도 문제에 대한 입장을 세우는 회의가 열렸다. 회의 분위기는 소련군의 한반도 점령을 기정사실로 하는 쪽으로 흘러가고 있었다. 이때 육군 작전국 정책과 과장이었던 찰스 본스틸 3세Charles H. Bonesteel III, 1909~1977 대령과 선임 장교였던 딘 러스크Dean Rusk, 1909~1994가 회의장으로 급히 뛰어 들어가 소련군의 한반도 진입을 극구 반대하였다. 이처럼 역사는 경미한 상황이나 판단에 따라 완전히 다른 길로 달려가게 된다. 이때 두 대령의 지혜가 이 책을 읽는 분들의 선대와 후대의 운명을 결정하였다.

두 장교가 브레이크를 밟지 않았다면 부동항을 확보하는 데 혈안이 되어 있었던 소련은 한반도라는 최고의 전리품을 확보하게 되었을 것이다. 소련은 공산화된 중국과 힘을 합쳐서 전 세계의 적화에 기세를 올렸을 것이다. 이런 결정이 내려졌다면 이 책을 읽는 독자들의 운명이 어떻게 뒤바뀌어 있을지, 세계사의 향방이 어떻게 진행되었을지 아무도 확신할 수 없다. 공산화된 소련과 중국이 힘을 모았다면, 대적이 없는 패권국이 탄생하였을 것이기 때문이다.

두 장교는 깊은 생각 없이 소련이 신속한 남하를 방지하는 대책의 하나로 북위 38도선 즉 38선을 중심으로 한반도를 분할 통치하는 차선책을 제시하고 이를 미국의 수뇌부가 받아들임으로써 38도선을 중심으로 한반도 분할이 이루어진다. 38도선을 선택한 데는 이미 평양까지 진격한 소련군에게 원상회복을 강제할 수 있는 구실이 없었던 점도 있었다. 훗날 딘 러스크는 회고록에서 38도선을 급히 선택한 배경을 이렇게 말하였다.

우리(미국)는 최종적으로 아시아 대륙에서 미군이 남아 있어야 한다는 결론을 내렸고, 그것은 상징적 목적으로 한반도를 군사적으로 점령하는 것이다. 8월 14일 일본이 항복 선언한 그날 본스틸 대령과 함께 지도를 보면서 한국의 수도인 서울이 미군의 점령지에 포함되어야 한다고 생각했고, 우리는 미군이 너무나 광활한 지역을 점령해서는 안 된다는 생각을 가지고 있었다. 자연스러운 지리적 분계선은 보이지 않았고, 38도선이 있음을 알게 되어 결국 그 선을 상부에 추천하게 되었다.

미국 정부는 38도선을 소련 측에 통보하면서도 은근히 우려하였다. 소련 측이 이미 차지한 부분에 더하여 더 많은 것을 얻기 위하여 수정 제안할 것으로 내다봤다. 현대사에서 소련이나 중국은 영토적 야심을 자주 드러내왔고 이를 강행한 나라였다. 그런데 놀랍게도 스탈린은 별다른 이견 없이 38도선을 받아들인다. 이에 대해 스탈린은 미국과 일본을 분할 점령할 의도가 있었기에 한반도 점령에 대한 영토적 야심을 드러냄으로써 미국의 의심을 살 필요가 없었다는 추측도 있다. 이 추측은 충분히 설득력이 있다. 8월 16일 스탈린은 트루먼에게 일본 본토의 부분 점령에 대한 의견을 피력했는데, 트루먼이 이를 단호하게 거절했다. 일본 평론가 아에타 타카노리는 『조선전쟁』(1990)이라는 책에서 스탈린의 일본 점령 야심과 한반도 분할의 연결고리를 이렇게 주장한다.

스탈린이 미국 측 제안인 38도선에 의한 분단 점령 안을 조용히 받아들인 이유는 그가 한반도보다는 일본의 분단 점령에 더 큰 관심을 가지고 있었기 때문이다. 일본 점령을 위해 그는 한반도에 대한 노골적인 세력

확대의 야욕을 미국에 드러내지 않고 미국 안을 받아들였다.

사람들은 이따금 개인사든 공동체 역사든 정교한 인과관계를 찾으려 하고, 의도적인 계획이나 음모론 등에 귀를 기울이는 경향이 강하다. 아무도 예상치 못한 사고와 같은 우연적 요소가 개인사와 역사 발전에 끼치는 영향을 과소평가하는 성향이 있다. 그러나 역사는 우연과 필연의 씨줄과 날줄로 움직여간다. 한반도 분할은 우연적 요소가 압도적인 요소로 작용하였다. 그래도 다행인 점은 두 젊은 장교의 뛰어난 직관, 즉 '한반도를 소련에 내맡겨서는 안 된다'는 것과 그들의 판단을 실행에 옮길 수 있는 용기 덕분에 한반도의 절반이라도 적화 야욕의 제물이 되지 않았다는 사실이다. 미 정보기관에서 근무했던 마이클 리는 회고록 『CIA 요원 마이클 리Memories of Regret』(조갑제닷컴, 2015)에서 이렇게 주장한다.

(38도선 분할)의 역사적 배경을 모르는 대다수 한국 국민은 무조건 미소 양대 강국이 우리나라를 분단시킨 원수로 생각하고 있다. 사실은 우리가 미국을, 특히 위에서 언급한 두 장교를 고맙게 생각해야 한다. 만약 그때 38도선이 설정이 안 되었더라면 대한민국은 탄생하지 못했고 우리는 그동안 김일성과 김정일의 통치를 받았을 것이며 생지옥에서 시달렸을 것이다.

해방 이후의 극심한 혼란스러움

일제 치하에서 벗어나는 것은 간절한 기다림이었지만, 해방 이후 극심한 정국 혼란과 경제적 불안이 뒤를 따랐다. 해방은 미국과의 인연이 더 깊이 연결되는 것을 뜻했다. 1945년 8월 30일, 미 국무부는 북위 38도선을 경계로 미소 양군이 조선 분할 점령 정책을 시행하며 한국 사회의 안정을 위해 남한에 대한 군정을 실시하겠다고 발표했다. 9월 7일 미 극동사령부는 남한에 미 군정(1945년 9월 8일 ~1948년 8월 15일)을 실시한다고 선포하고 다음날 하지_{John Hodge} 중장 휘하 미 24군단이 인천에 상륙했다. 같은 해 11월에 미군 7만 명이 한국에 진주했다. 미군이 서울에 들어온 9월 9일 일요일 아침의 서울 거리에는 태극기, 성조기, 유니언잭(영국 국기), 소비에트연방 국기, 중화민국 국기가 나란히 휘날리고 있었다.

미 군정기의 큰 특징 가운데 하나는 한반도 내부의 좌익과 우익 사상의 충돌로 인한 극심한 사회 분열을 들 수 있다. 오늘날 한국 사회에서도 그런 경향이 존재한다면, 해방정국의 혼란스러움은 말과 글로 다 표현할 수 없을 정도다. 혼돈 그 자체였다. 북한에 진주한 소련군은 인민위원회를 조직하고 조만식 선생을 제거하고 김일성에게 막강한 힘을 실어준다. 이처럼 조기에 체제를 굳힌 다음에 남한 사회를 뿌리째 흔드는 작업을 조직적이고 집요하게 진행했다. 전체주의와 민주주의 체제 대결에서는 단기적으로 전체주의 체제가 유리하다. 공산당의 목표는 어제나 오늘이나 내일이나 딱 한 가지로 모인다. 바로 공산화! 반대자의 입을 다물게 하거나 과감하게 제거하는 것이다. 남한 흔들기의 중요한 방법은 요원을 남한에 침투시켜 요인 납치, 테러, 폭동, 중요 시설에 대한 파괴와 공작 등을 자행하는 것이었다. 당시 기록들을 보면 소련군의 사주를 받은 북한이 남한을 전복시키기 위해 끊임없이 공작하는 사건들을 수없이 확인할 수 있다.

초기에 미 군정은 표현과 결사의 자유라는 원칙에 입각하여 좌익 세력을 제어하는 조치를 하지 않았다. 방임하는 분위기였다. 아널드 Archibald V. Arnold 군정장관의 9월 23일 담화에는 자유로운 정당 활동에 대해 이런 내용이 들어 있다.

서울 시내에는 수십 개의 정당이 수립되었고 또 결성 도중에 있는 모양이다. 군정 당국에서는 절대 중립의 입장에서 개인과 단체를 물론하고 누구는 찬양하고 누구는 억압하는 그러한 일은 없다.

그 당시의 식자층이나 정치인들에게 지배적인 이념은 좌익 사상이었다. 해방정국에서는 소련식 공산주의 사상에 경도된 지식인들이나 정치인들이 수적으로 많았다. 작고한 한국학자 김열규 전 서강대 교수는 80세를 목전에 둔 시점에서 가진 마지막 인터뷰에서 부산에서 성공한 주류 도매상이었던 아버지가 자식을 모두 버리고 월북한 일을 이렇게 회고하고 있다.

남로당원이었던 모양입니다. 아버지가 가게를 다 그만두고 함경남도 단천으로 도망가 버렸습니다. 그래서 하루아침에 가난해졌죠. 중학교 2학년 때에 아버지를 찾아서 단천에 갔다니까요. 거기에 무슨 아지트가 있었던 모양이에요. 아마 그 비극은 […] 제가 아버지를 생각하면 이를 갑니다. 그렇게 형편없이 무책임한 아버지가 어디 있습니까!

인터뷰를 진행했던 성시윤 기자는 "두 세대 훌쩍 지난 일이다. 그런데도 김 교수는 아버지 이야기를 하면서 목이 멨다"는 설명을 붙였다. 한국에서 이름만 대도 알만 한 작가나 지식인들 가운데 이 시대에 월북을 택했던 아버지를 둔 사람들이 제법 있다. 이런저런 자료들을 살펴보노라면 해방정국의 극심한 사상적 혼란 속에서도 좌익에 기울지 않고 중심을 잡았던 돌아가신 아버지에게 고마운 마음이 들곤 한다. 그만큼 좌익 사상이 남한에 뿌리를 깊게 내리고 있었다.

남한을 흔들기 위한 시도 가운데서 손에 꼽을 수 있는 대형 사건으로 1946년 5월에 일어난 위조지폐를 찍어내 유통시켰던 '정판사 사건'을 들 수 있다. 이는 조선공산당의 활동 자금을 마련하고 남한 경제를 교란시키기 위한 것이었다. 이 사건으로 말미암아 미 군정청은 공산당 활동을 불법으로 선언하고 공산당 간부에 대한 대대적인 검거에 들어갔다. 상황이 이렇게 진행되자 공산주의자들은 식량 부족 문제, 전염병 문제 등 각종 문제가 모두 미 군정의 무능함 때문이라고 주장했다. 공산당이 주동한 총파업과 동맹휴학 그리고 폭동들이 전국 곳곳에서 일어났다. "당신들 때문이야"라는 고질적 질환이 해방 이후 한국 사회에 가을녘 들판의 불꽃처럼 번져나갔다.

1946년 10월, 대구 10·1사건도 대구 지역 좌익 세력들이 주축이 된 대규모 유혈 시위였다. 1948년의 제주 4·3사건, 1948년 여순반란 사건 등도 같은 선상에서 이해할 수 있다.

북한은 여기에 그치지 않고 사회 곳곳에 포진하고 있던 친위 세력들을 움직여서 남한의 혼란을 조장했다. 1948년만 하더라도 통천정, 고원정, 강화정, 통영정 같은 함정들이 북한으로 납치되는 어처구니없는 일이 발생한다. 좌익 승조원이 군에 침투하여 상사를 살해하고 함정을 북한으로 몰고 올라갔다. 군 내부에도 공산당원들이 자리를 잡고 있었다. 당시 사회 상황이 얼마나 어지러웠던가를 짐작하게 한다. 또한 1949년에는 육군 2개 대대 전체가 집단 월북하는 일이 생기기도 했다. 좌익에 포섭된 군인들이 일으킨 사건이었다.

이렇게 골치 아픈 한반도에 미국이 발을 담그게 되었다. 만일 미국이 손을 뗐더라면 어떠하였을까? 이념에 경도된 일부 지식인들은 미국이 한반도에서 손을 떼지 않았다고 툴툴대며 미국을 비난한다. 그랬다면 한국인은 모두 공산주의하에서 굴곡진 삶을 살아갈 수밖에 없었을 것이다. 해방되었을 때 13세였던 소년이었던 유한민 목사는 해방정국의 개인적 체험을 이렇게 회고한다.

남한에 군대를 파견한 미국은 자유민주주의 국가다. 그래서 미 군정에서는 처음부터 자유민주적인 정치 방법을 적용시켜, 정치 활동의 자유를 보장하면서 중립적인 입장에서 행정적인 문제만 처리해나갔으니, 북한에 진주한 소련군처럼 강력한 통제를 전혀 가하지 않았다. 그런데다 북한의 밀지를 받고 남한 사회에 침투한 좌익 세력들로 인하여, 날이 갈수록 사회 질서는 혼탁한 가운데로 깊이깊이 빠져들게 된다. 남한 곳곳에는 매일같이 좌익과 우익 그리고 중도파 각 단체가 따로따로 집회를 연 다음 데모를 벌이다가, 그 연장선상에서 일어나는 충돌이 끊이지 않았고, 상호 비방과 폭행 사건들이 꼬리에 꼬리를 물고 일어났다. 사건 사고들이 계속되자 미 군정은 사회 혼란을 주도하면서 극한 투쟁을 벌이는 세력이 바로 좌익 세력들이라는 것을 파악하게 되어, 1946년 말엽부터 사회 질서를 바로잡기 위해 칼을 뽑는다. 사회 혼란을 획책하는 불순분자를 검거하기 시작한다.

—「혼란스러웠던 해방 후 5년」, 얼바인 사랑의 교회 게시판

해방정국의 혼란스러운 상황을 살펴보면서 우리가 자주 빠지는 오

류를 생각한다. 그것은 '중요한 문제에 있어서 우리는 오로지 잘못이 없는 희생자일 뿐'이라는 시각이다. '과연 우리가 져야 할 책임은 없는가?'라는 점을 깊이 생각하지 않을 수 없다. 구한말 지식인 윤치호는 일기에서 "조선 사람들이 공통된 대의를 위해 결코 통합하지 못한다"는 뼈아픈 지적을 한 적이 있다. 이것은 과거의 문제일 뿐 아니라 지금 우리의 문제이기도 하다. 거대 세력에게 "당신은 악이다" 혹은 "당신 때문이다"를 외치기 전에 내가 혹은 우리가 치명적인 문제를 갖고 있음을 뼈저리게 반성하고 성찰하고 고쳐야 한다.

미 군정의 기여, 토지 개혁의 초석 깔기

한국이 6·25전쟁이 발발하기 이전에 토지 개혁을 실시한 것은 대한민국이 살아남는 데 결정적으로 기여하였다. 그렇지 않았다면 6·25전쟁의 결과가 어떻게 되었을지 확신할 수 없다. 자신의 땅을 갖게 된 농민들이 자신의 땅을 지키기 위해 총을 들었기 때문이다. 해방부터 1950년까지를 다룬 역사서 『광복 1775일』(우정문고, 2000) 발간에 즈음하여 편저자는 대한민국의 존립에 대한 농지 개혁의 기여에 대해 이렇게 말한다.

농지 개혁은 역사적인 사건이었다. 농지 개혁을 통해 토지를 농민들에게 나눠줬기 때문이다. 당시 소작농 또는 약간의 땅을 갖고 있는 자소작농의 비율은 전체 농민의 84%였다. 이들은 토지 소유권에 대한 기대감에 힘입어 적극적으로 대한민국을 수호해야겠다는 애국심을 가질 수 있었다. 농지 개혁이 애국자를 만들어낸 셈이다. 6·25전쟁 직전에 이런 정책들이 시행됐던 것은 우리의 국운이 좋았음을 보여준다.

　이렇게 중요한 토지 개혁의 시작은 미 군정기부터 비롯되었다. 토지 개혁이야말로 한국이 살아남도록 미 군정이 도운 중요한 기여였다. 1946년 3월 북한은 토지 개혁을 완수한다. 김일성은 1946년 2월 8일, 북조선 임시인민위원회를 창립하는 자리의 창립 연설에서 북한에서 봉건적 토지 소유 관계의 철저한 개혁을 역설한 바가 있다. 이후 3월 4일 '북조선 토지 개혁에 대한 법령'을 공포하고, 3월 8일 토지 개혁 세칙을 발표한 다음에 전격적으로 토지를 국가 소유로 몰수한다. 이때 무상 몰수한 경지는 101만 정보町步, 1정보는 3,000평에 이르고, 북한 총 경지 면적의 51%를 차지한다. 토지를 몰수하여 국가 소유로 만들어버리는 데는 26일이 걸렸다. 토지 무상 몰수는 '친일파 민족 반역자 숙청'이라는 구호 아래에 실시되었으며, 토지를 무상으로 경작하게 해주는 대신에 소출의 25%를 거두어들이는 현물세를 도입하는데 이는 농민들을 일종의 농노로 만든 조치였다.

　당시의 일부 신문 칼럼은 북한의 토지 개혁이 국민을 토지에 얽어매는 현대판 농도 제도의 도입이라 지적하고 있다. 이따금 무상 몰수, 무상 분배 방식의 북한 토지 개혁을 우호적으로 묘사하는 주장도 나오지만 이는 잘못된 평가다. 현대판 노예 제도를 도입하는 것을 어떻게 후하게 평가할 수 있는가!

　미 군정의 큰 기여를 들자면 토지 개혁에 대한 정확한 상황 인식이다. 역사학계에서는 이 부분의 가치를 별로 인정하지 않는다. 그러나 "한국에서 반드시 토지 개혁이 실시되어야 한다"는 미 국무부의 권고와 미 군정청의 추진이야말로 토지 개혁의 시작점이었다. 미 국무부는 북한의 농지 개혁 진행 과정을 예의주시하면서 남한에서 좌익 세력과 공산주의에 대한 방파제를 구축하기 위해서는 토지 개혁의 실시가 필수적이라고 판단하고 미 군정에 권고하였다. 미 군정의 토지 개혁에 대한 입장은 확고하였지만 미 군정이 구성한 남조선 과도 입법 의회를 구성하는 입법 의원들이 대부분 지주 출신들이었다. 그들의 입장을 고려하여 강력하게 추진할 수는 없는 어정쩡한 상황에 놓였다. 미 군정은 어렵게 토지 개혁 안을 상정하지만 이를 통과시키는 데 어려움을 겪는다. 그럼에도 불구하고 미 군정은 무리한 조치를 하지 않았다. 한국에서 민주적 개혁을 시행한다는 형식을 취하기 위해서는 토지 개혁 같은 중요한 문제는 반드시 입법 의원들의 동의를 얻어야 하는 것을 원칙으로 삼았다. 또한 농지 개혁은 입법 의원이 주도하는 법 제정에 의해 뒷받침되어야 한다는 원칙을 분명히 하였다. 끝으로 지주의 땅을 뺏지 않고 적당한 보상을 약속해야 한다는 점을 확고히 했다.

소련이 지지한 북한 체제와 미국이 지지한 남한 체제의 극명한 차이점은 합법적 절차에 따라 무리하지 않게 제도 개혁을 하는가의 여부다. 아무리 명분이 좋은 정책이라도 그렇다. 이런 점에서 미 군정이 합법적 절차에 최대한 충실하려고 노력했던 점을 높이 평가할 수 있다. 이것이 전체주의 국가와 민주주의 국가의 차이다.

이런 와중에 미 군정은 더는 미룰 수 없다는 판단을 내리고 먼저 미 군정청 관할에 있던 일본인 소유지에 대해 분배 조치를 감행한다. 1948년 3월 22일 남한 과도정부 법령 173호를 공포하여 초보적인 토지 개혁을 추진한다. 지주 측의 반대가 만만치 않았지만 5·10총선을 염두에 둔 미 군정으로서는 결단을 내리지 않을 수 없었다. 신한공사新韓公社, 민 군정 법령에 의해 일제 귀속 재산을 소유·관리했던 회사 소유 토지는 전체 소작 토지의 6분의 1에 불과하였고 이 가운데 전체 82.8%에 해당하는 과수원이나 산림지는 제외되었다. 일본인 소유 농지(귀속 농지)를 시세대로 연 생산량의 3배로 쳐서 매년 생산량의 20%씩 15년 분할 상환 조건으로 농민에게 매각하였다. 반대에도 불구하고 이런 조치를 추진할 수 있었던 데는 미 국무부와 미 군정이 정확한 상황 판단 덕분이다. 그들은 3월에 이루어진 귀속 농지 처분이 좌익의 힘을 약화시켜 5·10총선의 성공에 기여할 것으로 봤다. 이런 정세 판단은 정확하게 맞아떨어진다.

미 군정은 적산 토지 분배를 위한 법령 관련 담화를 통해 독립 정부로 이 과제를 넘기라는 반대에도 불구하고 시작하는 이유를 밝힌 바 있다. "총선거를 앞두고 적산토지부터 분배를 착수한 것은 시대가 요청하는 바다." 시작이 반이라는 옛말처럼 미 군정이 한국 토지 개혁의 불가피성을 염두에 두고 미흡하지만 일단 시작한 것은 큰 기여다. 이렇게 시작된 토지 개혁은 제1공화국의 주요 추진 과제로 선택되어 여러 우여곡절을 겪으면서 1949년 4월 27일에 이루어진다. 유상 몰수 유상 분배라는 원칙에 따라 97.5%의 소작농이 자작농으로 전환되었다. 국가에서 1년 소출의 150%에 해당하는 금액으로 토지를 사들였고 농민에게 5년 분할 상환으로 유상 분배했다.

농지 개혁 이전의 지대는 연간 수확량의 50~70%였다. 농지 개혁 이후 농지를 분배받은 농가는 평년작의 150%를 5년간 균등 분할 상환하면 되었다. 매년 수확량의 30%씩 내면 되는 것이다. 1945년 자작농 비중은 35%였지만 1948년 61% 그리고 1950년 4월 말에 88%까지 증가했다. 대한민국의 농지 개혁은 대단히 성공적인 것으로 평가

받고 있다. 이렇게 어려운 과제를 미 군정이 정확한 상황 판단에 따라 일본인 소유 토지부터 먼저 시작했던 것은 큰 기여라 할 수 있다. 하지만 사학자 강만길은 "미 군정의 농지 개혁은 무상 몰수 유상 분배였고, 이승만 정부의 그것은 유상 매입 유상 분배였다. 어느 경우건 우익을 포함한 민족 해방 운동 전선의 토지 개혁론과는 달리 농민들에게 불리한 개혁이 되고 말았다"고 주장한다. 그는 민족 해방 운동 전선의 토지 개혁이 거짓 개혁 즉, 현대판 노예 제도의 도입이라는 사실을 놓치고 말았다. 어느 한쪽의 완전한 양보를 전제로 개혁은 이루어질 수 없는 일이다. 한국은 지주들이 상당히 양보한 토지 개혁을 이루어냈다. 한국의 토지 개혁 이후 지주들은 6·25전쟁으로 발생한 인플레이션으로 말미암아 원래 지가의 33% 정도 가격을 받은 것으로 평가된다. 결과적으로 남한의 지주들은 헐값으로 자신의 토지를 농민들에게 넘긴 셈이다.

미 군정의 독특한 성과

처음부터 미 군정은 공산주의의 확산 방지라는 큰 그림을 갖고 정책을 펼쳤다. 한국에 진주한 지 한 달 후 맥아더_{Douglas MacArthur} 사령부는 미군 주요 지휘관들에게 미군 점령의 1차적 임무는 "공산주의에 대한 방벽을 구축하는 것"이라는 지시를 내려보냈다. 주한 미 군정의 정보장교로 직접 군정에 참여했던 그랜트 미드는 "미 군정의 중요한 임무 중 하나는 공산주의에 대항하는 하나의 보루를 형성하는 것이었다"고 증언하고 있다. 공산주의의 확산 방지라는 대의를 위해 미국이 비용의 대부분을 책임지는 것이 미 군정기의 특징이다. 결과적으로 미 군정은 해방 후부터 정부 수립까지 한국 통치권을 인수함으로써 한국인의 의식주를 책임져야 하는 위치에 서게 되었다.

미 군정기에는 나라가 매우 가난하였다. 조세 수입이 1946년에는 세입의 6.1%, 1947년과 1948년에는 각각 18.5%와 14.6%로 낮았다. 결과적으로 매해 재정 적자가 누적될 수밖에 없을 정도로 나라 재정이 형편없었다. 예를 들어 1945년 10월부터 1946년 3월 말까지 미 군정의 첫 회계연도 세출은 11억 7,600만 원인데 반해 세입은 3억 2,800만 원으로 재정 적자 규모가 무려 8억 4,800만 원이나 되었다. 1947년까지 예상 부족분 즉, 누적 재정 적자 규모는 무려 141억 5,800만 원에 달하였다. 누가 재정 적자분을 메워줄 수 있었겠는가? 미국이 대한 원조로 적자 폭을 메우는 식으로 나라 살림을 꾸릴 수밖에 없었다.

미 군정기 동안 이루어진 원조는 점령지 구호GARIOA 원조와 해외청산위원회OFLC 차관이 주였다. 1945년 9월부터 1948년 12월까지 원조 총액은 4억 3,400만 달러(65억 1,000만 원)에 달하는 거액이었다. 1947년까지의 나라 살림살이의 적자 가운데 50%를 미국 원조로 충당한 셈이다. 미 군정은 정치적 안정을 위해 민생 안정이 절대적으로 필요하다고 판단하고 이를 위해 노력하였다. 해방 이후 남한이 직면한 인플레이션, 식량 및 생필품 부족, 급격한 생산성 저하 문제를 극복하기 위해 최선을 다하였을 뿐 아니라 막대한 원조를 제공하였다. 예를 들어 양곡 도입량만 보더라도 1946년과 1947년에 각각 국내 생산량의 5.5%와 11%를 도입하여 공급하였다. 이는 비농가에 대한 식량 배급량의 30~40%가 수입 양곡에 의해 충당되었음을 뜻한다.

미 군정이 고심했던 과제는 기아와의 전쟁이었다. 1946년 봄부터 여름에 걸쳐서 20년 만의 폭우와 홍수 사태로 인해 쌀 생산량의 20%가 감소하였다. 배급 가능량이 일제강점기의 절반가량으로 줄어들고 말았다. 대량 기아 사태를 방지하기 위해 미 군정은 1946년 6월에만 5만 톤이 넘는 밀과 밀가루를 미국으로부터 긴급 원조로 조달하여 식량 배급을 이어갔다. 미국 기근방지위원회UNRRA 회장인 후버 씨는 기근 발생 위험이 증대하자 "조선인이 1인당 하루 1,500cal(한 끼 700cal) 섭취를 위해 3개월간(5~7월) 식량을 수입해야 한다"는 점을 신속히 승인하였다.

식량 부족은 곧바로 물가 폭등으로 이어지고 말았다. 통화 증발에 의한 인플레이션도 보통 문제가 아니었다. 1945년 7월에 남북한을 합쳐 통화량이 47억 원이었다. 그런데 1945년 9월에만 하더라도 남한 내에서만 유통되는 통화량이 87억 원에 달하였다. 당시의 딱한 사정은 해방부터 1946년 연말까지 늘어난 빈민 규모가 요(긴급)구호자 288만 명 피구호자 447만을 합쳐 735만 6,000명이었다. 해방 당시 한국 인구가 1,600만 명이었음을 염두에 두면 약 12.5%가 요구호자였음을 알 수 있다. 거리에는 실업자가 넘쳤다. 1946년 11월 기준으로 약 110만 명의 실업자 가운데 58%가 외국으로부터 해방과 함께 돌아온 사람들이었다. 특히 1946년에는 대구를 비롯하여 90여 개 군 이상에서 생활고와 이념이 뒤섞인 소요 사태가 확산되었다. 한반도 이남에 진주한 미 군정 사람들로서는 전혀 예상치 못한 일이었을 것이다.

미 군정은 한편으로 좌익 세력과 싸워야 했고, 또 다른 한편으로 민생고와 전쟁을 벌이지 않을 수 없었다. 1946년 가을 소요 사태를 경험하면서 미 군정은 국가 기구를 강화하고 동시에 원조에 의한 구호 정책을 적극 실천에 옮긴다. 오늘을 기준으로 하면 미 군정기 정책에 대해 다소 엄격한 평가를 내릴 수 있다. 흔히 "이런 것도 부족했고, 이런 것도 문제가 있었다"고 평가한다. 하지만 당시 미국 원조가 없었다면 국가 존립 자체가 불가능하였을 것이다. 또한 좌익 세력에 의한 사회 혼란으로부터 한국 사회를 보호하려는 미 군정청의 필사적인 노력이 없었다면 오늘날 대한민국은 가능하지 않았을 것이다.

공산주의에 의한 남한 사회에 대한 악의적인 분열과 파괴 공작은 해방 직후부터 본격화되었고 지금까지도 면면히 이어져 내려오고 있다. 1946년부터 신문 기사에 반영된 사회상을 살펴보면 필설로 옮길 수 없을 만큼 극도의 사상적 대립과 심각한 경제난이 공존하였음을 알 수 있다. 기근, 파업, 방화, 무력 충돌, 요인 암살, 동맹휴업, 폭동, 기근, 전염병 등이 하루가 멀다고 일어나게 되는데, 이 혼란스러운 상황에서 미 군정청은 사회 안전을 확보하기 위해 안간힘을 다하였다.

한편 1948년 5·10총선거가 치러질 당시 높은 문맹률 탓에 국회의원 후보의 번호를 작대기로 표시할 정도였다. 글을 읽고 쓸 수 있는 것을 당연한 일이지만 1945년 해방을 맞았을 때 성인 문맹률은 78%에 달할 정도로 높았다. 미 군정은 민주주의는 문맹률을 낮추는 데서부터 시작된다는 판단하에 1946년부터 1948년까지 약 1만 5,400개의 공민학교를 세웠다. 미 군정의 교육은 단순히 읽고 쓰는 것뿐 아니라 정치, 경제, 사회, 과학, 상식 등을 포괄하는 공민성 함양에 중점을 두었다. 이는 곧바로 민주주의 시민으로서의 소양을 기르는 일이었기 때문이다. 그 결과 성인 문맹률은 1948년에 42%까지 떨어졌다. 미 군정은 한 걸음 더 나아가 1949년에 교육법을 제정하여 성인 문해 교육을 의무화했다. 1910년 1월 1일 이후 출생자를 대상으로 농한기에 최소 200시간, 총 의무 수업 일수 최소 70일(평균 매일 3시간)을 정하고 국어, 산수, 사회생활, 과학 그리고 공민을 가르쳤다. 글을 읽고 쓸 수 있는 시민을 키워냄으로써 자신의 생각을 말하고 설득하고 타인의 생각을 접할 수 있는 교양 국민을 만들어낼 수 있다고 믿었기 때문이다. 이런 국민이 있어야 민주주의가 가능하다고 판단하였기 때문에 미 군정청은 문맹률을 낮추는 일에 적극적이었다.

04

6·25전쟁에서
이 나라를 구하다

사상과 적대감의 힘

"우리가 옳다"와 "이것이 이익이 된다"가 결합하면 강력한 힘을 발휘한다. 이 2가지의 결합은 절대적인 정치 권력을 가진 사람들에게 강력한 추동력을 제공한다. 냉전 시대에 치열했던 체제 대결의 결과가 밝혀진 시점이기 때문에 오늘날 이런 경향은 많이 해소되었다. 그럼에도 불구하고 여전히 2가지의 결합에 따라 자신의 정치 권력을 행사하는 사람들이 한반도에 존재한다는 점은 불편한 진실이다.

6·25전쟁의 기원론에 대한 전문가들의 견해를 읽다 보면 전문가들이 쉽게 빠지기 쉬운 맹점을 주목하게 된다. 그중에는 낭만적인 성향을 지닌 사람들도 있다. 일부는 자신이 이미 믿고 싶은 주장에 다양한 자료들을 억지로 끼워 맞추기도 한다. 김일성이 6·25전쟁을

일으킨 근본 원인은 "자신의 생각이 옳다"는 것이 하나이고, "그것이 엄청난 이익이 된다"는 것이 다른 한 가지다. 이 2가지가 합쳐지면서 결국 동족상잔의 비극이 발생했다. 스탈린의 협조나 마오쩌둥의 협조 그리고 국제 정세들은 모두가 보조 도구나 수단에 불과하다. 물론 김일성은 '우리가 충분히 이길 수 있다'는 생각을 가졌을 것이다. 이 부분은 확신이나 신념이 강하면 얼마든지 만들어낼 수 있는 추측이나 착각일 수 있다. 따라서 마음 상태에 따라 얼마든지 스스로 조작할 수 있다.

6·25전쟁이 발발한 지 70년이 되어간다. 오늘날 한반도 상황은 어떤가? 북한 당국자들이 갖고 있는 '우리가 옳다'는 생각은 변함이 없다. 그것은 확신이고 신념이고 자신들의 존재 이유이기 때문에 제거할 수 없다. 동시에 일거에 부유한 국가를 침략하는 것만큼 남는 장사도 없다. 한마디로 대박 중의 대박이 전쟁을 통해서 이웃을 병합하는 것이다. 이것은 인류 역사를 통해서 낱낱이 증명되는 명백한 사실이다. "우리가 충분히 이길 수 있다"는 상대가 갖지 못한 핵무기를 소유하는 것만으로 가능하다. 핵무기를 갖는 것은 단번에 모든 재래식 병기를 압도할 수 있는 우월적인 지위에 우뚝 서는 것을 뜻한다. 이런 면에서 보면 6·25전쟁이 발발할 때나 지금이나 무엇이 다른가를 생각해보지 않을 수 없다. 전쟁은 종전이 아니라 휴전임을 잊지 않아야 하는데 근래 우리 사회의 분위기는 너무나 이완되어 있다. 이런 상태가 걱정스럽고 또 걱정스럽다.

6·25전쟁은 "우리가 옳다", "우리에게 이익이 된다", "우리는 승리할 수 있다"라는 3가지가 조합하면서 일어난 사건이다. 이런 상황은 앞으로도 얼마든지 일어날 개연성이 있다. 3가지 측면에서 보면 경제

력 같은 문제는 우선순위의 앞줄에 서지 않는다. 우리는 흔히 "남북한의 경제력 격차가 얼마인데…"라는 이야기를 자주 하지만, 그것은 전쟁 발발을 제어할 수 있는 결정적인 요소가 될 수 없다. 3가지 요소 가운데 "우리가 옳다"는 것만큼 전쟁에 강력한 추진력을 부여하는 것이 있을까? 전체주의 지도자들은 자기 세계에 깊이 빠져 있을 가능성이 크다. 그래야 살아갈 수 있고 사람들을 이끌어갈 수 있기 때문이다. 북한의 정치 지도자가 과거에 어떤 교육을 받았는지는 그렇게 중요하지 않다. 그것은 그저 젊은 한 시절로 이미 흘러 가버린 것이기 때문이다. 권력은 사람을 바꾸어놓는 성향이 있고 특히 절대 권력은 사람을 180도 바꾸어놓을 수 있다. '우리가 옳다'는 신념과 확신은 '상대방이 나쁘다'는 확신을 낳고 이 역시 일종의 만들어진 신념이나 확신으로 탈바꿈한다. "상대방이 나쁘다"는 것은 뿌리 깊은 적대감과 적의를 만들어낸다.

자유주의 체제의 지도자들이 전체주의 체제의 지도자들을 대할 때 흔하게 범하는 실수가 있다. 우리가 선의를 갖고 이만큼 해주면 굳이 말하지 않더라도 상대방도 어느 정도 상응하는 반응을 보일 것이라는 막연한 믿음이다. 그런 믿음 때문에 전체주의 체제의 지도자로부터 예상치 못한 봉변을 당하며 실수를 범하는 일들이 세계사에서 일어나게 된다. 인간의 적대감이나 적의는 쉽게 없어지지 않는다. 솔직한 표현을 사용하자면 상대방의 뿌리 깊은 적대감이나 적의를 제거하는 것은 가능성 면에서 불가능에 가깝다고 해도 무리가 아니다. 더욱이 절대 권력이란 용어에 담아낼 수 없을 정도로 무소불위의 권력을 휘두르는 사람이 가진 초확신이나 초신념으로부터 비롯되는 적대감과 적의를 제거하는 것은 불가능한 일이다. 이제껏 상대의 적대감을 제거할 수 있다는 막연한 믿음에서 비롯된 한국 지도자들의 선택은 씻을 수 없는 실수나 실책을 낳았다. 이것은 6·25전쟁에도 적용되는 일이지만, 근래 우리 사회가 북한 핵 문제를 다룸에 있어서 같은 실수를 범했다. 지금도 마찬가지다.

주한 미군 철수를 외친 국회의원들

우리 국민 가운데 6·25전쟁을 전후한 상황을 정확하게 아는 사람들은 많지 않다. 직접 체험해본 사람들의 연령대가 70대와 80대들이다. 이들을 제외하면 근현대사를 객관적으로 배울 기회가 드물고 배워야 할 부분도 흐릿하였다. 우리가 잊지 말아야 할 점은 6·25전쟁이 주한 미군이 철수하고 한미동맹이 없는 상태에서 일어났다는 사실이다. 망각은 인간이 얼마든지 같은 실수를 반복할 수 있는 존재임을 말해준다. 특히 과거로부터 배우는 데 익숙하지 않은 개인이나 민족에게는 더더욱 그렇다.

1948년 5월 10일, UN 한국 감시단의 감시 아래 총선거가 치러지고, 5월 31일에는 제헌국회가 열렸다. 7월 17일에는 국호를 '대한민국'으로 하고 대통령제를 골격으로 하는 헌법이 공포되었다. 신생 독립국가 앞에는 여러 난제가 기다리고 있었는데, 1949년 한 해 동안 국회는 반민특위법, 국가보안법, 농지 개혁법, 미군 철수 긴급 동의안 등을 처리하였다. 여기서 우리가 주목할 점은 제헌국회가 출범하고 얼마 되지 않았을 때부터 국회의원에 대한 북한의 작업이 시작되었다는 것이다. 놀랍게도 그때부터 주한 미군 철수론이 의사당에서 제기되었다. 1948년 10월 13일, 박종남, 노일환, 김약수 등 국회 소장파 위원 47명(제헌국회의원 총수 198명)이 주한 미군의 조속한 철군을 위해 '외군 철퇴 긴급 동의안'을 제시하여 찬성파와 반대파가 치고받는 상황이 벌어졌다.

제1회 87차 국회 본회의, 외군 철퇴 긴급 동의안 문제로 찬반 양측 격돌. 10월 13일 오후 회의에서 외군 철퇴 긴급 동의안을 놓고 재차 찬반 양론을 전개함. 외군 철퇴를 설명하려는 제안자 측을 반대 측이 제지하며 강제로 끌어내리려 하다가 서로 멱살을 잡고 격투. 개원 이래 처음으로 보는 추태까지 연출하여 결국 동 안의 가부표결을 보류함.

당시 국회 상황을 조금 더 자세히 살펴보자. 제헌국회에서 미군 철수 문제는 최대 쟁점 가운데 하나였다. 의원 47명이 내놓은 '외군 철수 요청에 관한 긴급 동의안'은 "자주 국가로서 자율권이 엄연한 이상 외군의 주둔을 허용할 수 없다"고 주장한다. 또한 UN을 겨냥하여 "UN은 총회에서 1947년 11월 14일 결의한 기록을 회상해" 외군 철수를 조속히 실천에 옮겨달라고 요구한다. 국회에 있던 많은 의원이 이구동성으로 공산당의 조정을 받는 일이라고 흥분하였고 양측 의원들 사이에 충돌 분위기가 일자 국회의장이 경위를 출동시켜 제지하기도 했다.

이 일이 있고 나서 11월 19일에는 최윤동 의원 등 99명이 "대한민국의 방위 태세가 정비될 때까지 미군의 남한 주둔이 필요하다"는 내용의 '미군 주둔에 관한 결의안'을 제출했다. 이 결의안은 약간의 논란을 거친 다음에 표결에 부쳐지는데, 재석 113명 가운데 찬성 88명 반대 3명의 압도적인 표차로 가결되었다. '외군 철수 동의안'이

나온 뒤 미군 철수 주장이 급격히 사라지는 결과를 낳았고, 미군 철수 주장은 시민들로부터 격렬한 비난을 받았음은 물론이다.

주목해야 할 사실은 1946년부터 주한 미군 철수에 대한 북한과 소련의 공세가 거칠고 집요하게 시작되었다는 것이다. 북한은 "소련군을 철수시킬 테니까 미군도 철수하는 것이 공평하다"는 책략을 사용한다. 반복적으로 미군을 압박하는데, 주일 미 연락장교 휘스가 북조선 사태에 대해 1947년 8월 31일에 행한 연설을 보면, 남북한의 군사력 격차가 상당하였음을 알 수 있다.

> 북조선은 무장화된 진영으로 되어 있고 남조선에 있어서 악감정을 조장시키기 위하여 고의적이고 계획적인 음모를 전개하고 있다. […] 현재 소련은 북조선에 20만 명으로 구성되는 10개 사단과 북조선으로 징발된 20만 명의 조선인 군대를 보유하고 있으나 미 측은 남조선에 1개 군단을 보유하고 있을 뿐이다.

북한의 술책은 1946년부터 주한 미군을 밀어낸 다음에 한반도를 적화하는 것을 분명히 드러내었다.

6·25전쟁 이전의 한국 사회

다수 국민은 따라갈 뿐이다. 결국 권력은 누군가에게 위임될 수밖에 없고 위임받은 지도자들이 어떤 선택을 하는가에 따라 국가와 국민의 운명이 결정된다. 허약한 신생 국가는 자력으로 자신을 지킬 힘이 없었다. 그러나 인간은 언제나 자신의 처지와 형편 그리고 능력을 정확히 알기 힘들다. 명분으로 보면 독립 국가에 외국 군대가 주둔하는 것은 옳은 일이 아니다. 그러나 실제 모습에 주목했어야 했다. 대한민국이란 신생 국가는 자신의 힘만으로 자신을 보위할 수 없는 처지가 너무 명백하였다. 하지만 당시의 소장파 국회의원들은 낭만주의자들이었고 북한의 선전 선동 공작에 넘어가고 말았다. 당시 소련과 북한 당국은 계속 "미소 양군의 한반도 동시 철수"를 주장하고 있었다. 국회의원들은 그들의 선전 선동에 시퍼런 칼이 들어 있음을 놓치고 말았다. 결국 미국은 1949년 6월 한반도에서 완전 철수를 단행했다. 그리고 불과 1년이 지나지 않아서 6·25전쟁이 일어났다.

남북한이 각각의 단독 정부를 수립하였을 때, 북한은 군사력 면이나 경제력 면에서 남한을 압도하고 있었다. 이런 상황에서 당시 분단이 곧 전쟁을 불러올 것이라는 의견을 가진 사람들이 많았다. 따라서 주한 미군의 존재는 한국에게 필수적인 생존 요건이었고 이것이 가능하지 않으면 자체 국방력을 강화할 방안이라도 갖고 있어야 했다. 그러나 보통 사람들의 바람이나 소망과 달리 상황은 잘못 흘러가고 있었다.

당시 국회까지 좌익 세력들이 깊게 침투해 있었다. 국회가 구성되고 난 다음 남로당원들의 사주를 받아서 국회 장악을 시도한 공안 사건인 국회 프락치 사건이 1949년 5월 18일에 발생하였다. 이들은 남파 여간첩 정재한의 지령을 받아 "자유주의에 입각한 진보적 민주 정치 실현"을 표면에 내세우면서 국회 장악을 시도하는데 이들 소장파 의원들은 정부 수립 직후부터 "외국 군대 완전 철수"를 요구하는 북한 정권의 주장과 보조를 맞추고 있었다. 이들의 공작 전모는 공안 경찰이 여간첩 정재한의 음부에서 비밀 암호 문건을 발견함으로써 백일하에 드러나고 말았다. 이들은 미군 철수를 포함하여 7가지 원칙(남북한 정치범 석방, 반민족자 처단, 조국 방위군의 재편성, 보통선거에 의한 최고 입법기관의 구성, 남북 정당 단체 대표에 의한 정치회의 구성, 헌법 개정) 등을 노골적으로 요구하는데, 결국 북한의 지령을 따라 움직인 것이었다.

이 국회의원들은 북한과 소련 입장에서는 '쓸모 있는 바보들'에 속한 사람들이었다. 이들은 1심에서 유죄를 선고받고 2심 계류 중에 6·25전쟁을 맞았다. 일부는 강제적으로 납북되지만 대부분은 자진 월북하여 '재북평화통일촉진협의회'로 활동하다가 숙청되었다. 이 사건을 수사하던 담당 검사와 수사관을 암살하려던 여러 차례의 시도가 있었는데, 1949년 8월 12일에 김호익 총경이 좌익 세력들로부터 피살되었다. 6·25전쟁에 임박할 때까지 우리 사회가 얼마나 북한의 위협에 취약하였던가를 상징적으로 보여주는 것이 국회 프락치 사건이다. 공안 분야가 홀대받는 시대가 되었지만, 한국 현대사는 좌익으로부터 자유와 안위를 지키려는 치열한 노력들의 역사였다. 지금도 이념 대결은 계속되는 중이다.

역사에 '만약'이란 가정을 할 수는 없지만, 1950년에 김일성이 6·25전쟁을 일으키지 않고 10여 년 정도 기다릴 수 있었다면 어떠하였을까? 남한에 뿌리 깊이 자리 잡은 좌익 세력이나 그들에게 우호적인 사람들 그리고 남로당 계열의 활동을 측면에서 지원하면서 시기를 기다렸다면, 1960년대 초반 한국은 월남식 공산화의 제물이 되었을 가능성이 크다. 경제력에서도 1960년대 초반에는 북한이 압도적인 우위였다. 예를 들어 석탄 생산량은 남한 590만 톤 북한 1,200만 톤, 발전량은 남한 20만 킬로와트 북한 116만 킬로와트였다.

곡물을 제외한 거의 모든 부문에서 북한이 우위를 차지하고 있었다. 1960년대 김일성이 남긴 연설문이나 회의록에는 남한을 공산화시킬 수 있다는 자신감, 북한 체제에 대한 우월감이 빈번하게 나타난다.

해방정국에서 벌어지는 사상적 혼란스러움과 좌익 세력의 극성스럽고 집요한 활동에 관한 내용을 읽을 때면 1950년대를 전후해 한국 사회에서 좌익 세력들의 활동과 범위가 넓었다는 생각을 하게 된다. 그런 일이 그때만의 일이라고 생각하지 않는다. 이런 점에서 김일성의 결정적 패착은 1950년을 남침 시점으로 삼았던 것이고, 신생 독립국 대한민국에는 그의 선택이 나라를 보전할 기회가 되었다.

좌익 세력이 유독 강했던 한국의 1940년대

어떤 사회나 민족을 평가할 때는 일반화의 오류를 주의해야 한다. 따라서 한국 사회가 어떠하다든가 혹은 한국 사람이 어떠하다든가 등과 같은 표현을 쓸 때는 매우 조심해야 한다. 그렇지만 일반화의 오류에 빠질 수 있는 위험을 감수하더라도 나름의 의견을 정리해볼 가치가 있다.

왜, 모든 공산권 국가들이 자신의 이념을 접은 시점에서 북한만이 저렇게 끝까지 세상을 어지럽히는 것일까? 사회주의와 공산주의가 몰락한 지 꽤 세월이 흘렀음에 불구하고, 북한 체제의 잔혹성이 여과 없이 드러나는 세상 속에서도 북한에 우호적인 세력들이 아직 잔존하는 것일까? 이런 생각을 하게 될 때가 있다.

살아온 세월을 두고 여러 가지 평가가 엇갈리는 인물이 윤치호다. 구한말과 일제강점기 미국에서 공부했던 그는 60여 년간의 일기를 남겼다. 이 가운데 상당 부분은 영어 일기다. 일기라는 것이 개인의 주관성을 전제하는 것이지만, 비교적 솔직한 내면세계를 담고 있다는 점에서 어떤 시대와 현상을 이해하는 데 도움을 준다. 서울대 박지향 교수의『윤치호의 협력일기: 어느 친일 지식인의 독백』(이숲, 2010)을 보면 누군가에게 빌붙어서 살아가는 '기생주의'에 대해 흥미로운 내용이 나온다.

> 조선 사람들의 결점은 자립심이 부족한 것인데, 윤치호는 그것을 친족 제도와 유교 도덕이 조장한 기생주의로 해석하였다. 덕분에 남에게 얹혀 사는 기생충적 기질이 조선 사람들에게 비정상적으로 발달하였다는 것이다. 윤치호가 공산주의를 싫어한 것은 잘 알려진 사실이다. 연구자들은 그가 공산주의를 싫어하는 이유를 그의 보수적 성향에서 찾지만, 사실상 그 혐오감의 핵심은 공산주의가 사람들로 하여금 열심히 일하기보다는 남의 노고에 얹혀살기를 조장한다는 데 있다고 보았다. '조금 먹고 살 만한 사람들에게 달라붙어 있는' 친척, 친구들을 볼 때 조선은 옛날 옛적부터 공산주의를 해왔다는 것이 그의 주장이다.

시골에서 자란 사람들의 기억 속에는 기생주의의 사례들이 남아 있을 것이다. 이를 두고 우리는 상부상조 같은 근사한 단어로 대체하고 싶어 한다. 그렇지만 누군가의 도움으로 사는 일은 우리 사회의 과거에서 드물지 않게 관찰할 수 있다.

공산주의는 평등 운운하지만, 결국은 지배 계층이 빌어먹고 사는 체제다. 가능한 한 눈치를 보면서 적당히 일하기 일쑤여서 결국은 생산성 저하로 파탄 나고 마는 체제다. 내가 열심히 해도 내가 가질 수 없다면 인간은 적당히 할 수밖에 없는 존재다. 인민의 이름으로, 평등의 이름으로 빌어먹고 사는 체제가 공산주의 체제다.

유교 지배 체제라는 것도 기본적으로 맹자 왈, 공자 왈을 외치지만 실상은 타인의 노력을 손쉽게 거두어서 먹고사는 체제였던 것이다. 조선 중기를 기준으로 전체 인구 가운데 30~40%가 노비였다. 이 비율을 50%까지 보는 학자도 있다. 정말 많은 사람이 무임승차하는 사회였다. 궁중에 무위도식하는 점쟁이, 굿쟁이들이 득실거렸다. 이들이 모두 저마다의 하고 싶은 이야기가 있겠지만, 한 단어로 정리하면 결국 빌붙어 사는 사람들이라 해도 무리가 없다.

윤치호는 "조선 버전의 볼셰비즘은 강도질을 무산자의 영광으로 만들기 때문"이라고 강조하기도 한다. 오늘날이라고 해서 다를 바 없다. 오늘날도 나랏돈을 마치 자기 돈인 양 여기고 먹고사는 사람들이나 단체들이 얼마나 많은가? 또한 늘어나고 있는가? 사람의 시야는 좁아서 그런 삶이 계속될 것으로 믿어 의심치 않겠지만, 결국 재정 지출을 크게 감축하지 않을 수 없는 경제위기가 닥칠 것이고 그때 엄청난 고통을 치를 수밖에 없을 것이다. 경제위기로 인해 재정 지출을 크게 감축하면서 고통을 겪는 나라들을 보면 이것을 잘 알 수 있다. 근래 예산에 빨대를 꽂고 사는 사람들과 단체들이 부쩍 늘어나는 추세가 걱정스럽다. 본질을 보는 사람들에게는 명분 이면에 타인의 등을 치거나 납세자의 등을 쳐서 먹고사는 사람들이 똑같다.

우리 사회에서 유독 사기, 기만, 무고 사건이 폭주하는 이유도 모두 이런 현상에 뿌리를 두고 있다. 공짜 점심을 먹는 것을 좋아하는 사람이 많기 때문이다. 새마을 운동의 3대 정신을 자주 생각하게 된다. '근면, 자조, 협동' 이 가운데서도 으뜸은 자조 정신일 것이다. 그 시대 민족의 폐습을 고치기를 원했던 사람들이 고심해서 찾아낸 세 단어에는 우리 민족의 고질적인 병폐가 고스란히 담겨 있다. 1940년 대 좌익 운동에 몸을 담았던 사람들 모두를 기생주의라는 분류에 담을 수 없다. 그렇지만 그들이 의도하지 않은 중에 결국은 누군가의 노력을 날로 먹게 하는 일을 하고 있었던 것만은 사실이다. 이런 정 신 상태는 지금도 별로 변함이 없다.

자조를 바라보는 정신 자세

자유시장 경제를 살아가는 시민들의 기본 덕목은 스스로 선택하고 책임지는 것이다. 스스로 위험을 감수하고 뭔가를 취득하는 것이다. 근본적인 정신의 바탕은 자조 정신이다. 문명사에서 가족과 친족을 중시했던 원시 공산 사회는 대부분의 문명권에서 관찰된다. 이후 익 명의 사람들로 구성된 도시가 성장하면서 개인주의가 서서히 뿌리를 내리게 된다. 제대로 된 시민 사회를 경험한 서양 문명에서는 자조 정 신이 사회를 지탱하는 근간이다. 내 손으로 벌어 먹고살아야 한다는 절박하지만 진실한 삶의 자세와 마음가짐이 이 정신에서 나온다.

필자의 애독서 가운데 한 권이 19세기 초 영국의 저술가인 새뮤얼 스마일스의 『자조론』(비즈니스북스, 2005)이다. 이 책은 산업혁명기의 근면, 성실, 창의, 노력으로 자수성가한 기업인, 장인, 예술가, 지식 인, 사회사업가 등을 소개한다. 이 책은 "하늘은 스스로 돕는 자를 돕는다"는 문장으로 시작된다. 원래는 청소년을 대상으로 집필된 책 이지만 영국은 물론 구미 각국에서 수백만 권이 팔린 초베스트셀러 가 되었다. 한 시대의 시대정신을 상징적으로 압축하고 있는 책이다.

일본인들은 아이들을 키울 때 '폐를 끼치지 말라'고 반복해서 가르친다. 미국인들은 아이들을 키울 때 '정직하라'고 가르친다. 일본인들은 가족이나 친족을 강조하는 동양 문명 속에서도 독자적인 행보를 걸어왔다. 일본에서는 나카무라 마사나오가 1871년에 『자조론』을 번역했다. 이 책은 메이지유신기 동안 100만 부 이상 팔리며 메이지유신의 '정신적 교과서' 중 하나가 되었다. 메이지 천황은 1873년부터 조선 시대의 경연과 같이 시독侍讀을 두고 틈틈이 학문을 연마했다. 주된 과목은 사서삼경이었지만 『일본서기』, 『신황정통기』 같은 일본 역사서도 포함되어 있었다. 놀랍게도 새뮤얼 스마일스의 『자조론』도 메이지 천황의 정규 교과목 중 하나였다. 『서국입지편』(1871)이라는 이름이었다.

　일본에서 자조 정신이 발전한 데에는 일본 문화의 영향도 있겠지만, 근대화 과정에서 이런 정신을 사회가 공유하기 위해 부단히 노력한 이유도 있을 것이다. 그래서 일본에서는 타인의 삶에 빌붙거나 간섭하는 일이 드물다. 오래전에 들었던 이야기 한 토막이 떠오른다. 신혼 시절 일제강점기를 살았던 할머니 한 분과 대화를 나누던 중이었다. 그분 말씀이 이랬다.

　동네 골목길에서 시간이 나면 아낙네들이 나와서 이런저런 이야기를 나눌 기회가 있어요. 그때마다 우리는 남의 집 시시콜콜한 이야기를 마치 제집 이야기처럼 하곤 했지요. 하지만 일본 아낙네들은 묵묵히 자기 일을 할 뿐 절대로 남 이야기를 하지 않았어요. 그때는 그런가 보다라고 생각했는데, 지금 와서 생각해보면 그것이 조선 사람과 일본 사람 사이의 큰 차이인가 봐요.

1940년대 좌익이 성행했던 또 다른 이유들

한국인의 교조주의적 성향도 좌익 성행에 큰 영향을 끼쳤다. 유교의 성리학 영향을 들 수 있다. 본래 고려족만 하더라도 한국인들이 실용성이 강했던 민족으로 알려져 있다. 그런데 조선 500년을 거치면서 우리가 온몸과 마음으로 교조적인 성향을 익힌 것 같다. 흑백론이 주도하면서 이것이 아니면 저것이라는 성향이 더 강해졌다. 어떤 이데올로기를 받아들이면 극한치까지 밀어붙인다. 중간에 타협이란 없다. 교조적인 성향은 현실에서는 도저히 실현될 수 없는 이상주의와 정치적 낭만주의를 낳는다. 허황한 이념에 경도될 가능성이 매우 커지는데 이런 성향이 1940년대도 크게 힘을 발휘하였다.

1940년대 좌익 운동이 범람했던 또 다른 이유는 먹고살기가 힘들었기 때문일 것이다. 사는 것 자체가 너무 힘들어서 돌파구를 제시하는 이데올로기에 붙잡혔을 수도 있다. 좌익적인 주장은 공동 분배와 공동 생산에 대해 막연한 호감을 갖는 인간 본성에 대한 호소력이 크다. 웬만한 사람들이나 공명심이 지나치게 강한 사람들이 좌익적인 주장에 빠져들 가능성이 큰 것은 이 때문이다. 당신이 시간을 두고 노력하지 않더라도 당장 남의 것을 빼앗거나 세상을 뒤엎어서 당신이 얻을 수 있다는 제안을 마다할 사람들이 얼마나 되겠는가? 하나는 복잡하고 이해하기 힘든 진실이고 다른 하나는 쉽고 금세 알수 있는 것처럼 보이는 거짓이라면 사람들은 후자를 진실로 착각할 가능성이 크다.

또 다른 이유로는 일본의 영향을 들 수 있다. 20세기 초엽 일본에는 공산주의 사상이 유행하였다. 이때 일본 유학을 했던 식자층 가운데 좌익 사상에 빠진 부유층 지주 자녀들이 많았다. 이들은 식민 지하의 어찌할 수 없는 상황에서 좌익 사상에 매료되어 훗날 월북 등의 방법으로 살길을 찾기도 했다.

끝으로 인간 본성에 대한 이해는 공산주의 사상이 현실에서 성공할 수 없다는 것을 정확하게 가르쳐주지만, 많은 지식인의 인간 본성에 대해 이해도가 낮았다. 속을 들여다볼 수 있어야 하는데 지식인들 가운데는 겉에 보이는 것에 현혹된 사람들이 의외로 많았다. 윤치호의 일기에는 인간 본성과 공산주의에 대해 예리한 진단이 나온다. 그는 공산주의가 세상에 아직 성공할 수 없다고 생각한다. 왜냐하면 "공산주의는 '최고 수준의 협조적 문명'을 획득한 국민에게나 가능한 것인데, 조선 사람들은 말할 것도 없고, 앵글로색슨인들조차 그 단계에 이르지 못하였기 때문이다." 윤치호는 문명 발전 단계로 접근하지만, 문명이 발전하더라도 인간의 죄성과 본성으로 말미암아 인간이 협조적이 될 가능성이 적다. 이기적인 인간 본성으로 말미암아 이를 충분히 인정치 않는 공동 생산과 공동 분배는 성공할 수 없다. 항상 인간은 기회주의적 행동을 보일 수밖에 없기에 공산주의나 사회주의 그리고 모든 아류는 실패할 수밖에 없다. 해방정국의 혼란함 속에서 윤치호는 공산주의의 패망에 대해 멋진 전망을 남겼다. "조선의 몇몇 사람들이 공산주의를 원하고 있습니다. 만일에 영국이 고도의 정치력과 노련한 지혜를 가지고 서서히 사회주의적 정책을 유도해가고 있다 하더라도, 대한 조선이 어떤 게 진짜 사회주의의 ABCD인지도 모르면서 인민공화국 체제를 경영할 수가 있겠습니까?"

윤치호는 공산주의나 사회주의가 장엄하게 몰락하는 광경을 목격하지 못하고 저세상으로 떠났다. 사회(계획)주의의 성공 여부는 지식의 문제에만 국한되는 것이 아니라 인간 본성에 달려 있기에 처음부터 성공할 수 없는 이데올로기다. 나는 20세기에 지식인들이 인류에게 남긴 최고의 악행은 공산주의라는 이데올로기를 만들어서 수많은 사람을 죽음과 기아로 몰아넣은 일이라 생각한다. 그러나 그 낭만적이지만 실패할 수밖에 없는 이데올로기에 대한 환상은 지금도 우리 주변에 그림자를 드리우고 있다. 물론 근사한 명분으로 분식된 모습이기는 하지만 그 속에는 거대 정부에 의한 계획이라는 믿음이 담겼다. "당신이 겪는 어려움은 당신 때문이 아니고 저 사람들 때문"이라는 주장은 언제나 면죄부를 준다. 특이한 것은 좌익 사상에 대한 기다림과 그리움이 우리 사회에서 유독 뿌리가 깊다는 점이다.

6·25전쟁 이전 주한 미군에 대한 미국 입장

"가지 말라고, 가지 말라고" 다리를 붙잡아도 갈 판인데, 국회의원들을 중심으로 외국군 철수 주장이 나온 것을 미국은 어떻게 받아들였을까? "이런 대접을 받으면서까지 골치 아픈 한국 문제를 우리가 안고 갈 필요가 있는가"라는 의견이 있었을 것이다. 여기서 미 군정 시대로부터 시작해서 미군 철수까지 미국 입장에서의 한반도 정책을 살펴보자. 1947년 9월 말에 미국은 한반도 문제를 UN으로 넘김으로써 주한 미군 철수를 위한 정지 작업을 시작한다. 이때까지만 하더라도 미 국무부와 육군부 그리고 주한 미 군정 사이에 다소의 입장 차이가 있었다. 쉽게 말하자면 군인들은 빠른 시간 안에 철군을 주장하고, 미 국무부는 북한과의 대치 상황이 심상치 않으니 신중하게 철수할 것을 주장한다.

육군부는 전략적 차원에서 한반도 문제에 접근하였다. "한국에 대해 군사 전략적 이해를 거의 갖고 있지 않다"는 합동참모부JCS의 분석을 바탕으로 미군 철수를 강력하게 주장했다. 육군부 의견은 1948년 11월 4일 미국 육군부 차관 드레이퍼William H. Draper가 주한 미군 철수 문제에 대해 점령 지역 차관보 살츠만에게 보낸 비밀 전문에 실린 국가군사재단National Military Establishment의 주장과도 일치한다. "미국은 한국에 군대와 기지를 유지하는 데 거의 전략적 이해를 가지고 있지 않고, 이 군대가 군사적 약점이 될 수도 있다고 결정하였다. 극동의 상황 악화는 국가군사재단의 초기 견해를 강조하는 것이다." 육군부의 입장은 2차 세계대전 이후 가뜩이나 병력 감축이 심한 상태에서 한반도에 2만 명을 배치하는 것이 올바르지 않다고 생각하였다. 그 정도로 지킬 만큼 가치가 있는 지역이 아니라는 판단을 하고 있었다.

미 군정은 내심 군정만으로 남한을 지킬 수 없을 정도로 치안 및 경제 상황이 악화되고 있다고 판단하였다. 가난하고 말도 많고 탈도 많은 나라에서 숱한 갈등과 분쟁 그리고 좌우 분열 및 치안 불안 문제가 일어나는 상황에 고개를 절레절레 흔들고 말았다. 우리가 이렇게 할 필요가 없다는 판단을 내렸을 것이고, 이에 따라 주한 미군 철수를 지지하였다.

반면에 미 국무부는 냉전 대결이라는 시각에서 육군부와 미 군정보다 더 넓고 먼 시각에서 한반도 문제에 접근하였다. 원칙적으로 철군에 동의하지만, 한반도 공산화를 막기 위해서는 철군에 앞서 적절한 조치를 해야 한다고 판단하였다. 참고로 1948년 4월을 기준으로 한국에는 미군 제6·7보병 사단 2만 명이 주둔했지만, 북한에는 소련군 약 6만 명의 지원하에 훈련된 북한군 15만 명의 병력이 있었다. 미국 군사 당국자들은 소련군이 미군 철수를 종용하기 위해 한동안 군대를 철수시킬 것이며, 소련은 철수 후에 미군의 남조선 잔류를 비난할 것이라고 예상했다. 주목할 만한 사실은 1946년 이후부터 북한의 일관된 대남 정책이 주한 미군 철수에 모였다는 점이다.

이런 모든 입장을 고려한 다음 미국은 1948년 4월 초, 「한국에 대한 미국의 입장NSC-8」이라는 문서를 채택함으로써 주한 미군 철수를 기정사실화한다. 1948년 4월 2일, 미국 트루먼 대통령이 재가한 「NSC-8」에 대해 『광복 1775일』에는 다음과 같은 내용이 실려 있다.

> 1948년 4월 2일 작성되어 8일에 대통령의 재가를 받은 「NSC-8」은 미국의 대조선 정책에 관한 미 국가안전보장회의의 보고서다. 여기에는 미국의 조선 정부에 대한 주권 국가 수립, 경제와 교육 체계의 수립 등의 조치를 취한다는 것이 골자다. 미국은 극동 지역에서의 전략적 필요를 고려하여 당시 남북한 병력을 미군 2만 명과 경찰력을 포함하여 남한 13만 4,000명, 소련군 4만 5,000명과 자체 무장 병력을 포함하는 북한 17만 명으로 평가한다. 미군의 철수를 12월 31일까지 완료하는 것을 고려한다.

1948년 12월 31일까지 주한 미군의 완전 철수를 언급하고 1949년 회계연도에는 한국 주둔군의 예산조차 짜지 않았다. 그럼에도 불구하고 미국으로서는 선뜻 철군을 결정할 수 없었다. 왜냐하면 남한 단독 정부 수립 이후 남북한 정세가 불안해졌기 때문이다. 미국은 계속 철군 일정을 미루었다. 대한민국 수립 직후부터 한국과 미국은 주한 미군 철수 문제를 둘러싸고 협의를 계속하지만, 쉽게 결론을 내지 못한다. 한국은 철군을 강력하게 반대하고 미국은 한국 안보를 위해 보완책을 제시하면서 설득하는 일이 반복되었다. 이때 미군 철수 이후에 발생할 수 있는 위험을 정확하게 인지하고 있었던 사람이 무초John Mucho 주한 미국 대사다. 그는 수차례 미국 당국자들에게 보낸 전문을 통해서 철수 시간을 늦추기 위해 노력하였다.

주한 미군 철수 후, 1년 만에 전쟁 발발

주한 미군 완전 철수에 대한 미국 측의 기본 입장은 1948년 4월 2일, 미국 국가안전보장회의가 정리한 「NSC-8」을 근간으로 한다. 이 문건에서 1948년 12월 31일까지로 철군 일정을 못 박았다. 미 육군부와 국무부는 한국에 남아 있는 연대 규모의 전투부대 철수를 2월 1일 시작해서 3월 31일 이전에 가능한 한 완료할 예정이었다. 11월 12일 맥아더 장군에게 육군부가 지시한 내용에 따르면 "강화된 1개 연대 이상의 전투부대를 한국에 유지하고, 전체 병력은 7,500여 명을 넘지 않도록 하시오"라는 내용이 들어 있다. 그만큼 주한 미군이 한반도에 주둔하고 있는가 아닌가는 전쟁 억제력에 상징적인 의미가 있음을 알 수 있다. 이 점을 정확히 안 한국 정부는 계속 주한 미군을 수개월 정도 더 유지해달라고 요청한다. 3월 31일 철군 계획도 한국 정부의 완강한 반대에 봉착하자 5월 10일로 다시 연기되었다.

미군의 한반도 철군 문제의 중요성을 인식한 미 국가안전보장회의는 「NSC-8/2」에 따라 다시 철군 일정을 6월 30일로 조정했다. 《서울신문》 특별취재팀이 노력 끝에 당시 양국 간에 오간 문건 가운데서 한국 측 입장 변화를 결정적으로 보여주는 전문을 발굴한 적이 있다. 《서울신문》은 1995년 7월 31일에 이를 「제헌국회의 공과」로 공개한 적이 있다. 미 국립 공문서보존관리국NARA에서 입수한 이 문건은 주한 미군 사령부가 1949년 4월 12일, 미 국무부에 보낸 것이다. "이승만 대통령이 전날 미군 철수에 마침내 동의했으며 며칠 안에 이 같은 사실을 국민에게 공개하겠다고 말했다." 이 문건은 철군과 동시에 미군이 한국의 육군, 해안경비대, 경찰에 장비를 이양하며 정식으로 군사고문단을 설치한다는 조건에 합의했음도 담고 있다.

이 계획에 따라 이승만 대통령은 1949년 4월 18일, 주한 미군 철수를 공표하였으며, 미군 군사고문단 500명을 제외한 주한 미군 1,500명은 1949년 6월 27일 인천항을 통해 완전 철수했다. 6월 30일, 미 육군부는 주한 미군 철수 완료 성명을 발표했다. 불과 1,500명의 주한 미군 철수였지만, 이는 북한에 명확한 시그널을 주었다. "당신들이 이제 침략해서 적화하시오!" 안타깝게도 역사는 반복될 수 있다. 주한 미군이 철수하고 1년이 지나서 한반도는 전쟁의 불구덩이 속으로 들어가고 만다. 사료들을 살펴보면서 역사는 결코 과거의 일이 아니라는 사실을 다시 깨우치게 된다. 뼈아픈 사실은 맥아더 장군조차 한국 상황을 대단히 유동적으로 보고 있었다는 점이다. 훗날 밝혀진 기밀문서에 따르면 1948년 12월 4일, 맥아더 장군은 "한국의 소규모 부대는 이 취약한 돌출부가 적의 주공을 받을 경우, 궤멸되기 싶다. (한국에 주둔한) 부대는 장점이 되기보다 약점이 될 것이라고 생각한다"고 말했다.

당시 미 국무부는 주한 미군 철수가 공산주의자들의 남침을 불러일으킬 것을 우려했지만 아이젠하워Dwight Eisenhower 미 육군 참모총장이 "대소련 전쟁에서 한국은 전략적 중요성이 없으며 주한 미군의 조기 철수는 미국의 전략적 입장을 해치지 않을 것"이라고 강력히 설득함으로써 이루어지게 된다. 우리가 주목해야 할 한 단어는 '전략적 중요성'이다. 1945년 미군의 한반도 주둔 이후에 끊임없이 제기된 핵심 쟁점은 "한국이 과연 전략적 중요성이 있는 곳인가?"라는 점이다. 결국 아이젠하워의 판단이 1949년 주한 미군 철수에 박차를 가하게 하였다.

'전략적 중요성'은 여전히 미국의 정책 결정에 중요한 비중을 차지하고 있다. 여기에다 미국 철수를 미국 시각에서 바라볼 필요도 있다. 2차 세계대전이 끝나던 1945년에 미국의 군사비 지출은 국민총생산GNP에서 37.5%를 차지하고 있었다. 전쟁이 끝나자 미국은 군사비 지출을 줄여나가는데 1946년에 19.2%, 1948년에 3.5%, 1949년에 4.8%까지 끌어내렸다. 이것은 미국이 한국에 대규모 병력을 주둔할 수 없는 이유가 되었다.

1949년 미군 철수를 전후하여 한국 국민의 불안감은 크게 고조되었다. 이미 김일성은 1949년 신년사에서 "국토의 완정完整, 완전히 정리함"이라는 용어를 무려 13번이나 사용하면서 남한에 대한 흡수 통일 의지를 강력하게 피력하였다. 한쪽으로는 무력 공세로 협박하면서 또 한쪽으로는 위장 평화 공세를 대대적으로 펼쳤다. 북한은 1949년 6~7월 내내 '9월 15일 남북 총선거'를 받아들이라고 평화 통일 제의 공세를 펼쳤다. 북한의 대남 공작은 지금도 변한 것이 없다. 한쪽으로 위협하고 다른 한쪽으로 평화라는 입에 발린 말을 늘어놓는다. 불안감이 증폭된 한국 국민은 4월부터 "우리에게 무기를 달라"고 외치면서 곳곳에서 시위를 전개한다. 1949년 한 해 동안만 하더라도 100만 명이 시위에 참여하였다.

6·25전쟁, 미국 개입이란 어려운 결정

"5월 8일은 어떤 날인가?" 사람들은 하나같이 어버이날이라고 할 것이다. 그런데 이날은 어려운 상황에서 전격적으로 한국전에 개입하기로 결정한 해리 트루먼 미국 대통령이 태어난 날이기도 하다. 그가 내린 결정은 사실 힘든 결정이었다. 훗날 그도 자신의 재임 시 가장 힘든 결정이 한국전에 개입하기로 한 것이라고 회고한 적이 있다.

역사는 사람이 이끌어가는 것이다. 일반 대중이 아니라 결정적 순간에 한두 사람이 시대의 물꼬를 바꾸어버리는 일이 일어난다. 만약 그가 한국전에 개입하지 않았거나 늦추었다면 이 땅의 모든 사람은 물론이고 그 후손들까지 공산 치하에서 험로를 걸었어야 했다.

왜, 어려운 결정이었을까? 2차 세계대전에서 미국은 전승국이 되었지만 치러야 했던 비용은 무척 많았다. 41만 3,000명의 목숨을 잃은 전쟁이 끝나고 5년이 채 되지 않은 상태에서 또 한 번 전면전에 발을 디뎌놓는 것은 정말 어려운 결정이다. 먼 나라 이야기를 들 필요 없이 1994년 북한의 핵 개발이 본격화되는 시점 이후의 한국 역대 대통령이 취한 조치를 살펴보면 된다. 모두가 하나같이 재임 중에 가능한 한 문제 없이 넘어가는 쪽을 선택하였다. 재임 중에 오점을 남기고 싶지 않은 것이 사람들의 심성이고 대통령이라 해서 그런 심성의 예외로 남을 수는 없다. 무난하고 편안한 길로 가면 그뿐이다. 좀 심한 이야기를 하자면 쓰레기를 치우는 일은 후임자로 넘겨버리면 그만이다. 트루먼은 얼마든지 미국이란 사회가 전쟁으로 빠져들지 않도록 할 이유나 명분을 찾을 수 있었다. 잠시 눈과 귀를 닫아버리면 그뿐이다. 잠시 텔레비전이나 신문에서 요란하게 들리겠지만 곧 잠잠해지는 것이 세상의 인심이다. 애덤 스미스Adam Smith는 인간의 본성을 예리하게 지적한 명문을 남겼다. "인간이란 존재는 중국에서 수천수만 명이 지진으로 죽음을 당하더라도 자기 손가락에 난 상처에 더 신경을 쓰기 마련이다." 한국이 공산화되는 것은 생각하기에 따라서 미국인에게 머나먼 곳의 이야기일 뿐이다.

해리 트루먼 대통령의 결단

한 나라의 지도자가 중요한 결정을 내릴 때 그 결정은 지도자의 사상, 믿음, 생각, 경험, 교육, 감정 등 다양한 요소에 의해 영향을 받을 것이다. 트루먼Harry Truman, 1884~1972이 한국을 구하기 위해 파병 결정을 할 때의 전후 사정을 살펴보면서 어떤 요인이 그의 결정을 이끌었는가를 추측해본다.

트루먼이 한국전 발발 소식을 접한 것은 미국 시각으로 6월 24일 밤 9시 무렵이었다. 그는 그날 오후 고향 미주리주의 인디펜던스로 날아와서 시간을 보내고 있었다. 전화를 건 사람은 애치슨Dean Acheson 국무장관이었다.

각하, 매우 심각한 소식입니다. 북한군이 남한을 전면적으로 공격했습니다. 무초 대사의 보고에 따르면 그전에 있었던 총격전과는 다른 본격적인 공격입니다. UN 사무총장에게 안보리 소집을 요청했습니다.

트루먼 대통령은 "즉시 워싱턴으로 돌아가겠다"고 했지만 애치슨은 야간 비행이 위험하고 국민이 놀랄 수 있기에 다음날 출발하기를 권한다. UN 소집처럼 필요한 조치들은 이미 모두 취하였다는 부연 설명을 덧붙였다.

일설에 의하면 이때 트루먼 대통령은 "무슨 수를 써서라도 그 개자식들을 저지해야 합니다"라고 말했으며, 그런 결정을 하는 데 10초밖에 걸리지 않았다고 한다. 바로 그 역사적 순간에 그의 외동딸 마거릿 트루먼 대니얼이 있었다. 그녀가 쓴 회고록『해리 트루먼』에는 당시 상황이 생생히 기록되어 있다. 전화를 받고 돌아오면서 트루먼 대통령은 매우 격앙되고 걱정스러운 표정이었는데, 북한의 전면 남침으로 UN과 북대서양조약기구NATO라는 두 축으로 구성된 2차 세계대전 이후의 세계 질서가 무너질 수 있음을 우려했다고 한다.

다음날 아침 신문과 방송에서는 남침 소식이 보도되고 있었으나 트루먼은 한국 사태에 대해서 한마디도 하지 않았다. 정오 직전 무초 대사가 보낸 전보가 그에게 전달되었다. "공격의 양상으로 보아 한국에 대한 전면 공세임이 분명해졌습니다."

12시 30분 애치슨 장관의 전화를 받은 다음, 트루먼은 보좌관들에게 "즉시 워싱턴으로 돌아가자"고 말했다. 워싱턴으로 날아가는 전용기 안에서 저녁 식사를 겸한 고위 대책 회의 소집을 지시했다. 약 3시간의 비행 시간 중 트루먼 대통령은 깊은 생각에 들어갔다. 워싱턴에 착륙하기 2시간 전인 6월 25일 오후 6시(한국 시각 26일 오전 7시)까지 북한의 정당한 이유 없는 공격 행동을 비난하는 결의안이 찬성 9, 반대 0으로 안전보장이사회에서 채택되었음을 전해 들었다.

이제 (안전보장이사회의 결의안 통과로) UN의 권위가 시험대에 섰다. 북한이 만약 남한 점령에 성공한다면 UN은 전 세계의 면전에서 웃음거리가 될 수 있기 때문이다. 우리가 북한 남침을 막지 못하면 NATO에 가입한 서유럽 국가들에 대한 국가로서의 (미국이 보일) 신뢰에 대한 문제가 있었다. NATO 회원국에서는 적지 않은 수의 정치인들이 우리가 과연 러시아와 만약의 사태가 생겼을 때 자신들의 편을 들지에 대해 의구심을 갖고 있었다. 우리의 저항 의지 그리고 자유 세계에 대한 공산주의의 공세에 대응할 준비가 되어 있다는 '트루먼 독트린'의 진정성이 시험받고 있다.

여기서 우리가 주목해야 할 점은 트루먼 대통령이 6·25전쟁을 단순히 한반도나 동아시아에 국한한 전쟁이 아니라 개전 초기부터 전 세계적인 냉전 구도를 뒤흔들 수 있는 사안으로 접근한 것이다.

대통령 전용기 인디펜던스호가 워싱턴 국립 공항에 착륙했을 때, 애치슨 국무장관, 루이스 존슨Louis A. Johnson 국방장관이 마중 나와 있었다. 리무진을 타고 영빈관으로 향하는 차 안에서 트루먼은 "하나님께 맹세코 그자들이 대가를 치르도록 해주겠어"라는 이야기를 하였다고 한다.

1950년 7월 19일 트루먼 대통령이 미 국민에게 발표한 담화문에는 미국이 공산주의 국가 소련을 어떻게 대응했으며, 공산주의자들이 얼마나 기만과 거짓과 술책에 능한가를 질책하고 있다. "전쟁이 발발하고 난 지 이틀 후에 미국은 소련에 북한이 군사력을 철수하는데 영향력을 사용하라고 요구하였습니다. 그러나 소련은 수차례 '북한도 세계 평화를 원한다'고 말하였습니다. 그러나 북한의 침략에 대한 소련의 태도는 우리의 요구와는 정반대였습니다." 과거나 지금이나 그들의 입을 믿어서는 안 된다. 그들은 오로지 어떻게 하면 상대를 기만해서 승리할 것인가를 찾는 데 혈안이 되어 있기 때문이다.

지금도 변한 것은 아무것도 없다. 기만, 거짓, 술책, 위장, 적의가 공산주의자들의 특징이다.

6·25전쟁 대책 회의에 참석한 미국 지도자들

영빈관 블레어하우스Blair House에는 14명의 최고위급 인사들이 모여 식사를 하였다. 트루먼 대통령은 식사가 끝날 때까지는 전쟁 이야기를 하지 말 것을 지시했다. 식사가 끝나고 식탁이 정리된 뒤 회의가 시작되었다. 딘 애치슨 장관이 상황 보고를 하자, 대통령은 자신이 의견을 먼저 내놓지 않고 참가자들이 의견을 내도록 유도했다. 먼저 말문을 연 사람은 러스크 국무차관이었다. "5년간 한국에 주둔했던 미국으로서는 특별한 책임이 있습니다. 한반도가 공산화된다면 이는 일본의 심장을 겨누는 비수가 될 것입니다." 다음으로 브래들리Omar Nelson Bradley 합참의장은 "공산당에 대해서 선을 그어야 한다"고 말했다. 그는 소련은 전쟁할 준비가 되어 있지 않으며 "우리를 시험하는 것 같다"고 덧붙였다. 이날 회의는 트루먼이 주도했다. 그의 결심이 회의 분위기를 압도했다. 트루먼은 브래들리의 말을 받아서 "선을 단호하게 그어야 한다"고 했다. "북한군을 저지해야 한다. 소련은 도박을 벌이고 있다. 그들은, 미국이 또 다른 세계대전을 일으키기 싫어 아무런 저항을 하지 않을 것이라는 전제하에서 한국을 공짜로 삼키려 한다." 셔먼Forrest P. Sherman 해군 참모총장과 반덴버그Hoyt S. Vandenberg 공군 참모총장은 해군과 공군만으로 남침을 저지할 수 있다고 말하면서 육군의 투입을 반대했다. 트루먼은 회고록에서 "아무도 미국이나 UN이 물러서야 한다는 주장을 하지 않았다. 이 공격을 저지하기 위해서는 무슨 수든지 써야 한다는 분위기였다"고 했다. 이날 회의는 트루먼이 결단하고 애치슨이 이끄는 형국으로 진행되었다. 회고록에는 트루먼이 한반도 문제에 대해 어떤 생각을 갖고 있었는가를 말해주는 중요한 대목이 등장한다.

한국은 극동의 그리스다. 우리가 지금 충분히 강하게 한다면, 3년 전 우리가 그리스에 했던 것처럼 일어선다면 그들(공산주의자)은 어떤 다음 움직임도 할 수 없을 것이다. 그러나 우리가 그저 기다린다면 그들은 이란으로 들어가고 중동 전체를 장악할 것이다. 우리가 지금 나서서 싸우지 않을 때 그들이 뭘 할지는 말할 필요도 없다.

트루먼의 입장은 대국민 성명에서도 다시 한번 강조된다.

이 공세는 분명히 소련의 조력을 받은 것이다. 만약 우리가 한국의 붕괴를 용인한다면 소련은 아시아를 조금씩 삼켜갈 것이다. 만약 아시아가 넘어가면 근동유럽과 중동의 중간 지역이 무너지고 유럽이 불가피하게 그 뒤를 따를 것이다.

지킬 만한 가치가 있는 나라라면, 우리가 일정 부분 책임감을 느껴야 한다는 판단이 트루먼으로 하여금 올바른 결정을 내리도록 재촉하였다. 또한 국지전이 아니라 공산주의자들로부터 자유 진영을 보호하기 위한 전초전에 해당하는 전쟁이기 때문에 미국이 기꺼이 나서야 한다는 점도 그의 결정을 도왔다. 미국 수뇌부 가운데 한 사람도 전쟁 개입에 대해 반대 의견을 피력하지 않은 것으로 그만큼 일치된 문제 인식을 갖고 있었음을 알 수 있다. 애치슨이 준비한 정책들을 트루먼이 승인하자마자 도쿄의 극동군 사령관 맥아더 원수에게 명령이 하달된다. 최대한 빨리 한국 측에 무기와 보급품을 제공할 것, 미 공군력의 엄호 아래 주한 미군을 철수할 것, 제7함대는 필리핀으로부터 대만해협으로 이동하여 중국의 공격에 대비할 것 등이다.

한국전 개입은 전 세계의 평화 유지와 공산 진영으로부터의 자유 진영의 보호가 가장 중요한 이유였다. 그러나 이면에 있는 트루먼 대통령의 선과 악, 정의와 부정의에 대한 가치관이나 인생관도 세계 평화 유지 못지않게 큰 역할을 하였다. 트루먼은 북한의 남침 소식을 듣자마자 곧바로 '이건 아니다'라는 생각을 명확히 하였다. 이것은 곧 '정의로운 일이 아니면, 곧바로 부정의한 일'이라는 점을 명확히 한 사실이다. 한국전 개입은 전화를 받자마자 트루먼의 내면세계에서 나온 확신에 기초하고 있다.

트루먼은 독실한 감리교 신자였다. 기독교는 정의와 부정의를 명확하게 말한다. 그는 미국의 초기 선교사들의 한국 복음화에 대한 기여를 누구보다 잘 알고 있었다. 또 한 가지 특별한 일은 그가 한국전 발발 이전부터 감리교 신자였던 이승만 대통령과 개인적인 친분이 있었다는 사실이다. 이 부분은 앞으로 학계에서 더 연구되어야 할 주제이지만, 프레데릭 B. 해리스Frederick Brown Harris 목사의 역할이 크다. 해리스 목사는 1924년부터 1955년까지 미국 워싱턴 파운드리 감리교회에서 담임목사를 역임했다. 이 교회는 1814년에 세워진 유서 깊은 곳으로 백악관에서 15분 정도 거리에 있으며 미국 대통령, 처칠 수상, 상원의원들이 이따금 예배를 드렸다. 트루먼이 부통령이자 상원의장직을 겸하고 있던 시절 해리스 목사는 미 상원 원목직을 수행하고 있었다. 연세대에서 「이승만과 미국 기독교의 관계」로 박사학위를 준비하고 있는 유지윤(연세대 박사과정)은 '우남 이승만 포럼'에서 해리스 목사와 이승만 대통령의 친밀한 관계를 증언하는 내용을 소개한 바가 있다. 전쟁 중에 해리스 목사가 이승만에게 보낸 서신에 이런 내용이 담겨 있다. "저는 이승만 박사와 함께할 수 있었음을 매우 기쁘게 생각합니다. 우리는 전쟁이 끝나면 한국이 다시 자유와 독립을 누리기를 간절히 바라고 있습니다(1943년 3월 1일, 프레데릭 B. 해리스 연설 중에서)." 추가적인 연구가 필요하겠지만 유지윤 씨는 연구를 수행하면서 "해리스가 남긴 저작과 서한을 통해 그가 이승만과 트루먼을 잇는 연결고리가 됐다고 생각했다"는 이야기를 더한다.

트루먼 대통령 취임사에 실린 세계관

지도자가 어떤 생각을 갖고 있는지는 동서고금을 막론하고 너무나 중요하다. 지도자가 반듯한 세계관을 갖고 있다면, 그 한 사람이 한 나라를 살릴 수 있다. 지도자가 삐뚤어진 세계관을 갖고 있다면, 그 한 사람이 나라를 몰락으로 내몰 수 있다. 미국의 6·25전쟁 개입을 다루면서 처음으로 해리 트루먼 대통령의 취임사를 읽을 기회가 있었다. 그곳에 그가 "왜, 한국전에 개입할 수밖에 없었는가?", "우리가 피를 흘려 자유를 지키지 않을 수 없었는가?"를 말해주는 내용이 고스란히 담겨 있다. 그뿐 아니라 이 시대를 살아가는 사람들에게 자유를 지켜낸다는 것이 무엇인지, 북한을 어떻게 대할 것인지 그리고 우리가 어디를 향해가야 할지를 제시해주고 있다.

트루먼의 취임사는 인간의 나약함과 인간이 악에 굴복할 수 있음을 기꺼이 인정하고 자신이 올바르게 직무를 수행해달라고 국민에게 "내가 직무를 수행하는 데는 여러분 각자의 도움과 기도가 필요합니다"라는 말로 시작해서 하나님의 가호가 자신과 함께 해달라는 기도로 끝을 맺는다. "우리는 하나님에 대한 믿음이 확고부동하기에 인간의 자유가 안전하게 지켜지는 세계를 향해 전진할 것입니다. 우리는 그 목적을 위하여 우리의 힘, 자원, 굳은 결의를 바칠 것입니다. 인류의 미래는 하나님의 도움을 얻어 정의, 화합 및 평화의 세계를 확보할 것입니다."

트루먼의 대통령 취임사 전문은 그가 한국전에 개입해서 자유를 지키지 않을 수 없음을 천명하고 있다. 트루먼이 국민에게 호소한 공산주의와 전쟁에서 승리하는 것과 이를 위해 미국민과 미국이 어떻게 해야 하는가는 오늘을 사는 우리 한국과 한국인에게 명확한 메시지를 던진다.

미국 국민은, 모든 국가와 모든 국민이 합당하다고 생각하는 대로 자유롭게 자신을 다스리고 품위 있고 만족스러운 삶을 이루는 세계를 소망하며 또 그 세계를 위해 일할 각오가 되어 있습니다. 우리 국민은 다른 무엇보다도 동등한 사람들이 자유로이 이룬 진정한 합의에 기초한 지상의 평화, 정의롭고 항구적인 평화를 소망하며 또 그 평화를 위해 일할 각오입니다. 이들 목표를 추구함에 있어 미국과 여타 뜻을 같이하는 다른 국가들은 반대되는 목표와 삶에 대해 완전히 다른 개념을 갖고 있는 체제의 직접적인 방해를 받습니다. 그(공산주의) 체제는 인류에게 자유와 안전과 보다 큰 기회를 제공한다고 알려진 그릇된 철학을 신봉합니다. 많은 국민이 이 철학에 오도되어 자신들의 자유를 희생하였으나 서글프게도 그 대가는 단지 기만과 조롱, 빈곤과 독재라는 것을 알게 되었습니다. 그 그릇된 철학이 바로 공산주의입니다.

공산주의는 인간은 너무도 나약하고 부족해 자신을 다스릴 수 없으며 따라서 강력한 지배자의 통치를 필요로 한다는 믿음에 근거합니다. 민주주의는 인간은 이성과 정의로 자신을 다스릴 수 있는, 양도할 수 없는 권리는 물론 도덕적이며 지적인 능력도 갖고 있다는 신념에 근거합니다.

공산주의는 개인을 합법적인 이유 없이 구금하고 재판 없이 처벌하며 국가 재산으로서 강제 노동에 처합니다. 공산주의는 개인이 무슨 정보를 받아야 하고 무슨 예술을 생산해야 하고 어떤 지도자를 따라야 하며 어떤 생각을 해야 하는지를 결정합니다. 민주주의는 정부가 개인을 위해 수립되었기에 개인의 권리와 능력 발휘의 자유를 보호해야 할 책임을 지고 있다고 주장합니다.

공산주의는 사회악은 오로지 폭력에 의해서만 시정될 수 있다고 주장합니다. 민주주의는 사회 정의가 평화적 변화를 통해 달성될 수 있음을 입증했습니다.

공산주의는 세계가 적대적 계급들로 너무나 깊이 갈라져 있어 전쟁이 불가피하다고 생각합니다. 민주주의는 자유 국가들이 분쟁을 올바르게 해결하고 항구적 평화를 유지할 수 있다고 생각합니다.

공산주의와 민주주의 사이의 이런 차이점들은 미국에만 관계가 있는 것이 아닙니다. 거기에는 물질적 복지, 인간의 존엄성 및 하나님을 믿고 경배할 권리가 내포되어 있다는 것을 사람들이 세계 도처에서 깨달아가고 있습니다.

내가 이런 차이점들을 거론하는 것은 그것만으로 믿음의 이슈들을 도출하려는 것이 아니라 오히려 공산주의 철학에서 유래하는 행동들이 세계의 복구와 항구적 평화를 이루려는 자유 국가들의 노력에 위협이 되기 때문입니다. 전쟁이 끝난 이후 미국은 세계의 평화, 안정 및 자유를 회복하려는 위대한 건설적 노력에 자원과 정력을 투자해왔습니다. 우리는 타국의 영토를 노리지 않았으며 누구에게도 우리의 의사를 강요하지 않았습니다. 우리는 우리가 남들에게 베풀지 않을 특권을 요구하지 않았습니다. 우리는 국제 관계에 민주적 원리를 적용하는 수단으로서 UN과 관련 기구들을 한결같이 그리고 힘차게 지지해왔습니다. 우리는 국가 간 분쟁의 평화적 해결을 일관되게 옹호하고 신뢰해왔습니다.

우리는 가장 강력한 무기의 효과적인 국제적 통제에 관한 합의를 지키기 위해 모든 노력을 다해왔고 모든 군비의 제한과 통제를 위해 꾸준히 애써왔습니다. 우리는 가르침과 본보기에 의해 건전하고 공정한 기반 위에서 세계 무역 확대를 장려해왔습니다. 우리의 노력은 온 인류에게 새로운 희망을 가져다주었습니다. 우리는 절망과 패배주의를 격퇴시켰습니다. 우리는 많은 국가가 자유를 상실하는 것을 구했습니다. 이제 전 세계에 걸쳐 수억의 사람들이 전쟁을 할 필요가 없으며 평화를 누릴 수 있다는 데 우리와 뜻을 같이합니다.

그 주도권은 우리의 것입니다. 우리는 한층 더 강력한 국제적 질서와 정의의 구조물을 건설하기 위해 다른 국가들과 함께 계속 전진하고 있습니다. 우리는 더는 국가적 생존의 문제에만 매달리지 않고 이제 자국민 모두의 생활 수준을 향상시키려고 애쓰고 있는 국가들을 우리의 파트너로 삼을 것입니다. 우리는 자유 세계를 강화하기 위한 새로운 계획들에 착수할 준비가 되어 있습니다.

— 해리 S. 트루먼 대통령 취임사

미국의 직접 전쟁 비용, 678조 원 투입

전쟁은 막대한 전비를 필요로 하는데, 미국은 이를 어떻게 조달하였을까? 그동안 미국이 치른 전쟁 비용은 세금 인상, 국채 발행, 통화량 증가로 조달해왔다. 특히 6·25전쟁 비용의 대부분은 세금 인상과 비군사비 축소로 확보한 예산을 사용하였다. 트루먼 대통령의 균형 재정에 대한 원칙이 확고하였기 때문에 미국 의회는 6·25전쟁이 발발하자 '1950년 미 연방세입법'을 개정하여 2차 세계대전 중에 적용되었던 개인소득세율을 다시 부활시키고, 이 결과로 국내총생산GDP에서 1.3%까지 세금 수입을 증가시켰다. 1951년에는 전쟁 비용을 추가적으로 확보하기 위하여 '1951년 미 연방세입법'으로 개인소득세와 법인세를 인상하여 세금 수입을 GDP의 1.9%까지 확보했다. 미국으로서는 막대한 전비 조달을 위해 개인소득세와 법인세를 인상하는 것 외에는 달리 방법이 없었다. 한마디로 한국전쟁은 미국인들의 세금을 거두어서 치른 전쟁이었다.

미국 의회 보고서 「미국이 주도한 전쟁의 경제적 효과와 전비 조달」(2008)은 한국전에서 전비 지출, 세금 수입 그리고 비군사비 지출의 상호 관계를 상세히 다루고 있다. 한국전쟁이 발발하자 GDP에서 차지하는 전쟁 비용 지출이 크게 늘었다. 5.0%(1950년) → 7.3%(1951년) → 13.2%(1952년) → 4.1%(1953년)로 말이다. 미국 정부는 이에 대응하며 세금을 더 거두어들이는데 GDP에서 차지하는 세금 수입 비중을 늘렸다. 14.4%(1950년) → 16.1%(1951년) → 19.0%(1952년) → 18.6%(1953년)로 말이다. 동시에 비군사비 지출을 삭감해서 전비를 확보했다. 비군사비 지출이 국내총생산에서 차지하는 비중은 크게 줄었다. 8.8%(1950년) → 5.4%(1951년) → 4.9%(1952년) → 4.9%(1953년)였다. 결국 1950년대의 미국과 미국인들은 소련을 중심으로 하는 공산 진영의 침략에 대하여 자유 진영을 방어하는 것이 자신들의 책무라고 여겼고 이를 위해서 세금 인상과 비군사비 지출 감소를 기꺼이 감내해냈다.

한국전에는 어느 정도의 비용이 사용되었을까? 리처드 밀러의 『확장된 갈등의 비용 조달: 한국, 베트남, 테러와의 전쟁』(2007)의 제3장은 한국전 비용에 관한 상세한 자료를 제공하고 있다. 요약하면 직접 전쟁 비용으로 1951~1953년 동안 현재 기준으로 약 678조 원, 1951~2000년까지 간접 전쟁 비용으로 현재 기준으로 약 1,000조 원이 미국인에 의해 지불되었고 지금까지도 매년 2조 8,000억 원이 지불되고 있다. 이를 세분하면 다음과 같다.

1951~1953년 동안 현재 기준으로 환산하면 약 6,780억 달러(678조 원)가 투입되었다. 이 비용은 한국전에 직접 관련된 비용 3,900억 달러, 한국전뿐 아니라 군사비 증가를 포함하는 비용 2,160억 달러 그리고 간접 및 관련 비용 720억 달러의 합산이다.

1951년 이후 지금까지 지불되고 있는 간접 비용은 다음과 같다. 1951~2000년까지 1,001억 달러(1,001조 원)가 지출되었다. 첫째는 한국전에 참전하기 위하여 평소보다 많은 젊은이가 군 복무를 담당해야 함으로써 치른 기회비용이 1,560억 달러다. 둘째는 한국전 수행을 위하여 국채를 발행하고 원금과 이자를 부담한 비용이 190억 달러다. 셋째는 참전 용사 및 가족 연금이 2000년까지만 하더라도 1,480억 달러에 달했다.

한국전쟁이 발발한 지 70년이 되어가지만 미국 정부는 여전히 매년 2조 8,000억 원의 비용을 부담하고 있다. 한국 참전 용사를 위한 연금과 전몰 용사의 배우자를 위한 연금으로 매년 28억 달러(2조 8,000억 원)가 지출되고 있기 때문이다. 전몰 용사의 자녀들은 18세가 되기까지 연금을 받으며, 자녀들 가운데 지체부자유자의 경우에는 일생 연금이 지불된다.

밀러의 추계치는 다른 연구들의 결과물과 크게 차이가 나지 않는다. 다만 밀러의 추계치는 직접 혹은 간접 전쟁 비용을 모두 포함한 것이 특징이다.

예를 들어 비영리단체인 경제와 평화연구소ɪᴇᴘ가 발표한 「전쟁과 경제의 경제적 결과」라는 논문은 1950~1953년 동안 한국전에 직접 관련된 비용을 2011년 기준으로 3,410억 달러로 추계하는데 이는 당시 기준으로 약 300억 달러에 해당하는 액수다. 전쟁이 절정으로 치닫던 1953년에는 GDP의 14.1%에 달하였다.

한국전쟁은 미국 군사 역사에서도 매우 중요한 의미를 지닌다. 2차 세계대전 이후 미국은 군비를 대폭 축소하는 방향으로 나아가고 있었다. 실질 병기 구입비Real Military Purchases, 1982년 기준의 1948년의 규모는 47억 달러에 지나지 않았다. 1948년 중엽 베를린 위기가 발생하고 1949년 NATO가 결성되자 592억 달러로 증액되는데 이 수준은 1950년까지 유지된다. 한국전이 발발하자 1951~1953년까지는 1,347억 달러에서 1,892억 달러까지 증가한다. 미 군사 전문가인 새뮤얼 헌팅턴Samuel Huntington은 "한국전이 없었다면 실질 병기 구입비는 아마도 1948~1949년 수준으로 유지되었을 것"이라고 추측한다. 한국전은 자유 진영과 공산 진영의 본격적인 체제 경쟁을 불러일으킨 거대 사건이었다.

미국이 치른 측량할 수 없는 비용

하와이를 방문하는 한국인이라면 누구든 미 연방정부가 관리하는 펀치볼Punch Bowl 국립묘지를 방문해보아야 한다. 다운타운에서 가까운 거리에 있는 국립묘지는 높이 150m의 원뿔 모양을 가진 사화구로 그곳 사람에게는 흔히 펀치볼이라 불린다. 미국의 전몰자 묘역은 연방정부와 주정부의 관리를 받는데 연방정부의 관리를 받는 곳은 워싱턴과 하와이 두 군데다. 펀치볼에서는 호놀룰루의 아름다운 정경과 탁 트인 태평양이 가슴 가득 들어온다. 이곳을 방문하는 한국인들은 흰 대리석 벽면 빼곡히 그 이름을 채운 젊은이들의 이름을 하나하나 새기면서 "우리가 누리고 있는 자유가 이 젊은이들의 피의 결과물이구나"라는 생각을 하게 된다. 미국 참전 용사들의 묘지를 방문하면서 매우 인상적인 점은 장군이든 병사이든 모두 똑같은 크기의 묘지석을 갖고 있다는 사실이다. 이것이야말로 미국이 지닌 강력한 힘 가운데 하나일 것이다. 참배를 마치고 호놀룰루 전경이 보이는 곳으로 발걸음을 옮기다 보면 미국의 도움으로 자유를 지켰던 나라들의 단체나 조직들이 기증한 기념비들이 차례차례 눈길을 끈다. 대한민국헌정회가 기증 주체가 되고 일곡문화재단(최재선 이사장)이 후원한 기념비에는 우리의 오늘과 미국과의 관계를 상징하는 몇 문장이 의미를 빛내고 있다.

우리는 미국인에게 진정 가슴에서 우러나오는 감사를 표합니다. 여러분들은 대한민국이 공산주의자들의 손아귀에 떨어지는 위험한 순간에 구하였고 우리가 번영된 자유 국가가 되도록 도왔습니다. 특히 우리는 한국

미국과 주요 UN국들의 피해 (단위: 명)

구분	연인원	계	전사/사망	부상	실종	포로
전체	1,938,339	154,873	40,667	104,280	4,116	5,815
미국	1,789,000 (92.3%)	137,250 (88.6%)	36,940 (90.8%)	92,134 (88.4%)	3,737 (90.8%)	4,439 (76.3%)
영국	56,000	4,908	1,078	2,674	179	977
캐나다	25,687	1,557	312	1,212	1	32
터키	14,936	3,216	741	2,068	163	244
호주	8,407	1,584	339	1,216	3	26
필리핀	7,420	398	112	229	16	41

주: 기타 10개국은 태국, 네덜란드, 콜롬비아, 그리스, 뉴질랜드, 에티오피아, 벨기에, 프랑스, 남아프리카공화국, 룩셈부르크(참전자 수 기준)
출처: 국방부, 「국방백서」, 2012.

과 세계의 자유를 위해 목숨을 바친 미국 병사들의 영혼을 위해 기도합니다. 우리는 영원히 그들을 기억할 것입니다.

— 대한민국헌정회, 2009년 6월 25일(일곡문화재단 기증)

2009년에 기념비 건립을 주도했던 일곡문화재단 최재선 이사장은 이렇게 말한다.

제가 이곳을 방문했을 때 많은 나라의 기념비들이 있는데, 우리나라가 한 것이 하나도 없었습니다. 그때 '이건 아니다'라고 생각해서 나섰습니다. 나라가 할 수 없으면 단체라도 나서야 한다는 생각이었습니다. 6·25전쟁이란 그 엄혹한 시절을 겪었던 우리 세대는 그 참화를 고스란히 기억하고 있습니다. 우리 후손들이 그 어려웠던 시절을 잊지 않고 항상 대비하는 마음을 잊지 않기를 바랍니다.

UN군은 193만 8,339명이 참전했는데 이 가운데 92.3%를 차지하는 178만 9,000명이 미군이었다. 미군은 3만 6,940명(UN군 사망자의 90.8%)이 사망했고 실종자 수는 3,737명이었다. 부상자는 9만 2,134명으로 UN군 부상자의 88.4%에 해당한다. 미국의 전사 및 사망자 수는 미국이 9년간 수행했던 이라크 전쟁에서 전사했던 4,485명의 미군 군인의 8배를 넘는 규모다.

미국이 참전했던 거대 전쟁은 2차 세계대전, 한국전 그리고 베트남전이다. 미국 시골의 작은 마을에서도 3가지 전쟁에 참가해서 목숨을 잃은 젊은이들을 기리는 기념비를 발견하는 것이 매우 흔한 일이다. 그뿐 아니라 미국 대학을 방문하거나 명문 고교를 방문하면 그곳에서도 졸업생으로 혹은 재학생으로 한국전에 참전해서 사망한 사람들을 위한 기념비를 드물지 않게 볼 수 있다. 워싱턴D.C에 있는 한국전쟁 참전 기념비에는 검은색 대리석 명판에 전몰장병들의 이름과 함께 이런 글귀가 새겨져 있다.

우리는 전혀 알지도 못하는 나라,
한번도 만난 적이 없는 사람들을 지키라는 부름에 응했던
우리 아들딸들에게 경의를 표한다.

전후 복구에 대한
지원

전쟁 피해와 상처

누구에게나 세월이 흘러도 쉬이 사라지지 않는 장면들이 있다. 소년기의 기억 속에는 6·25전쟁에서 신체의 일부를 잃어버렸던 상이용사들이 한 자리를 차지하고 있다. 나라가 가난한 시절 의족義足이나 의수義手를 끼고 푼돈을 구하거나 작은 물건을 팔러 다니는 분들이 있었다. 어린 시절에는 그분들이 다만 무서운 사람이라는 생각이 들었을 뿐, 그분들이 어떤 분들인지 그리고 나라를 위해 어떤 기여를 했는지를 생각할 겨를이 없었다.

6·25전쟁이 한국인에게 남긴 상처는 컸다. 한국군은 전사자 13만 8,000명, 부상자 45만 명, 실종자 2만 4,000명, 포로 8,300명을 포함하여 총 62만 2,000여 명이 피해를 입었다. 민간인은 사망, 학살, 부

상, 납치, 행방불명자를 포함해서 총 100만 명의 한국인이 피해자가 되었다. 또한 고향을 떠난 피난민은 1951년 3월에 650만 명, 5월에 580만 명 그리고 1953년 4월에 261만 명이나 되는데 전쟁으로 인한 이산가족 수는 1,000만 명에 이른다. 남한에서 북한으로 납치되거나 자발적으로 월북한 사람의 숫자는 약 30만 명, 북한에서 남한으로 넘어온 사람은 62만에서 100만 명 정도로 추산된다.

6·25전쟁은 그나마 갖고 있던 얼마 되지 않는 건물, 공장, 도로, 철도 등 산업 시설과 기반 시설을 크게 파손시키고 말았다. 일제 치하에서 상대적으로 한국은 북한보다 물려받은 것이 적었다. 산업 시설은 주로 경인공업지대를 비롯하여 삼척 및 영남의 일부 공업지대가 있었는데, 이들은 6·25전쟁이 발발하고 나서 개전 초기인 3개월 안에 대부분 대파되었다. 한국은행이 조사한 바에 따르면 1950년 10월에 이미 기계공업 공장 건물의 19%, 섬유공업 건물의 56%, 인쇄공업 건물의 65%, 금속공업 건물의 19% 등이 파괴되었다. 결과적으로 1950년 10월 무렵, 전체 제조업 건물의 40%와 시설의 35%가 파괴되었다. 1951년 8월 말이 되면 추가적인 폐해가 일어나는데, 한국산업은행 조사는 이 시점을 중심으로 전체 건물의 44%와 시설물의 42%가 파괴되었다고 보고하고 있다.

산업 시설뿐 아니라 관공서, 교육기관, 사회 및 종교단체, 민간가옥 등이 대파라고 표현해도 무리가 없을 정도로 큰 피해를 입었다. 이를 모두 종합하면 한국은 6·25전쟁 기간 동안 약 4,123억 원 상당의 직접적인 물적 피해를 보았다. 이 액수는 GNP가 2배에 해당할 정도로 막대한 금액이었다. 이 모든 피해는 고스란히 1인당 국민소득[NI]에 반영된다. 1952년 1인당 국민소득은 60달러로 이는 1948~1949년의 75달러, 1949~1950년의 90달러에 비해 크게 낮은 수치로 떨어졌음을 알 수 있다.

휴전협정이 마무리되었을 때 집을 잃고 거리를 헤매는 주민의 수가 약 200만 명에 달하였으며 기아에 허덕이는 인구가 전체 인구의 20~25%에 달하였다. 실제로 한국 사람들 가운데 전쟁 피해를 본 민간인 숫자는 340만 명이고 세대수는 89만이었다. 이처럼 6·25전쟁은 한국 사회의 사회경제적 기반을 철저하게 파괴함으로써, 한국인들이 자신의 힘만으로는 살아가기 힘든 상황으로 내몰고 말았다.

당시 자료를 살펴보면 대한민국이란 나라는 해방 직후부터 재정수입 대부분을 원조에 의존해왔음을 확인할 수 있다. 1946년 국가의 재정수입 가운데 원조수입이 차지하는 비중은 81.5%였다. 이 비중은 6·25전쟁이 발발하기 한 해 전인 1949년에 84.7%로 오히려 원조 의존도는 더 커지고 만다. 전쟁이 발발하고 난 다음부터의 대외 원조는 조금도 감소하지 않는다. 1950년에 세입 가운데 원조 의존도는 94.2%, 1951년과 1952년에는 각각 73.9%와 74.5%를 차지하고 있다. 한마디로 나라 살림살이의 70% 이상을 대외 원조에 의존하였고 이 원조의 거의 전부를 미국이 제공하였다.

미국의 본격적인 무상 원조 개시

한국에 독립 정부가 수립되었을 때 미국의 원조는 미 육군부가 주도하는 점령 지역에 생존 문제를 돕는 데 초점을 맞추었다. 해방 이후 식량 부족, 전염병, 폭동을 방지하기 위해 생존하는 데 필수품인 밀가루, 의복, 석탄, 석유 등을 주로 제공하는 데 사용되었던 점령지

구제 정부 자금이다. 약자로 '가리오아GARIOA 원조'라 불리고, 1949년까지 4억 900만 달러(현재 가치 약 49억 달러, 4조 9,000억 원)가 지원되었다. 사람은 직접 체험해보기 전에는 배고픔의 실상을 정확하게 알기 힘든데, 당시 영월에서 배고픔을 직접 겪었던 한 소년(유한민 목사)은 훗날 이렇게 회고한다.

> 1945년 9월의 어느 날, 영월에도 미군이 진주하였다. 미군은 매일 한 차례씩, 지프에 트레일러를 달고 강변으로 나와 생활 쓰레기를 버리고 갔다. 그런데 많은 어린아이가 떼를 지어, 그들이 먹다 남은 음식 찌꺼기와 깡통 등을 줍기 위해 몰려드는 것이었다. 그리고 미군은 풍부한 물자 속에서 살던 사람이기에, 자신들이 사용하는 물품과 생활필수품을 허술하게 관리하다가 도난당하는 경우가 너무나 많이 일어났다. 그런 관계로 당시 미군들의 눈에 비추어진 한국 사람들의 모습은 어른들은 모두가 도둑놈이고, 아이들은 모두가 거지라는 말까지 나돌았던 것이 생각난다. 참으로 창피한 노릇이었다. 그렇지만 그와 같은 모습은 거짓이 아닌 사실이기 때문에 해방 직후 어렵게 살던 우리 민족의 비참한 모습의 단면이라 하겠다.
>
> ─「혼란스러웠던 해방 후 5년」, 얼바인 사랑의 교회 게시판

6·25전쟁이 터지자 UN은 민간구호를 목적으로 원조를 제공했다. 민간구호원조의 머리글자인 '크리크CRIK'라고 불리던 원조는 1954년까지 4억 5,000만 달러가 지원되었다. 헌옷, 밀가루, 담요, 침대, 쌀, 소금, 설탕, 메밀, 위생 상자, 고무신, 캐러멜 등의 원조 물자가 포함되었다. 피난민에게 하루에 쌀 2홉과 현금 50원을 지급했는데, 200만

명의 피난민과 월남민이 이 원조 물자 덕분에 그해 추운 겨울을 무사히 넘기는 데 큰 도움을 받았다. 나라 차원의 원조만 있었던 것은 아니다. 『이화 100년사』(이화여자대학교출판부, 1994)는 전쟁 경험을 증언하는데, 미국 민간인 차원의 자발적인 도움을 말한다.

> 맨손으로 전란을 피해 부산에 내려와 누구나 옹색하고 구차한 피난 시절, 이화에는 미국으로부터 오는 원조 물자가 끊임없이 당도했다. 미국 곳곳에서 스웨터와 블라우스, 스커트, 오버 등의 의류와 비누, 화장품, 학용품까지도 보내왔다. 이 원조 물자는 교직원과 학생들에게 골고루 분배되어 의류난을 해결해주었다. 구제품의 상당 부분은 모리스, 월터 두 선교사 선생이 있는 캔자스주 위치타시의 '이화의 친구들' 그룹에서 보내왔다. 그곳의 반웰 부인은 전쟁 동안 이화 학생들에게 스웨터만 모아서 구제품 보따리를 보냈던 분으로 '스웨터 레이디'라는 별명을 얻기도 했다. 미국서 보내온 돈과 국내의 찬조금으로 강당을 완성시켰다. 강당이라야 판자로 지은 것으로 지붕만을 간신히 양철로 이었지만 학생들은 그 판잣집 강당을 대견해하고 좋아했다.

미국, 경제 부흥을 목적으로 한 원조 개시

단순 구제에서 경제 안정과 경제 부흥이란 2가지 목표를 달성하기 위해 원조의 성격이 바뀌게 되는 출발점은 1948년 12월 10일에 체결된 한미원조협정 체결부터다. 이를 추진하는 주체는 주한 경제협력처ECA이며, 1949년부터 주관 부서가 주한 미국경제협조처USOM로 바뀌게 된다.

1949년 6월 7일, 트루먼 대통령은 미국 의회에 1억 5,000만 달러의 ECA 대한 원조를 요청한다. 한국의 자급자족 경제 달성에 필수적인 석탄, 전력, 비료 생산을 증진시키기 위한 원조 자금이었는데, 의회의 반대로 말미암아 1950년 2월 1억 2,000만 달러의 수정안을 제시하여 승인을 받아낸다. 6·25전쟁이 발발하기 이전인 1950년 3월에 미 하원을 통과함으로써 최소한 매년 1억 달러(현재 가치 1조 원)를 지속적으로 한국에 지원할 수 있는 예산을 확보하였다.

여기서 우리는 트루먼 대통령이 정치적인 부담을 안고서 한국의 부흥 원조 계획을 적극적으로 취한 데는 한국에 대한 긍정적인 인식이 큰 역할을 하였다는 것을 알 수 있다. 1949년 하원 외교위원회의 대한 경제 원조 심사에 앞서 의회에 보낸 1949년 6월 7일 메시지에는 한국의 중요성에 대해 다음의 4가지를 명확하게 지적한다.

첫째, 한반도가 한국이 실행하는 민주주의 이상 및 원칙과 북한의 공산주의라는 전체주의 체제가 대결하는 실험장이 되어 있다는 점. 둘째, 한국의 생존과 자립적이고 안정된 경제를 향한 진보가 아시아 국민에게 광범위한 영향을 끼친다는 점. 셋째, 공산주의로부터 격심한 선전 선동에 시달리고 있는 남아시아와 동남아시아 그리고 태평양 제도의 국민에게 한국의 성공이 그들을 고무한다는 점. 넷째, 공산주의에 대한 저항 과정에서 민주주의의 성공과 완강함을 보여줌으로써 한국이 북아시아 국민에게 등불이 된다는 점.

여기서도 확인할 수 있는 사실은 미국 정책에서 특정 국가가 갖는 전략적인 유용성과 대통령이 갖고 있는 특정 국가에 대한 인식이 중요한 역할을 한다는 것이다. 이 2가지 점은 여전히 미국과의 외교 정책에서도 유용성을 갖고 있다. 트루먼 대통령은 이미 1949년 1월 연

두 교서에서 '포인트 포$_{Point Four}$' 계획을 밝힌 바 있다. 이 계획의 핵심은 유럽에서 실시된 부흥 정책이 아시아를 비롯한 저개발 국가에서도 그대로 적용될 수 있기 때문에 저개발 지역에 기술적 지원을 공여함으로써 경제성장을 도모한다는 내용을 담고 있다. 이른바 '아시아판 마셜 플랜'을 제안하는데, 이 대상 국가로 한국을 염두에 두었다.

전쟁의 혼돈이 서서히 가실 무렵, 미국의 한국 경제의 부흥을 위한 원조 정책은 본격적으로 추진된다. 1952년 5월 24일에 '마이어협정$_{한미경제조정협정: 대한민국과 국제연합군 통일 사령부 간의 경제 조정에 관한 협정}$'을 체결하여 경제 안정과 부흥이라는 정책 목표를 달성하기 위해 나선다. 미 국방부의 대외활동본부$_{FOA}$와 국무부의 국제협력처$_{ICA}$가 주관하는 부서였다. 이 원조는 1953년부터 1961년까지 총 17억 4,000만 달러(17조 4,000억 원)를 지원하였는데, 전체 원조 가운데서도 가장 큰 비중을 차지한다. 휴전 이후 1950년대의 미국 원조는 ICA 원조라 할 만큼 미국 원조를 대표한다. 부흥에 더 많은 재원을 배분하려는 한국 측과 경제 안정에 더 많은 재원을 투입하려는 미국 측 사이에 갈등이 있기도 했지만, 한국 경제를 재건하는 데 크게 기여하였다.

미국의 대외 원조에 대해 비판적인 시각을 가진 지식인들도 있다. 이들은 1954년 미국이 자국의 잉여농산물을 외국에 수출함으로써 자국 농산물 가격의 안정화를 위해 후진국에 농산물 수출을 촉진한 미공법$_{PL}$ 480호를 집중적으로 비판하는 경우가 많다. PL480호는 1951년부터 실시되었으며 1961년까지 제공된 총액은 2억 300만 달러에 이르며 제공된 농산물 내역은 밀 40%, 보리 19%, 쌀 16%, 원면 11%, 돈육 통조림 5%, 엽연초 5% 등이었다. "미국 원조 때문에 한국 경제가 미국에 종속되었다"거나 "한국 농업이 파괴되었다"는 주

무상 원조(1945~1960년)   (단위: 달러)

	1945~1949년	1950~1953년	1954~1960년	총액
무상 원조액	5억 2,590만	10억 4,660만	18억 8,910만	34억 8,218만

장은 사실에 기초한 주장이라기보다 자신이 믿고 싶은 주장이자 편견일 뿐이다. 총 원조액 가운데서 PL480호가 차지하는 비중은 그다지 크지 않았다. PL480호에 의한 잉여농산물 원조는 1955~1959년 사이에 1억 6,400만 달러에 지나지 않았다.

1945~1960년까지 한국에 34억 달러(현재 가치 미화 340억 달러, 한화 34조 원) 상당의 무상 원조가 주어졌다. 1950~1960년까지 한국 경제에는 총 29억 달러 상당의 무상 원조가 주어졌다. 이 가운데 UN이 지원한 몫은 5억 8,000만 달러다. 예를 들어 1960년 무상 원조는 2억 4,539만 달러로 수출액 3,183만 달러의 7.7배였다. 같은 해 한국의 GNP는 16억 달러, 1인당 국민소득은 65달러였다.

참고로 1961년도 한국의 수출액은 4,200만 달러에 지나지 않았기 때문에 1차 경제개발 5개년 계획(1962~1966년)을 추진하는 사람들에게 1억 달러 수출 달성은 꿈같은 이야기였다. 한국이 수출 1억 달러를 돌파한 1964년 11월 30일은 '무역의 날'로 제정되었다.

한국 경제는 미국의 무상 원조 덕분에 부흥했다. 약간의 UN 회원국의 도움이 있었지만 거의 대부분의 무상 원조는 별도의 군사 원조와 함께 미국으로부터 주어졌다. 전쟁의 폐허 위에서 거두어들일 수 있는 세금도 적었고 저축률도 형편없이 낮았던 상황에서 무상 원조는 한국 재건의 마중물 역할을 충실히 담당하였다. 세출과 투자액은 만성적으로 세입과 국내저축을 초과할 수밖에 없었기 때문에 이 간격은 무상 원조와 화폐 발행으로 메우게 된다.

1953년 국민소득에서 경제 원조가 차지하는 비중은 10%에 이르렀다. 1956년에는 이 비중이 최고 13%까지 올라갔다. 당시 투자 자금의 90%는 원조에서 나왔다. 한국 경제가 1953년 이후 10여 년간 연평균 4.5%의 경제성장을 이루었고 제조업 부문에서는 약 10% 이상의 성장을 이루어낸 것은 괄목할 만한 일이다. 이런 성장은 원조의 힘이 아니고서는 가능한 일이 아니었다. 원조 달러를 민간에 불하하면, 민간은 그에 상당하는 원화를 한국은행에 예치했다. 이 대충 자금의 상당 부분은 정부의 재정수입으로 이전됐다. 1954~1959년 대충 자금 전입금이 재정수입에서 차지하는 비중은 평균 43%였다. 예를 들어 한국 정부 총세입 가운데서 1956년부터 1959년까지 무상 원조의 비중은 46.5%, 52.9%, 51.5%, 41.5%를 차지하였다. 또한 같은 기간 중에 총투자의 50% 이상이 원조나 해외 차입에 의존했는데 원조의 비중이 압도적으로 높았다. 엄밀히 말해 그때까지 대한민국은 재정적으로 '독립 국가'가 아니었다.

산업 성장을 위한 지원

한국의 산업사와 관련된 자료들을 다루다 보면 국제 사회가 사람 사는 곳과 비슷하다는 생각을 한다. 앞선 사람들이 뒷선 사람들을 돕듯이 앞선 나라들은 어떤 때는 의도적으로 특정 국가를 경제적으로 돕기도 하고 때로는 의도하지 않게 돕는다. 한국의 산업 성장이라는 측면에 국한하면 미국과 일본은 한국의 다양한 산업이 일어나는 데 상당한 도움을 주었다.

한국 원양어업의 산 주인공 가운데 한 사람인 동원그룹의 김재철 회장에 관한 『김재철 평전』(21세기북스, 2016)을 집필할 때의 일이다. 지금은 원양어업의 존재감이 크지 않지만 1950년대 말과 1960년대 초반 한국에게 달러 박스 가운데 하나였던 원양어업이 미국 원조와 미국인의 도움에 따라 시작되었음을 확인할 수 있었다. 1960~1970년대 원양업계가 벌어들인 외화는 약 20억 달러에 달했는데 당시 수출액 가운데 5% 정도를 차지할 정도로 비중이 컸다.

가난을 벗어나기 위해 노력하는 한국인들에게 당시의 미국인들은 뭐라도 도움을 줄 수 있는 길을 찾았다. 1950년대 부흥 원조의 대표격인 ICA 원조를 주관하던 부서가 USOM이었다. 이 기관은 수산중앙회와 협력하여 수산 관계 원조 자금을 제공하는 업무를 담당하고 있었는데, 이 기관의 수산과 과장 티미스라는 인물과 그 아래에 해리슨 가공 담당과 리슨 시장 담당관 그리고 모건 어로 담당관이 있었다. 모건이란 인물이 참치잡이 경험이 풍부했는데 친분이 있던 중앙수산시험장 이제호 지도관에게 한 가지 제안을 했다. "한국에는 사람이 많고, 강한 노동 강도를 견딜 수 있으니까, 참치잡이 사업을 시작해보면 어떤가?" 이 제안이 상부 보고를 거쳐 국가 사업으로 진행되었다.

1949년 6월, 미국 원조 자금 32만 6,000달러를 들여 시애틀 수산시험장에 연구 활동 목적으로 건조되어 정박 중이던 230톤 급 600마력 디젤기관을 장착한 선박이 도입된다. 이 선박은 1951년에 설립된 제동산업에 인수되어 1957년 6월 29일 역사적인 인도양 참치잡이 시험 조업에 나서게 된다. 바로 이날이 한국 원양어업의 시작이 되는 날이다. 이 배에는 모두 27명이 승선하였는데 이 가운데 한 사람이 수산기술고문 모건이었다. 지남호의 출어식은 1957년 6월 26일 부산항 제1부두에 자리 잡은 해양경비대 강당에서 정부 인사와 수산 관계자, 국회의원 등이 참석하여 성대하게 거행된다. 당시 지남호 출어 소식은 대부분의 신문이 사진과 함께 4~5단 크기로 비중 있게 다루었다. 그만큼 기대를 심어준 소식이었다. 빛바랜 기사를 확인하다 보면 나라가 가난하던 그 시절에 어떻게 하든 달러를 벌어들이기 위해 혼신의 힘을 다했던 앞선 세대를 생각하며 숙연해진다. 시범 조업은 큰 성과를 거두지 못하지만, 이것이 시작이 되어 한국은 1970년대 세계 굴지의 원양어업국으로 부상하는 데 성공한다.

한편 우리나라에서 수산 시장의 대명사는 부산의 공동어시장이다. 이 시장은 1889년 8월 5일에 설립된 일본인 소유의 부산수산회사가 운용한 어시장이었다. 이런저런 변화를 겪다가 현재의 부산공동어시장은 1956년 9월 10일부터 부산어업조합 등 5개 수산 단체가 운영 주체로 활동하고 있다. 부산에 현대적인 어시장 설립이 추진된 것 역시 미국의 원조가 계기가 되었다. 부산공동어시장이 현대화의 기틀을 마련한 것은 ICA의 원조 사업의 일환으로 선택되면서부터다. ICA는 전쟁 복구 사업의 하나로 수산물의 증산을 통해서 한국민의 식생활 개선과 동물성 단백질 공급에 주목하게 된다. ICA 자금은 어선 건조에 중점적으로 투입되었고 노후 어선을 대체하고 동력화하기 위하여 1956년에는 원조 자금 가운데 일부를 어선 건조자금으로 배정하였다. 이에 따라 5~20톤급 소형 어선과 20~80톤급 중형 어선의 건조가 추진되었다. 1957년에는 중대형 어선을 건조하기 시작하는데 매년 500~5,000척을 건조하였다.

이 사업을 추진하면서 판로를 확장하기 위해 현대식 어시장 개설을 구상하게 되고 이 과정에서 미국은 25만 달러라는 거금을 배정하였다. 종합 어시장 설립 계획은 1957년 2월 7일 상공부와 미국 측이 사업 승인 요청서에 서명함으로써 시작되었고, 같은 해 3월 13일에 한국과 미국 측이 합의함으로써 사업 계획이 확정되었다. 이에 따라 1958년 6월 5일에 부산 지역 수산단체들로 구성된 신어장 설립 업무를 담당할 부산수산센터 추진위원회가 구성되어 본격적으로 사업을 추진한다. 1963년 11월 1일에 부산항 제1부두에 900톤의 냉동 위판장과 기타 시설을 갖춘 현대식 어시장이 탄생했다. 당시 일본을 제외하고 아시아 최고의 시설을 갖춘 현대식 어시장으로 평가받았다.

06

경제 재건의
큰 축

수출 시장의 제공

1961년 박정희 정부가 집권에 성공하였을 때부터 수출 지향형 성장 전략을 꿈꾸었던 것은 아니다. 농민의 아들이었던 박정희 의장은 중농주의 정책을 선호했다. 그리고 경제성장을 내자를 조달해서 대외의존도를 최소화하는 자립 경제 달성을 꿈꾸었다. 자립경제를 지향하는 자주적 공업화 전략인 이른바 '내포적 공업화 전략'이었다. 내자를 동원할 목적으로 시행하였던 화폐개혁 등의 조치가 실패로 돌아가고 기대하던 자본 조달이 벽에 막히자 새 출구를 모색하게 된다.

수출 지향적 성장 전략의 채택에는 미국이 직접 기여한 바는 없다. 다만 미국은 대한 원조를 제공했기 때문에 성장이나 수출보다는 인플레이션을 최대한 억제하는 안정화 정책에 초점을 맞추었다. 미국이 원하는 경제는 대외 지향적 발전 전략이 아니라 가능한 미국의 원조 의존도를 낮추는 자립형 경제였다. 한국의 경제성장사에서 1962년 6월에 시행된 통화개혁은 경제 정책의 방향을 결정짓는 분수령이 된다. 통화개혁이 실패함으로써 경제 엘리트가 전면 교체된다. 이 자리를 차지한 사람들이 대외개방을 통한 공업화에 신념을 갖고 있었던 이병철 등 기업가 그룹, 박충훈, 김정렴, 천병규 등 신진엘리트 관료 그룹 그리고 미국 경제고문단 3자가 연합하여 실용주의 노선이 힘을 얻게 된다. 내포적 공업화를 천명했던 1차 경제개발 5개년 계획 발표 당시 외각으로 밀려날 수밖에 없었던 기업가들이 1962년 7월부터 서서히 전면에 등장하게 된다.

한국의 대외수출 지향형 경제 정책에는 이론보다는 경험이 큰 역할을 하였다. 바로 이웃에 있는 일본이라는 나라가 한국에 좋은 역할 모델이 된 것은 부인할 수 없는 일이다. 한국의 경제성장은 일본의 대외 지향 수출 산업에서 많은 아이디어를 얻었다. 수출 산업도 일본의 인건비 상승에 따라 국제 분업형태로 한국에 이전된 산업이었다. 한국이 일본의 사양 산업을 계속 이어받는 것이 한국 경제 정책의 중요한 특징이다. 인건비가 상승하면서 일본의 봉제 산업이 사양화되면 한국이 이를 받아서 수출 산업으로 육성하고, 일본의 컨테이너 제조 사업이 사양화되면 한국이 이를 받아서 수출 산업으로 활용하였다. 원양어업도 일본이 사양화되면서 한국이 이를 받아서 수출 산업으로 활용한 사례 가운데 하나다. 이웃한 일본과 역사 문제로 갈등을 빚고는 하지만 일본의 성장 모델과 경험이 한국에게는 큰 교훈이자 지름길이 되었던 것은 사실이다.

그렇다면 미국이 한국의 경제성장에 기여한 것은 어떤 점일까? 그것은 미국의 거대한 시장을 제공한 일이다. 반드시 한국을 위해서 그 시장을 제공한 것은 아니다. 미국이 개발도상국 상품을 사줄 수 있는 시장을 제공함으로써 미국 소비자들도 큰 이익을 봤다. 미국이 자국 산업 보호 육성책을 선택하지 않고 자유무역을 지향하는 정책을 실시함으로써 한국 같은 개발도상국은 노동집약형 산업을 통해서 가난을 벗어날 수 있었다. 수출용 상품의 운송 비용과 운송 시간을 현저하게 낮춘 컨테이너의 발전사를 다룬 마크 레빈슨_{Marc Levinson}은 『더 박스_{The Box}』(청림출판, 2017)라는 책에서 "한국만큼 컨테이너 덕을 본 나라는 없을 것입니다"라고 말하는데, 이를 재해석하면 "한국만큼 미국 수출로 덕을 본 나라는 없을 것입니다"라고 말할 수 있을 것이다. 물론 일본도 크게 덕을 보았지만 한국은 미국 수출로 우뚝 서게 된 손에 꼽을 수 있는 나라 가운데 속한다. 지금은 중국이나 동남아시아 등 수출 시장이 상당히 다변화되어 있지만 1960년대와 1970년대 한국 수출 시장에서 미국이 차지하는 비중은 압도적이었다. 1960~2000년대 초반까지 미국 비중은 20~30%를 차지하였으며, 수출 시장 1위 국가였다.

미국의 영향력

지도자의 판단은 정말 중요하다. 잘해보려 하지 않는 사람은 없을 것이다. 언젠가 김일성이 죽기 전인 1994년 7월 6일 간부들에게 털어놓은 이야기 속에는 지도자의 선택을 생각하게 한다. "가슴이 왜 이리 답답한가. 경제가 안 풀려 요즘은 끊었던 담배까지 다시 피우게 됐어"라고 당 간부들에게 짜증 겸 한탄을 늘어놓는 내용이 들어 있다. 짜증과 한탄에는 A는 무엇을 하고, B는 무엇을 하라는 지시가 어김없이 뒤를 따랐다. 김일성은 죽음을 앞둔 시점까지 그가 무엇을 잘못하고 있는지를 몰랐을 것이다. 그만큼 지도자가 갖고 있는 판단, 안목 그리고 식견은 매우 중요하다.

박정희 대통령과 함께했던 사람들은 이구동성으로 그의 유연성을 언급한다. 어제까지 아니라고 하더라도 자신이 내린 판단이 잘못되었다고 판단하면 그 판단을 바꿀 수 있는 지도자다. 그가 통화개혁에 실패해서 내자 조달을 통한 자립 경제 달성이 어렵다는 사실을 깨우쳤을 때 새로운 관료 집단 가운데 중요한 역할을 하는 인물들이 등장한다. 이 인물 중 한 사람이 장기영 부총리 겸 경제기획원장관이다. 그와 친분이 깊었던 훗날 비서실장이 되는 김정렴은 장기영 부총리와의 대화에서 "우리도 일본처럼 수출 지향적 공업화를 해야 경제를 살릴 수 있다"고 역설한다. 이 의견을 적극적으로 박정희 대통령에게 전달한 것이 경제 정책의 방향을 트는 데 상당히 중요한 역할을 했다. 여기에는 박정희 대통령이 일제강점기에 사범학교와 일본 육사를 졸업하였기 때문에 항상 독서나 신문 등을 통해 일본 경제의 발전 과정을 소상히 알고 있었다. '어떻게 하면 저 사람들처럼 할 수 있을까'라는 의문을 갖고 있었던 차에 장기영으로부터 수출 입국, 공업 입국, 대외 개방 등과 같은 아이디어가 영향을 끼쳤을 것이다.

전문가들 연구에 의하면 화폐개혁 실패 이후에 미국에 친화적인 인물들인 장기영, 김정렴, 박충훈 등이 경제 엘리트로 대거 등용되었던 것이 정책 방향의 전환에 기여한 바가 크다고 지적한다. 사실이 그렇다. 장기영에게 일본 같은 수출 입국과 공업 입국을 권유한 김정렴 같은 인물은 대표적인 미국통이다. 김정렴은 국외에 나가기가 힘들었던 시절 1953~1954년 미국 뉴욕연방준비은행에서 연수하고 한국은행 뉴욕 사무소 개설 요원으로 미국에 머물렀던 경험이 있었다. 또한 1958년 미국 클라크대학에서 경제학 석사과정을 밟았기 때문에 미국의 전반적인 시스템에 익숙하고 우호적인 생각을 갖고 있었다. 1951년 한국은행 도쿄 지점 참사로 1년간 근무했고 1962년과 1964년에 일본에 머물 기회도 있었다. 일본 경제의 부흥을 직접 목격하면서 미국의 거대한 시장을 상대로 하루가 다르게 수출로 나라를 일으키는 일본의 수출 정책을 주목하였을 것이다. 이런 점에서 한국의 경제 정책 전환에는 미국과 일본의 경험이 모두 긍정적인 영향을 끼쳤다.

우리가 말하는 긍정적인 영향력은 반드시 원조 같은 물질적인 것에서만 나오지 않는다. 교육, 문화, 경험 등과 같은 무형 자산도 영향력을 크게 발휘하는데 미국과 일본이 한국 경제 발전에 기여한 바도 무형 자산 측면에서도 측량할 수 없을 만큼 영향을 끼쳤다.

미국의 정책 전환, 무상 원조를 넘어서 상업 차관으로

1974년은 한국인으로서는 뜻깊은 해인데, 비로소 미국 원조에 의존하지 않고 재정자립을 달성할 수 있게 된 첫해이기 때문이다. 비로소 나라 살림을 자신들의 힘으로 해낼 수 있는 첫해가 1974년이다. 1953년도 조세부담률은 5.3%에 지나지 않았지만 1974년이 되면 13%까지 늘어난다. 1955~1960년까지 세입 가운데 무상 원조가 차지하는 비중이 40~50%였음을 염두에 두면 장한 일이다.

재정수입의 해외 의존도는 1965년의 34.2%에서 1970년의 5.3%를 거쳐 마침내 1974년도에 0%를 기록하게 되었다. 대한민국의 건국은 1948년이지만 재정적인 측면에서 한국이 명실상부한 독립 국가가 된 첫해는 1974년이다. 이때까지 무상 원조든 상업 차관이든 한국인의 나라 살림에는 해외 원조가 중요한 역할을 하였다. 한국인이 이루어 낸 성과는 1966년부터 1969년까지 연평균 세수증가율이 무려 51.2% 가 되었음은 한국인에게 경제가 성장한다는 것이 어떤 것인가를 말해주고도 남는다.

한편 1958년부터는 정점으로 미국의 무상 원조는 줄어들어 1973년에 200만 달러를 끝으로 종결된다. 한국이 미국으로부터 무상 원조를 받는 시기는 1945년부터 1973년까지 총 29년간이다. 1960년대에 접어들면서 두드러지게 나타난 미국 국제수지의 역조와 때를 같이하여, 미국의 대외협력 방향은 '원조'로부터 '협력'으로 전환한다. 이에 따라 한국을 지원하는 원조 규모도 해를 거듭할수록 줄어들어 1960년의 무상 원조는 2억 4,539만 달러, 1969년에는 2,000만 달러까지 떨어진다. 원조 총액에서 유상 원조가 차지하는 비중은 1960년대 초반에는 20% 수준이었지만 1970년대 이후에는 90% 이상으로 증가한다. 1960년대는 경제개발을 위하여 미국을 비롯하여 독일, 프랑스, 영국으로부터 상업 차관이 본격적으로 도입된다.

미국의 무상 원조가 1957년을 기점으로 줄어들다가 1973년에 종결되고 유상 원조로 탈바꿈하게 된 것은 당시 중장기적으로 긍정적인 효과를 낳았다. 우선 무상 원조는 최빈국 시절 한국이 필요한 소비재원을 확보하는 데 기여함으로써 경제가 파국으로 가는 것을 방지하는 데 효과를 낳았다. 또한 1960년대 이후의 유상 원조는 경제개발에 필요한 재원을 조달하여 한국이 경제개발에 성공하여 자립적 경제성장 기반을 구축하는 데 기여하였다. 무상 원조가 유상 원조로 전환되어야 하는 중요한 이유가 있다. 유상 원조는 구체적인 투자개발 프로그램에 투입되는 데 반하여 무상 원조는 비非프로젝트 방식으로 수원국 정부에 대한 지원으로 이루어지기 때문이다. 무상 원조의 경우 원조를 받는 나라가 원조 자금을 투자자원으로 활용하기보다는 공무원 인건비 등 일반 행정자원으로 활용하는 경향이 강하기 때문이다. 이런 면에서 남아메리카나 아프리카 국가들에 비할 수 없을 정도로 한국은 유무상 원조를 효과적으로 사용해서 일어선 대표 나라다.

예를 들어 한국은 1960년대 이전까지 무상 원조의 90%가 비프로젝트 원조였으며 대부분 원자재 및 농수산물 구입비로 사용되었다. 정부는 이러한 원조 물품을 민간 부문에 판매하여 정부재정으로 충당하였으나 충당된 정부재원은 대부분 정부의 소비지출(국방, 일반행정 등)로 집행되어 경제개발을 위한 투자재원으로 활용하지 못하였다. 그러나 유상 원조는 주요 기간산업과 사회간접자본 등 경제 인프라를 확충하는 데 집중적으로 사용되었다.

예를 들어 1962년도 상업 차관의 비중은 3%에 지나지 않지만, 1970년이 되면 68%까지 증가한다. 총차관은 공공 차관과 상업 차관으로 구상되는데 공공 차관의 이자율은 3~4%, 상업 차관은 6~7% 였다. 당시 은행 금리가 20~25%, 사채 이자율이 60~70%인 점을 염두에 두면 공공 차관이든 상업 차관이든 외국에서 돈을 빌릴 수 있는 것 자체가 큰 도움이 되었다. 당시 재벌 기업이라 하더라도 신용도가 낮아서 정부 지원 없이는 해외 차관을 도입할 수 없는 형편이었다. 1960년대에 차관을 공여한 국가는 미국과 일본이었으며,

유상 원조 (단위: 달러)

부문	~1960년	1961~1965년	1966~1970년	1971~1975년	1976~1980년
규모	950만	2억	8억	242억	412억

1970년대와 1980년대에는 미국, 일본, 세계은행wb, 아시아개발은행 ADB 등으로 다원화된다. 비중 면에서 미국과 미국 유관 금융기관들이 큰 비중을 차지하였다.

한국은 미국으로부터 1945~1983년까지 총 49억 7,000만 달러(현재 가치 약 49조 7,000만 원)의 무상 원조를 받았다. 이 같은 규모는 경제 원조이며 군사 원조는 포함되지 않는다. 그러나 김준경 박사(전 한국개발연구원 원장)는 무상 원조 규모를 60억 달러까지 추산한다.

1946~1976년까지 미국이 지원한 경제 원조는 60억 달러며, 군사 원조를 포함하면 126억 달러다. 이 기간 동안 일본 및 국제기구의 경제 원조는 각각 8억 달러와 20억 달러다. 한국에 대한 미국의 경제 원조는 아프리카 전체에 대한 원조 규모와 맞먹을 정도로 대규모다.

옌볜대학교 인문대학 김광희 교수는 『박정희와 개발독재 1961~

무상 원조(1945~1983년) (단위: 달러)

	미국	UN	기간별 총액
1945~1960년	29억 0,272만	5억 7,946만	34억 8,218만
1960~1971년	14억 7,602만		14억 7,602만
1972~1983년	1,314만		1,314만
지원 총액	43억 9,188만	5억 7,946만	49억 7,134만

1979』(선인문화사, 2008)에서 미국의 무상 원조에 대해 이런 평가를
내놓는다.

> 제2차 세계대전 이후 미국이 구라파의 부흥을 돕기 위한 마셜 플랜에 의
> 한 원조 총액은 129.3억 달러로서 각 국가에 평균 4.3억 달러밖에 되지
> 않았다. 한국은 33.9억 달러나 되는 엄청난 원조를 받았으니 마셜 플랜
> 의 혜택을 받는 나라 평균치의 8.6배에 달한다. 이 시기는 한국은 아시아
> 나라들 중 미국의 경제 원조를 가장 많이 받은 나라며, 군사 원조는 베
> 트남 다음으로 두 번째로 많이 받은 나라다. 의심할 바 없이 미국의 원조
> 는 일정한 정도에서 한국의 1960~1970년대 고속성장을 위한 기초를 닦
> 아놓았다. 이에 미국인은 '한국 군사 역량의 성장과 한국 경제성장을 미
> 국의 공로로 돌리는 것이 완전한 사실에 부합된다'고 명확히 지적하였다.

한편 1960년대까지 '대충 자금'이라 불리는 원조 물자 판매대금은
한국 정부의 재정 가운데서 중요한 구성요소였다. 미국 원조는 현금
이 아니라 물품으로 들어오는 데 원조액수가 정해지면, 그 액수에
해당하는 물건을 구매해서 수혜국에 전달했다. 원조 물품을 미국에
서 생산한 제품을 구매함으로써 원조 때문에 어려움을 겪는 미국의
생산자의 피해를 줄이고 혜택을 주는 정책이다. 한국에 대한 원조의
경우는 '바이 아메리카Buy America'을 원칙으로 했지만 전부가 지켜진
것은 아니다. 종종 일본 경제의 부흥을 돕기 위해 입찰을 거쳐 일부
일본 물품을 구매하기도 했다. 한국 정부는 원조 물자를 재정으로
사용하기 위해 물자를 국민들에게 팔아 그 대금을 적립해놓고 사용
하였는데 이를 '대충 자금'이라 부른다. 예를 들어 대충 자금이 세입

에서 차지하는 비중은 1962년에는 30.8% 그리고 1970년에는 28.6%를 차지할 정도로 여전히 1970년까지 대충 자금의 비중은 높았다.

대충 자금을 위한 특별계정에 대한 운영 권한은 미국의 경제조정관들이 갖고 있었다. 따라서 미국은 한국의 경제 정책에 개입할 수 있는 권한을 갖고 있었는데, 특히 미국은 통화 남발에 의한 인플레이션 억제책 즉 안정화 정책에 각별한 관심을 갖고 있었다. 더욱이 1960년대는 경제개발 차관은 특정한 계획을 제출하여 원조 당국의 허가를 얻어야 하고, 다른 한편으로 차관을 공여하는 측에서 차관의 사용에 제한을 가한다.

미국의 차관 공여

차관은 공공 차관과 상업 차관 그리고 은행차입 등으로 나누어진다. 경제개발 초기인 1960년부터 1970년대까지는 공공 차관과 상업 차관이 높은 비중을 차지하였다. 공공 차관 공여에 있어서 미국은 초기에 큰 역할을 하였는데 공공 차관 도입으로부터 확인할 수 있는 사실은 국제부흥개발은행IBRD과 ADB 등과 같은 국제기구와 미국과 일본의 기여가 컸음을 알 수 있다. 2016년 12월 15일, 재무부는 「공공 차관 5년 앞당겨 전액 상환 완료」라는 보도자료를 배포한 적이 있다. 이곳에는 한국의 차관 도입 역사를 유추해볼 수 있는 흥미로운 자료들이 들어 있다. 조기 상환하기로 결정된 차관은 1981년까지 미국 농무부로부터 도입한 PL480호의 잔여액은 1,730만 달러였다. 이 보도자료에 의하면 한국은 1959년부터 1999년까지 총 395억 4,000만 달러(505건)의 차관을 도입하였고 이 가운데 2016년 11월

공공 차관 도입선 및 규모

(단위: 달러)

차관선	건수	규모
IBRD	123	151억 500만
ADB	79	56억 8,200만
미국	100	51억 8,100만
일본	114	83억 4,300만
유럽	76	45억 8,400만
기타	13	6억 6,600만
합계	505	395억 6,200만

출처: 기획재정부, 「공공 차관 5년 앞당겨 전액 상환 완료」, 2016.12.15.

까지 385억 4,000만 달러를 상환 완료하였다. 굵직굵직한 차관은 1968년 경부고속도로를 건설하기 위한 일본 해외경제협력기금OECF 차관, 수도권 전철화를 위한 1972년의 일본 OECF 차관, 1994년 경부고속철도 건설을 위한 프랑스 TGV 차관 등이 포함되어 있다.

베트남전쟁을 전후한 차관 도입은 미국으로부터 크게 혜택을 본 차관 도입 사례다. 한국이 미국의 동맹국 일원으로 참전한 베트남전쟁은 한국 경제에 많은 변화를 가져왔다. 베트남 참전에 대해 여러 평가를 내릴 수 있지만 당시로 돌아가면 냉전 체제에서 베트남전은 자유 진영과 공산 진영의 대결로 받아들여졌고, 그 대결 과정에서 6·25전쟁을 통해 최대 수혜국인 한국이 베트남전에 참전하는 것은 받아들이지 않을 수 없는 일이었다. 이 전쟁의 참여는 한국 경제 성장에도 크게 기여하게 된다. 한국 기업의 자체 신용이 낮은 상태에서 공공 차관이나 상업 차관을 도입할 수 있는 것만으로 한국에 특혜와 같은 것이었다. 특히 경제성장을 위해 절실히 외자가 필요한 시점으로 공공 차관과 상업 차관은 한국 경제에는 단비와 같았다.

1966~1972년 중 총 35억 달러의 외자가 도입되었다. 이 가운데 45.6%인 19억 달러가 상업 차관이고 26.4%인 11억 달러가 공공 차관이었다. 당시에 도입한 공공 차관은 발전소 건설, 철도 및 고속도로 건설에 투입되었고 상업 차관은 정유, 화학, 시멘트, 철강 등과 전략적 기간산업에 집중 투입되었다. 한국이 베트남전쟁에 참전하고 있는 동안 도입한 공공 차관 총액 가운데 60%는 미국으로부터 도입된 것이다. 전쟁 참전에 대한 미국의 협조가 있었다. 당시 일본 및 유럽 국가들로부터 조달된 상업 차관이 주로 수출 산업 생산 능력 확충을 위한 경공업 시설 확충에 투자된 데 반하여 미국에서 도입된 상업 차관은 사회간접자본 및 중화학공업 등의 기간산업 육성에 투입되었다. 한국이 베트남전에 참전하였을 때 전투 수행 중에 일부 무리한 일이 있었던 것이 사실이지만 베트남전은 당시 기준으로 보면 공산 월맹(베트민)에 맞서는 자유 베트남 민주공화국을 지키기 위한 명분 있는 전쟁이었다.

6·25전쟁으로 말미암아 일본이 누린 전쟁 특수에 비할 바는 아니지만, 한국은 베트남전을 통해서 허약한 경제 기초를 다지는 데 도움을 받았다. 예를 들어 1967년 3월, 정일권 국무총리가 방미하였을 때 미국 병사들의 식사용 시레이션c-raion, 미군 전투식량에 들어가는 캔 공장 설립을 적극 후원할 것을 약속받기도 했다. 이후 1973년 한국군이 완전히 철수하는 시점까지 캔류는 가장 중요한 베트남 수출 품목의 하나로 손꼽히기도 했다. 베트남 무역으로 한국이 얻은 경제적 이득은 1965년부터 1973년까지 총 2억 8,300만 달러에 달하였다. 이 가운데 8,400만 달러는 상업 수출로 벌어들인 것이고 나머지 3분 2는 전쟁 관련 물자를 수출한 것이다.

미국은 자국 병사들의 20%의 인건비를 지불하면서 경쟁력 있는 전투력을 유지할 수 있었다. 한국에서 불과 1달러 60센트의 월급을 받던 한국군은 평균 40달러를 수령하였다. 사령부가 직접 군인들의 봉급을 받아서 한국으로 송금시킨 덕분에 약 2억 달러가 고스란히 한국으로 넘어왔다. 전쟁 중 사망이나 부상자에 대한 보상금도 1972년까지 약 6,500만 달러가 지급되었다. 또한 미국은 서비스, 건설 등의 분야에서 한국 업체들에게 기회를 주었다. 전성기 시절에는 건설업체 12개, 서비스 관련 회사 50여 개가 베트남에 진출하여 베트남 특수를 누렸다. 이들 업체로부터 1972년까지 한국에 송금된 외화 수입은 2억 3,000만 달러에 달하였다. 1966년 이후 군사기지 구축 교량 및 도로 건설 등에 한국 업체들이 미국 업체들의 하청 업체로 참가했는데, 이때 벌어들인 돈이 1972년까지 6,000만 달러가 되었다. 한진그룹은 당시에 성장한 대표 기업 가운데 하나다. 이렇게 축적한 자본은 한국이 1966년에 시작한 제2차 경제개발계획의 주춧돌이 된 것은 분명한 사실이다.

미국이 베트남전 수행을 위한 것이기는 하였지만 한국으로서는 동맹국과의 결속력을 강화하고 동시에 경제성장의 종잣돈을 마련하고, 자유를 지킨다는 명분을 모두 달성한 전쟁이었다. 당시 한국군 참전이 없었다면 미국은 주한 미군 2개 사단을 베트남에 배치하려는 시도를 했을 것으로 추측된다. 전쟁 수행 과정에서 한국은 5,000여 명의 사망자와 1만 1,000여 명의 부상자 그리고 고엽제 부상자로 인한 어려움을 겪기도 했다. 전쟁 수행의 의도와 목표 등은 제쳐두고 경제적 성과만 주목하면 베트남전은 한국에게는 대단한 기회였다.

지미 카터와 주한 미군 논쟁

미국은 막대한 물자와 화력을 동원하였음에도 불구하고 결국 베트남으로부터 철수할 수밖에 없는 처지에 놓이게 된다. 1968년 1월 말부터 월맹군의 대대적인 공세가 시작되자 존슨Lyndon Johnson 대통령은 협상을 통한 평화로운 철군 구상을 현실화시키게 된다. 결국 1968년 55만 명이 1970년에는 43만 명으로 그리고 1972년 말까지 전투 병력이 모두 철수한 채 군사지원 및 철군 정리 요원 2만 4,000명만을 남긴다. 1975년 베트남이 공산화되는 것은 한국의 지도층과 국민들에게 상당한 충격을 안겨주었다. 베트남 패망은 한국인들에게 한국도 공산화될지 모른다는 두려움과 불안감을 안겨주었다. 1970년대 초반만 하더라도 군사력 면에서 북한은 압도적인 우위를 점하고 있었다.

1968년 1월 21일 북한의 특수부대 요원 31명이 청와대 500m 앞까지 진출한 사건은 충격을 던져주었다. 1970년만 하더라도 공식적으로 확인된 남파 간첩선 사건은 9건이었다. 같은 해 6월 22일에는 국군묘지 현충문 폭발 사건이 터지기도 하고, 연평도 부근의 공해상에서 우리 함정을 기습 공격하여 납치한 해군 방송선 피랍 사건이 터지기도 했다.

오늘날 반공 이데올로기를 비판하지만 1970년대를 살았던 사람에게 북한의 위협은 말이 아니라 피부로 느낄 수 있는 일이었다. 오늘날 그 시대에 북한 체제에 협조했던 지식인이나 예술가를 두고 "이 일도 좋고 저 일도 좋다"는 시각도 있지만, 냉전하에서 생존을 위해 분투 노력하던 대한민국과 이에 맞섰던 적대 세력에게 적극 협조한 사람들에 대해 객관적인 평가는 엄격히 이루어져야 한다. 실제로 1970년대 내내 안보 위기는 계속되었다. 베트남전쟁은 미국의 지도층과 국민들에게도 깊은 상흔을 남겼다. 전쟁 패배라는 단어를 입에 올리지 않지만 막대한 전비와 인력을 투입하였음에도 불구하고 전쟁에서 철수하는 결정을 내린 것은 미국인들에게 아시아권에서 분규가 발생하게 될 때 미국이 어떻게 해야 하는가라는 근본적인 질문에 대한 답을 다시 생각하게 만든다.

집권에 성공한 닉슨Richard Nixon 대통령은 1970년 2월 18일에 발표한 외교 백서에서 이른바 '닉슨 독트린Nixon Doctrine'을 발표한다. 미국은 다시는 아시아 대륙에 지상군을 투입하지 않겠다는 것을 대내외에 천명한 내용을 담고 있다.

> 미국은 아시아 및 극동에 있어 첫째, 우방군이 핵공격이 아닌 형태의 공격을 당할 경우 군사와 경제적 지원만 제공하며, 둘째 당사국은 미 지상군 병력의 지원을 기대하지 말고, 제1차적 방위 책임을 져야 한다.

이처럼 동맹국 간의 우호적인 관계는 늘 유지되는 것은 아니다. 닉슨 독트린이 발표된 시점은 한국이 미국을 도와서 베트남에서 전쟁을 수행하던 중이었다. 이때부터 국내에는 주한 미군 철수에 대한 우려가 점증하기 시작한다. 정부는 이런 불안감을 제거하기 위해 여러 차례 한국에 대한 미국의 굳건한 방위공약을 천명하지만 시중의 불안감을 완전히 없앴을 수는 없었다. 당시의 한국 지도층의 불안감은 비서실장 김정렴의 인터뷰에서도 확인된다.

1969~1970년 사이에 박 대통령이 가장 많은 시간을 쓴 부분은 1971년 대통령 선거 준비가 아니라 예비군 제도의 정착과 미 7사단 철수에 따른 대책이었습니다.

50여 년 동안 한국인들의 생활 수준을 끌어올리는 데 결정적인 기여를 한 중화학공업 육성 전략은 이런 불안감에서 나온 정책이다. 재원을 어떻게 조달할 수 있는가라는 국내외의 다양한 비판을 무릅쓰고 중화학공업 육성 전략이 1973년부터 본격화되는 데 가장 중요한 이유는 자주 국방을 가능하게 하기 위해서는 소총, 대포 등의 병기를 자체 생산할 수 있어야 한다는 판단 때문이었다. 물론 다른 이유로는 당시에 한계에 도달하기 시작한 경공업으로는 더는 생활 수준을 끌어올리는 일이 불가능하다는 판단도 있었다.

이런 맥락에서 보면 미국이 의도한 것은 아니지만 닉슨 독트린이야말로 한국이 중화학공업 육성을 통해서 자동차, 조선, 기계, 전기전자 산업을 육성하는 데 기폭제 역할을 한 것은 사실이다. 1970년 7월 6일부터 닉슨 행정부는 한국에 주둔하고 있는 3개 사단 가운데 1개 사단 철수를 공식 통보하고 협의에 들어간다.

방한한 애그뉴Spiro Agnew 부통령은 동맹 관계라는 것이 어떻게 변할 수 있는지를 보여주는 발언으로 참석자들을 대경실색시키고 만다. 그는 서울을 방문한 자리에서 주한 미군 철수는 한국 정부의 사전 동의가 필요가 없으면, 향후 5년 후에는 나머지 2개 사단도 철수할 의사가 있음을 분명히 밝힌다. 당시 박정희 대통령은 김정렴 비서실장으로부터 "미 7사단뿐 아니라 앞으로 5~6년 사이에 모든 미군을 한국에서 철수한다는 계획을 추진 중"이라는 보고를 받는다. 비서실장의 보고를 듣고서도 박 대통령은 한동안 아무 말도 하지 않은 채 앉아 있었다고 한다. 이것은 한국의 안전보장 틀이 완전히 깨지는 것을 뜻한다.

당시 북한의 군사력은 한국의 3배 정도였다. 북한은 1970년대를 적화통일의 연대로 정하고 언제든 기습공격으로 전면전을 수행할 수 있는 만발의 준비를 갖추고 있었다. 군 장비의 현대화가 중화학공업을 일으키는 출발점이 되었다. 만약 리처드 닉슨 대통령이 워터게이트Watergate 사건이라는 뜻밖의 사건으로 물러나지 않았더라면 서부 전선을 맡고 있던 2사단도 철수되었을 것이다. 다행스럽게도 후임 포드Ford 행정부는 더는 미군 철수를 강행하지 않았다.

당시 미국 행정부의 주한 미군 철수론에 맞서서 미국 의회와 국방부에는 반대 의견이 만만치 않았다. 1976년 11월 대선에서 주한 미군 철수를 선거공약으로 내걸고 당선된 지미 카터Jimmy Carter 대통령은 1978년 지상군 6,000명 철수, 1980년 지상군 9,000명 철수, 1982년 7월까지 나머지 지상군을 모두 철수시키고 해군과 공군만을 주둔시킨다는 철군안을 밝혔다. 또 한 번 주한 미군 철수 문제가 부상하는 데 이때 한국 내 위기의식은 대단하게 고양된 상태였고, 막후에서 독실한 침례교인인 카터 대통령을 설득하기 위해 친분이 있었던 수원중앙침례교회의 담임목사였던 김장환 목사(전 침례교세계연맹 총회장), 여의도침례교회의 한기만 목사 등이 나서게 된다.

1979년 1월 김장환 목사는 방미하여 친분이 있던 지미 카터 대통령을 만났다. 두 사람의 교분은 오래전에 시작되었고, 그는 카터 대통령의 취임식에 초청받기도 했다. 한국 문제를 허심탄회하게 이야기하기가 쉬웠을 것이다. 대통령은 정치 권력을 갖고 있지만 존경받는 목사는 영적인 권위를 갖고 있기 때문이다. 4월에 김장환 목사는 김연준(한양대 설립자) 이사장과 함께 카터 대통령의 모친 릴리언 여사가 사는 조지아주를 직접 방문해서 모친에게 한양대학교의 명예박사학위를 수여하기도 했다. 아마도 두 사람은 카터 대통령의 모친을 만나서 이런 이야기를 털어놓았을 것이다.

> 한국에는 개신교 신자만 해도 1,000만 명에 가깝습니다. 가톨릭까지 합치면 그 숫자가 1,300만 명이 됩니다. 미국 선교사들이 뿌린 씨앗이 만개하고 우리가 어렵게 6·25전쟁을 딛고 서서 신앙의 자유를 누리는 자유로운 국가가 되었습니다. 모친께서 도움을 주시는 것이 하나님의 뜻입니다.

신앙을 가진 사람들은 담임목사의 권위를 대단히 높게 평가하는데, 아마도 모친이 귀 기울여 들었을 것이다. 지미 카터 대통령이 방한 중에 주일 예배를 여의도침례교회에서 드리는 일이 있었다. 예배가 끝나고 난 다음 담소 중에 한기만 전 담임목사도 지미 카터 대통령에게 이런 이야기를 했다.

> 주한 미군의 철수는 곧바로 한국의 공산화와 기독교인의 박해와 순교를 뜻합니다. 주한 미군 철수를 철회해주시고 우리 대통령이 예수 그리스도를 믿을 수 있도록 전도해주십시오.

과거를 되새겨야 할 이유

사람 간의 관계와 마찬가지로 국가 관계나 동맹 관계도 부침이 있다. 좋은 시절이 있는 반면에 어려운 시절이 있는데, 이런 시기마다 여러 사람이 자신의 인맥을 동원해서 나라 구하기에 나섰다. 귀한 것은 한 번에 세워지는 것이 아니라 오랜 세월 동안 수없이 많은 사람의 노고 위에 세워진다. 오늘날 한국과 미국 간의 관계도 오랫동안 노력과 신뢰 위에 세워진 것 가운데 하나다. 가난과 전쟁을 딛고 한국이 자유로운 민주주의 국가이자 교역의 중심 국가로 성장하는 데는 미국과 미국인의 의도적인 도움과 의도하지 않은 도움들이 기회를 준 것은 불변의 사실이다. 북핵 위기의 험로를 헤치고 또 다른 시대를 열어가는 데 이제껏 그래왔듯이 한국은 미국의 도움을 필요로 하고 미국 역시 한국의 도움을 필요로 한다.

중요한 것은 상대의 신뢰를 잃지 않는 것이다. 영원한 적과 우방도 없다고들 하지만 국제정치와 외교에서 가장 중요한 것은 신뢰다. 절대로 신뢰를 깨거나 허물지 않도록 해야 한다. 앞에서 하는 이야기와 뒤에서 하는 이야기가 달라서는 안 된다. 앞으로 한미동맹의 분열과 갈등을 부추기려는 움직임은 국내외적으로 더욱 거세질 것이다. 북한으로서는 그 길만이 살길이기 때문이며, 일부 주변국들도 국익을 위해 은근히 균열을 부추기는 일을 계속할 것이다. 국내적으로는 철이 한참 지난 잘못된 이념에 경도된 활동가들의 균열 만들기와 체제 흔들기 작업은 체계적이고 조직적이고 지속적으로 추진될 것이다. 다양한 분야에서 이들을 비호하는 세력들도 과거처럼 숨어서 소리를 내는 것이 아니라 대놓고 목소리를 높일 것이다. 드디어 우리 세상이 왔다고 믿는 것처럼 말이다.

이제까지 소개한 바와 같이 양국 사이의 오랜 인연이 두 나라 사이에 굳건한 신뢰 기반을 다지고 유지하는 데 도움이 되기를 바란다.

많은 지면을 할애해서 미국과의 인연을 정리한 것은 "누군가를 제대로 알기 위해서는 입을 볼 것이 아니라 그 사람이 걸어온 행적을 보라"는 말을 믿기 때문이다. 개인이든 나라든 같다고 생각한다. 미국이라는 나라가 그동안 우리에게 무엇을 어떻게 해왔는가를 찬찬히 들여다볼 수 있어야 한다. 이제 우리 사회에서는 그 험난했던 시절을 기억하는 사람들은 소수이며, 그 시대를 경험해보지 않은 세대들이 다수를 차지하게 되었다. 그들에게 우리의 오늘이 우리 힘만으로 이루어진 것은 아니라는 사실을 확인하는 기회가 되기를 바란다.

우정友情과 마찬가지로 우방友邦은 서로 소중한 것을 나눌 수 있어야 하고, 서로를 믿을 수 있어야 하고, 서로를 도울 수 있어야 하고, 험한 시대일수록 서로에게 다리가 되어주어야 한다는 사실을 기억해야 한다.

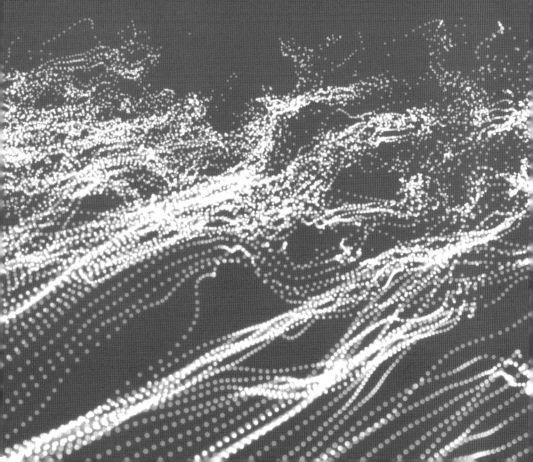

제2장

한국과 미국의 현주소

"한국은 미국과 보편적 가치를 공유하고 있다. 지구상에서 그런 가치를 공유할 수 있는 대국을 찾는 일은 어렵다. 양국 관계의 특성과 현주소를 아는 일은 건강한 미래를 여는 지름길이 될 것이다. 실수는 이해 부족이나 오해에서 생겨나기 때문이다."

．．．．

무슨 일이든 잘하려면 정확히 알아야 한다. 한미 관계에서도 예외가 없다. 양국 관계의 현주소에 대해 객관적인 사실과 특성을 정확히 이해하고, 그런 관계가 앞으로 어떻게 변화해갈지를 가늠해볼 수 있다면 양국 관계에서 최선의 성과를 얻을 수 있을 것이다. 이때 주의해야 할 일은 우리 자신을 과대평가하지 않도록 하는 일이다. 자국 중심이나 우리 민족 중심으로 매사를 바라보는 사람들이 흔하게 빠질 수 있는 것은 자신을 지나치게 높게 혹은 크게 평가할 수 있는 위험이다. 우리 민족이 흔하게 범하는 고질적인 병폐 가운데 하나가 자기가 가진 능력이나 자신의 실리를 넘어 허명이나 과격한 이데올로기를 쫓는 버릇이다. '과공過恭은 비례非禮'라는 옛말처럼 지나치게 우리 자신을 낮출 필요는 없지만, 그렇다고 해서 우리 자신을 지나치게 높여서도 안 된다. 있는 그대로의 우리 모습을 바라볼 수 있어야 하고 절도 있게 생각하고 행동할 수 있어야 할 것이다. "세계는 우리(민족) 중심으로 돌아가지 않는다"는 사실을 기억해야 한다. 제2장에서는 한미 양국의 현주소를 6가지 측면에서 조명해봄으로써 우리를 이해하고 상대방을 이해하는 시간을 갖는다.

01

보편 가치의
공유

보편적 가치

자유, 인권, 평등, 생명, 정직, 양식, 인간의 존엄, 재산권의 보호, 자유민주주의, 자유시장 경제, 법의 지배, 삼권 분립, 주권재민, 투표권 등은 보편적 가치들이다. 인류의 보편적 가치는 근대화 이후 권력은 국민으로부터 나온다는 신념에 기초한 자유 민주주의 정치 체제를 지향했던 국가들의 공유 가치다. 이런 공유 가치를 전 세계적으로 구현하기 위해 가장 노력해왔던 대표적인 국가가 미국이다. 때문에 보편적 가치는 흔히 미국적 가치로 간주될 수도 있지만, 이는 미국에 국한된 가치는 아니다. 근대 시민 사회를 경험한 국가들의 궁극적인 목적지는 보편적 가치가 한껏 실현될 수 있는 사회를 만들어내는 것이다. 오늘날 미국과 중국의 갈등도 상당 부분은 보편적 가치를 둘러싼 충돌이다. 냉전의 이데올로기 전쟁도 한마디로 압축하면 보편적 가치를 받아들이는 진영과 이를 거부하는 진영의 대결이었다. 남북한의 갈등도 보편적 가치의 실현을 둘러싼 대결이다.

미국의 특성은 다양성에도 불구하고 보편적 가치에 대해 미국인들이 갖고 있는 공감대와 신뢰 그리고 믿음에는 변함이 없다. 미국에서 보편적 가치는 법질서, 정치 시스템 그리고 일상생활에서 충분히 뿌리를 내리고 있다. 형식만이 아니라 실제로 보편적 가치는 시민 개개인의 삶에 깊숙이 스며들어 있다. 그만큼 성숙한 사회이기 때문일 것이다. 또한 새로운 구성원들은 미국 교육을 통해서 보편적 가치의 중요성에 대한 충분한 교육 기회를 제공받고 있다.

우리의 경우에는 정권의 성격에 따라 한 사회가 공유하는 가치의 혼란스러움이 따른다. 정권의 색채가 달라질 때마다 대북 정책, 교육 정책, 역사 해석, 경제 정책 등이 널뛰기를 반복한다. 이런 충돌과 갈등의 뿌리에는 보편적 가치에 대한 해석의 차이가 놓여 있다. 특히 북한에 대한 접근방식이나 근현대사에 대한 접근방식에서 큰 차이가 있다. 예를 들어 보편적 가치를 위협한 역사적 사건이 어떤 때는 폭동으로 또 어떤 때는 항쟁으로 미화되는 사례를 볼 수 있다. 보편적 가치에 맞서 적대 세력에 협조한 인물이 어느 날부터 영웅 비슷한 사람들로 신분 세탁이 이루어지기도 하고, 체제 전복을 위한 집단행동이 갑자기 '항쟁'이란 이름으로 재단장되기도 한다. 우리 민족끼리 손을 잡아야지 외세와 손을 잡는 일이 가당키나 한 일인가라고 항변하는 사람들도 있다. 그 민족 가운데 한쪽이 폭정이나 폭압이란 단어에 담아낼 수 없을 만큼 보편적 가치에 반하는 악행을 범하더라도 "뭐가 문제인가?"라고 당당하게 되묻는 사람들도 있다.

해방 이후 한국이 걸어온 길을 되돌아보면 한국 사회가 무엇을 향해 전진해왔는가를 확인하는 것은 어렵지 않다. 해방 이후 좌우익의 극렬한 대결 구도에서 우리는 6·25전쟁을 맞았다. 사람마다 6·25전쟁을 바라보는 시각은 다를 수 있지만, 필자는 6·25전쟁이야말로 보편적 가치를 자신의 것으로 받아들이는 나라와 보편적 가치를 거부하는 사람들 나라 사이의 격렬한 투쟁이었다고 평가하고 싶다. 군사독재와 산업화를 거쳐 민주화라는 긴 도정에서 우리가 추구해온 것은 형식적인 면뿐 아니라 실제로 보편적 가치가 꽃을 피우는 그런 사회라 할 수 있다.

한국과 미국 사이의 공통점은 무엇인가? 다른 그 어떤 것보다도 한국과 미국은 보편적 가치를 추구하는 사회다. 한국은 유교 문화에 바탕을 둔 동양 문명의 국가이고 미국은 서양 문명에 바탕을 둔 이민 사회로 출발하였지만 두 나라는 한 치의 어긋남이 없이 보편적 가치와 추구에 대한 믿음을 갖고 실천을 함께하는 나라들이다. 따라서 한국과 미국은 가치를 중심으로 동맹 관계를 맺을 수 있는 나라다. 주한 미군은 왜, 이 땅에 머물고 있는가? 복잡하고 현학적인 표현을 제쳐두고 딱 한 문장으로 표현하면, "적대 세력으로부터 보편적 가치를 보호하기 위함이다"라고 답할 수 있다.

견고한 관계를 유지해야 할 이유

한국이 미국과 각별한 관계를 유지해야 하는 이유는 무엇인가? 현재는 물론이고 미래에도 보편적 가치를 유지하는 사회를 보호하기 위함이며, 시민 개개인이 보편적 가치를 향유하도록 보장하기 위함이다. 우리가 사는 세상은 결코 낭만과는 거리가 먼 곳이다. 타인의 재산을 손쉽게 약탈할 수 있다면 개인이든 국가든 언제든지 나설 수 있다. 우리가 경찰과 검찰을 필요로 하는 이유는 사익을 극대화하기 위해 타인의 생명과 재산을 강탈하는 사람이나 집단으로부터 보호하기 위함이다. 혹자는 미국을 두고 제국주의 운운할 수 있지만, 필자는 미국이야말로 2차 세계대전 이후 가장 강력한 군사력을 갖고 오늘날까지 글로벌 경찰국가 기능과 역할을 감당해왔다고 판단한다. 때로는 그들이 원하지 않았던 역할이라 할지라도 인류의 보편적 가치를 보호하고 세계 질서를 유지하기 위해 불가피하게 미국이 세계의 경찰국가로서 역할을 수행하지 않을 수 없었다. 그렇게 만든 질서가 2차 세계대전 이후의 세계 질서다.

영토나 무력이라는 측면에서 세계의 대국이라 불리는 나라를 손에 꼽아보면 된다. 중국이나 러시아가 경찰국가를 수행할 수 있다고 보는가? 그들의 문제는 영토나 무력이나 경제력의 문제는 아니다. 그들은 역사적으로 자유 사회의 경험을 단 한 차례도 갖지 못하였다. 그들은 보편적 가치를 체험할 시간도 없었고, 그런 가치를 교육받을 기회도 없었다. 그런 가치를 위하여 시민들이 데모라도 하면 무자비하게 탄압해왔다. 중국이나 소련의 지도층은 보편적 가치에 대한 믿음이 없다. 해방정국의 그 혼란스러운 날들은 가치의 충돌이었다. 한쪽은 보편적 가치를 존중하고 또 한쪽은 보편적 가치를 깨부수는 그런 세력들이었다. '우리 민족끼리'가 될 수 없는 이유는 너무나 자명하다. 적대 세력들이 우리가 지키려는 보편적 가치를 허물어뜨리고 우리의 생명과 자유와 재산을 강탈하려 하기 때문이다.

그러나 세상의 모든 것이 부러지기 쉬운 것처럼 국제 사회에서도 보편적 가치를 견지하는 일이 쉽지 않다. 적대 세력들은 끊임없이 보편적 가치를 추구하는 나라를 견제하고 몰락시키기 위해 호시탐탐 기회를 노린다. 낭만적인 시각을 가진 사람들은 늘 입에 '평화'를 외친다. 그러나 그들이 말하는 평화는 구호나 슬로건으로 보장되는 것은 아니다. 그들이 말하는 평화는 결코 정치적 수사로 이루어낼 수 있는 것은 아니다. 무력에 의해 뒷받침되지 않는 평화는 허황된 구호일 뿐이다. 보편적 가치를 유지하고, 누리는 것은 결코 공짜가 아니다. 적대 세력으로부터 보편적 가치를 지켜내려고 노력을 하지 않는 한 언제든지 그것은 약탈의 대상이 될 수 있다. 한미 관계가 중요한 것은 바로 이 점에 있다. 한국과 미국은 보편적 가치를 공유하고 있기 때문에 힘을 모아야 하고 모을 수 있다. 해방 이후 한국과 미국의 외교 관계가 때로는 좋은 날도 있었고 때로는 어려운 날들도 있었다. 그런 날들 속에서 두 나라가 늘 견지했던 것은 '우리가 보편적 가치를 공유하는 나라'라는 불변의 진실이었다.

어떤 사람은 흔히 '우리는 하나다'를 외친다. 민족이라는 개념을 개인이라는 개념보다 앞세운다. 보편적 가치를 무자비하게 분쇄하는 세력과 손을 잡을 수 없는 것은 보편적 가치가 단순히 실리적인 선택의 문제가 아니기 때문이다. 우리가 지켜야 하는 것은 보편적 가치야말로 한 사회가 지고지순으로 추구해야 할 가치이기 때문이다. 민족 같은 개념보다 훨씬 상위 개념이 보편적 가치다. 타인의 생명과 재산을 거리낌 없이 빼앗아가는 일은 아무렇게나 하는 세력들과 어떻게 함께할 수 있으며, 어떻게 그들을 용서할 수 있겠는가?

세계는 보편적 가치를 존중하는 나라와 그렇지 않은 나라로 나누어진다. 인류 역사의 긴 도정은 보편적 가치를 실현하는 국가들이 늘어나는 추세를 향해 서서히 전진해왔다. 그래서 역사는 '개인적 자유의 확장사'라 부를 수 있다. 1990년대 초반 공산주의 붕괴는 역사 발전의 종착점이 보편적 가치의 실현이라는 점을 다시 한번 주지시켜주었다. 그러나 한반도의 상황은 불확실하기 짝이 없다. 해방 정국의 그 혼란스러움으로부터 이날까지 우리는 보편적 가치 실현을 위한 노력을 경주해왔고, 그 와중에서 숱한 위기들을 경험해왔다. 앞으로는 어떠할 것으로 보는가? 앞으로의 상황도 이제까지와 마찬가지로 녹록지 않을 것으로 본다. 새로운 차원의 문제들은 더 극성스럽게 등장할 것으로 보인다. 그것은 남남갈등의 모습들로 우리 사회를 혼란스럽게 만들 것이다. 보편적 가치에 대한 믿음이 확실치 않은 사람들이 우리 사회의 앞날에 더욱 혼란스러움을 더할 것으로 본다. 선과 악의 기준이 흔들리면 생각도 흔들리고, 생각이 흔들리면 행동도 흔들리게 된다. 우리가 늘 우리 자신에게 물어야 할 것이 있다. "우리는 무엇을 지켜야 하는가?" 이것이 흔들리면 모든 것이 혼돈 속으로 휩쓸려 들어가게 된다. 지켜야 할 것이 명확하지 않으면 해야 할 것도 흔들리게 된다. 지켜야 할 것이 명확하지 않으면 적과 아군도 흔들리게 된다. 우군과 적군이 흔들리면 경제든 안보든 모든 것이 뒤죽박죽될 수밖에 없다. 함께 보편적 가치를 공유할 수 없는 나라와 누가 동맹 관계를 지속하려 하겠는가?

군사 동맹의
유지

주한 미군, 한국의 전쟁 억제력이며 미국에는 무엇인가?

한국에는 약 2만 8,000여 명 내외의 주한 미군이 주둔하고 있다. 참고로 미국은 일본에 3만 7,000여 명, 독일에 5만 500여 명의 대규모 병력을 주둔시키고 있다. 현재 주한 미군의 주 전력은 2만 8,000명에 가까운 육상 병력과 함께 5개에 달하는 전투기 대대 전력, 공격헬기 24대, 58대의 전차와 133대의 장갑차, 8개 포대를 갖춘 패트리엇 미사일 등 각종 중화기가 포함되어 있다.

한국은 주한 미군 방위비 가운데 일부를 부담하고 있는데, 2017년 한 해 동안에만 9,507억 원을 지원하였다. 그러나 이 비용 가운데 대부분은 미국 정부에 귀속되는 것이 아니라 주한 미군을 위해 일하는 한국인들의 봉급으로 사용된다. 독일과 일본의 부담금은 각각

1조 원과 2조 원을 초과하는 규모다. 한국 입장에서 만만찮은 비용처럼 보이지만 문제의 실상을 들여다보면 그렇지 않다. 미국은 주한 미군을 주둔시키는 데 어느 정도의 비용을 지출하고 있을까?

주한 미군의 인건비는 약 5조 원 정도로 추정된다. 2017년 미국 국방예산 684조 1,000억 원 가운데 36% 정도가 인건비인데, 246조 3,000억 가운데 주한 미군 3만 명(미국 상비군 150만 명)의 인건비는 약 5조 원이다. 그런데 군사 장비를 운용하는 데도 천문학적인 비용이 든다. 예를 들어 미국이 대북 감시를 위해 활용하고 있는 U-2 정찰기는 하루에 두세 차례 감시 비행에 나서는데 비행기가 한 번 뜨는 데 드는 비용만 100만 달러(약 11억 원)가 소요되는 것으로 알려져 있다. 연간 운용비만 1조 9,000억 원이 넘는 막대한 비용이 소요된다. 미사일 방어체계의 하나인 사드THAAD만 하더라도 단 1개 포대의 구성비용만 1조 5,000억 원 정도가 소요되며 요격 미사일 1발 가격이 약 110억 원이다. 무기나 장비의 구입과 운영비 등을 염두에 두면 주한 미군을 유지하는 데 미국 정부가 수십조 원이나 되는 비용을 치르는 것으로 볼 수 있다. 오랫동안 주한 미군 철수를 일관되게 주장해 덕 벤다우Doug Bandow, 케이토CATO연구소 선임연구원은 주한 미군 주둔 비용을 매년 150억 달러(약 21조 원, 1998년 기준)로 추정한 적이 있다. 참고로 당시 대한민국 국방부의 국방예산은 약 14조 원에 불과하였다. 우리가 짐작할 수 있는 것은 우리의 예상치보다 훨씬 많은 비용이 주한 미군을 유지하는 데 투입되고 있다는 점이다.

어떤 의사 결정을 내릴 때 비용 부담은 항상 중요한 역할을 한다. 미국 내에서 비용 부담 때문에 주한 미군 철수 문제를 일관되게 주장하는 전문가 집단들이 있다. 케이토연구소처럼 작은 정부의 구현을 내세우는 연구 기관은 주한 미군 철수론에 불을 지피는 데 열심이다. 그들처럼 미국 내 소수 의견은 "주한 미군은 주둔 비용은 크지만 미국의 국익에 큰 도움이 되지 않기 때문에 더는 주한 미군을 주둔시킬 필요가 없다"는 목소리다. 이때 어김없이 등장하는 근거는 냉전 시대와 달리 더는 한국이 지정학적으로 미국이 많은 병사를 주둔시켜야 할 만큼 중요한 지역이 아니라는 주장이다. 이런 주장을 오랫동안 일관되게 펼치고 있는 덕 벤다우 선임연구원은 말한다.

한반도에서 미국 안보에 대한 이해 관계는 냉전에 근거하고 있을 뿐이다. 그러나 오늘날 한반도는 주변적 관심사일 뿐 한국은 미국의 그다지 중요하지 않은 교역 상대국일 뿐이다.

군사 동맹의 필연성

이런 소수 견해에 반대 입장을 분명히 표명하는 전문가들도 많다. 우선은 주한 미군의 존재는 한반도에서 전쟁을 억제하는 중요한 보루이기 때문이며, 한 걸음 나아가 한국에 거주하는 13만 명의 미국인을 보호하기 위해서라도 미군의 주둔은 계속되어야 한다는 주장이다. 잭 쿠퍼Zack Cooper 전략국제문제연구소CSIS 연구원은 주한 미군의 비용에 대해 좀 다른 해석을 더한다. "만약 우리가 한국이나 일본에 주둔하고 있는 병력을 미 본토로 철수한다면 우리는 미국 어딘가에 기지를 마련해야 하는데, 이 기지를 건설하고 유지하는 비용이 더 비싸다." 한마디로 그는 비용 측면에서 주한 미군이나 주일 미군을 유지하는 것이 효과적인 것이라고 주장이다.

한미동맹은 상호성을 기본으로 한다. 주고받는 관계에서는 어김없이 누가 더 많이 주는가 그리고 누가 더 많이 받는가라는 문제가 남는다. 한미동맹을 바라보는 사람에 따라 이 점에 대해 다양한 시각을 가질 수 있다. 미국 내에서도 주한 미군 철수를 주장하는 소수 의견은 한미동맹이 상호성을 결여하고 있다고 주장한다. 그들은 더는 일반적인 지원이 계속되어서는 안 된다는 점을 강조한다.

이런 주장이 과하다는 점을 인정하면서도 제3자의 입장에서 한미동맹을 객관화해보는 것도 도움이 될 것이다. 한미동맹은 미국의 입장에서는 선택 사항이 될 수 있지만, 한국의 입장에서는 필수 사항이 될 수밖에 없다. 주한 미군의 부재는 어김없이 적대 세력에 의한 한반도 점령을 의미한다. 이 문제에 대해서도 이견을 제시하는 사람들이 있겠지만, 아무런 편견을 갖지 않고 3가지 점을 확인하면 해답을 얻을 수 있다.

첫째, 적대 세력이 갖고 있는 적의를 제거할 수 있는가? 그들의 적의와 적대감을 제거하는 일은 원천적으로 불가능하다. 선의나 지원으로 그런 적대감을 없앨 수 없다. 둘째, 적대 세력이 단박에 손에 넣을 수 있는 엄청난 이익의 유혹을 억제할 이유나 억제할 가능성이 있는가? 그런 가능성은 전혀 없다. 수천만 명이 70여 년 동안 만들어낸 재산을 단 한 번의 침략으로 손에 넣을 수 있는데 이를 마다할 집단은 없다. 한꺼번에 모든 것을 가질 수 있는 것은 상대방을 침략하는 것 외에는 다른 선택은 없다. 핵무기의 궁극적인 목표다. 셋째, 국군은 자신을 지킬 만한 능력을 갖고 있는가? 군사 문제에 전문가가 아닌 사람으로 이 문제에 대해 단도직입적인 판단을 내릴 수는 없다. 그렇지만 결론은 추론해낼 수 있다.

우리 사회는 물건이나 서비스를 만들어서 교역하는 분야에서는 비약적인 발전을 이룩해왔다. 한국이 이처럼 훌륭한 교역 국가로 성장하는 데는 기업가들의 능력이 국제 사회에서 충분히 인정받은 것을 뜻한다. 그러나 보이지 않는 자산을 토대로 하는 정치나 교육 등과 같은 분야에서는 괄목할 만한 성과를 만들어내는 데 실패하였다. 하드웨어 분야에서는 놀라운 성과를 얻었지만 소프트웨어 분야에서는 지지부진한 상태를 벗어나고 있지 못하다. 지금보다 훨씬 많은 국방비를 투입해서 군사력을 보강한다면 미군의 도움 없이도 자신을 지킬 수 있을까? '그럴 수 있다'는 믿음이 들지 않는 것이 솔직한 판단이다. 세상에는 돈을 투입해서 해결될 수 있는 문제가 있고 그렇지 않은 문제가 있다. 우리의 생명을 지키는 문제는 돈만 투입한다고 해서 해결될 수 있는 사안의 성격은 아니라고 본다. 수십억 명의 적대 세력에 쌓인 채 자신을 지키는 이스라엘을 볼 때마다 국방은 단순히 돈의 투입으로만 해결되는 문제는 아니라는 생각을 자주 하게 된다. 그것은 역량의 문제이자 능력의 문제이자 의지의 문제이자 지력의 문제라는 생각을 하게 된다. 불편한 진실이기는 하지만 역량과 능력의 문제를 거론하지 않을 수 없다. 비단 이런 문제는 국방에만 국한된 문제는 아니다.

한국군의 전시작전통제권 문제가 논쟁의 대상이 되었던 2012년 무렵, 독자적인 대북 억제력을 가져야 한다고 믿는 사람들은 강하게 이 문제를 밀어붙였다. 그러나 군의 사정을 잘 아는 전직 국방장관들과 고위 장교들은 반대 입장을 분명히 하였다. 당시 전시작전통제권의 이전에 찬성하는 한 신문에 이런 내용이 실렸다.

한국군의 능력이 부족하다면, 이는 무기와 장비 등 하드웨어 문제가 아니라 사기 등 무형 전력과 독자적인 작전 기획 능력 등 소프트웨어 문제라고 할 수 있다. 이러한 맥락에서 전직 국방장관들과 고위 장교들까지 나서서 '한국군은 아직 능력이 부족하다'고 말하는 것은 군의 사기를 훼손하는 대단히 유감스러운 일이라 할 수 있다.

내부 사정을 어느 누구보다도 잘 아는 전직 국방장관들과 고위 장교들은 비겁하기 때문에 불편한 진실을 이야기하는 것이 아니다. 진실을 대면하지 않았을 때 치러야 할 엄청난 비용 탓에 아픈 점을 지적하였을 것이다. 일찍이 마키아벨리Machiavelli도 '보아야 할 것 대신에 보고 싶은 것만을 보는 인간 본성'을 지적하면서 자기를 과대평가하는 자들에게 엄중한 경고를 내린 바가 있다. 대체로 인간은 있는 그대로의 현실을 직시하기가 쉽지 않고 대신 자신이 꿈꾸고, 믿고, 보고 싶은 것만을 보는 속성을 갖고 있다. 직시 대신에 보고 싶은 것만을 보는 자들은 자신의 재산은커녕 자유와 목숨을 보전하기 힘들다. 개인의 삶이든 공동체의 역사든 마찬가지다. 꿈을 꾸고 꿈을 추구해야 한다. 하지만 자신의 실력을 비롯하여 현실을 냉엄할 정도로 직시하지 않으면 몰락이 기다리고 있을 뿐이다.

그렇다면 미국 측 입장은 어떨까? 지금부터 10여 년 전 당시 버웰 벨Burwell Bell 주한 미군 사령관이 "전시작전통제권을 독립적으로 행사해야 한다는 주장에 대해 어떻게 생각하는가?"라는 질문에 대해 한 모임에서 나온 답변에 '역량'이란 단어가 등장한다. "그렇다면 내가 질문을 하나 하겠다. 만약 그렇게 한다면 독자적인 전쟁 계획, 국가 전략 목표, 군사적 목표 등에 대한 전쟁 계획이 있어야 한다. 모든 것을 한국군이 알아서 다 해야 한다. 그런 구체적인 계획을 지금 가지고 있는가? 한국군에게 전시작전통제권을 당장 활용할 수 있는 계획이나 능력이 있는지 궁금하다." 10여 년이 흘렀지만 여전히 물어야 할 뼈아픈 질문은 "우리는 능력이 있는가?"다. 이 질문에 대해 군 복무를 해본 사람들은 가슴에 담고 있는 저마다 하고 싶은 말이 있을 것이다. 누구든 솔직하게 하기 힘든 이야기지만, 우리가 받았던 긴 시간의 교육과 우리가 오랫동안 일해온 조직과 그 시스템 등을 염두에 두면 '지적 역량'이란 한 단어를 떠올리지 않을 수 없다. 그것은 아주 소프트한 경쟁력이다.

경계해야 할 주한 미군 철수론

미국 내에서 대표적인 주한 미군 철군론자인 덕 벤다우 선임연구원이 주장하는 주한 미군 철수론에 나름의 근거가 있는가? 덕 벤다우가 《포린 폴리시Foreign Policy》에 기고한 글은 다음과 같다.

한국은 미국의 도움 없이도 얼마든지 스스로 국방을 책임질 수 있다. 남한은 1960년대부터 북한의 경제력을 따라잡기 시작했고, 1980년대 민주화를 이룩했다. 1990년대 중반 북한이 대기근을 겪으며 고생할 때 남한 경제는 연이은 호황을 이어왔다. 이때 남북한 사이의 격차는 이미 크게 벌어지고 난 뒤였다. 경제력은 강력한 군사력을 뒷받침하는 제일 요소다. 따라서 남한은 잠재적으로 군사력을 증강할 여지가 있다. 다만 미군이 주둔하고 있는 상황과 미국에 안보를 의존해온 전례를 따라 한국 정부는 전략적으로 국방에 투자하지 않았을 뿐이다. [...] "주한 미군이 없어도 얼마든지 북한을 견제할 수 있는데, 도대체 왜 미군은 아직 한국에 주둔하고 있는 걸까?

— Doug Bandow, "It's Time for America to Cut South Korea Loose", Foreign Policy, 2017.4.13.

덕 벤다우의 근거는 현저한 경제력 격차 덕분에 주한 미군 없이 한국 스스로 나라를 보호할 수 있다고 주장한다. 하지만 경제력은 중장기적으로 도움이 될 수 있는 요소지만, 단기적으로 승부가 결정되는 현대전 특히 한국과 북한 전쟁 발발에서 큰 도움이 되지 않는다. 한국군은 벨 사령관과 전직 국방장관들의 주장처럼 전쟁을 수행하는 데 필요한 지적 역량의 미흡함과 미군 철수 시 항공모함, 패트리엇 미사일, 다연장 로켓 등 최첨단 군사 무기의 부재로 인한 군사력 공백을 커버할 방법이 없다.

이런 진단은 우리가 갖고 있는 군사 문제점을 정확하게 지적하고 있다. 세상을 살면서 할 수 있는 것은 무엇인가를 하고 싶다는 것과 할 수 있는 것을 엄격하게 구분하지 못하면 어려운 상황에 처할 수 있다는 점이다. 우리 힘만으로 지킬 수 있다는 것은 이상적인 일이지만 그것을 실제로 할 수 있는가는 별개의 문제라는 점이다. 우리의 성향 가운데는 자신의 능력을 염두에 두지 않고 떠벌리거나 대책도 없이 저지르는 성향이 있다는 점도 걱정스럽다. 지금만 그런 것은 아니다. 6·25전쟁이 발발하기 이전에도 아무런 능력을 갖고 있지 않은 상태에서 지도층들은 북진통일을 열심히 외치고 일부 국민들은 믿기까지 했다.

군사 동맹은 가치 동맹이라는 토대 위에 서 있는 건축물과 같다.

앞으로 가치 동맹을 위협하는 일은 우리 사회를 어지럽힐 것으로 보인다. 적대 세력은 끊임없이 남남갈등을 조장할 것이고, 이런 선동전략에 부화뇌동하거나 적극 협조하는 집단들의 활동은 지금보다 훨씬 조직적으로 전개될 것이다. 이런 움직임의 궁극적인 지향점은 군사 동맹을 와해시키거나 붕괴시키는 것이다. 오늘날처럼 실시간으로 정보가 유통될 수 있는 환경이 그들의 활동에 날개를 달아줄 것이다. 여기에다 우리의 내부로부터 옳고 그름에 대한 혼재가 따를 것이고, 자기 능력을 과신하는 일들까지 더해지게 될 것이다. 미국에서는 '우리가 이 나라를 지키기 위해 비용을 지불할 필요가 있는가?'라는 회의감이 들 수 있도록 만드는 이벤트가 한국 땅에서 끊이지를 않고 이어질 것이다. 분명한 의도를 갖고 기획되는 이벤트들이 실시간으로 미국으로 전해질 수 있는 완벽한 세상에서 적대 세력과 동조 집단들의 활동은 더욱 왕성해질 것으로 본다.

03
경제 활동의
확대

한국 입장에서 본 경제 활동

한국은 세계 수출 6위권 국가로 무역 1조 달러를 돌파하였다(2017년 기준). 한국이 굴지의 교역 국가로 부상한 만큼 대미 교역도 크게 증가하였다. 한미 교역 50년을 맞이한 2016년 한국과 미국 양국 간에 이루어진 수출과 수입은 모두 1,097억 달러에 달하였다. 교역이 시작된 시점은 1962년으로, 당시 수출입을 합친 규모는 2억 4,000만 달러였던 점을 염두에 두면 50년 만에 457배로 교역 규모가 늘어났다.

그렇지만 무역 측면에서 한미 관계는 1980년 중반 이래로 계속 하락 추세에 있다. 중국이 부상하고 인도 및 베트남 등의 동남아시아 국가연합ASEAN 지역으로 수출입 시장이 다변화되었기 때문이다. 예를 들어, 한국의 무역에서 미국이 차지하는 비중은 1986년대 30.8%

가 정점이었는데, 최근에는 10%대 미만으로 하락하였다. 미국은 1971~2003년 기간 중에 1위 국가였지만 2003년 이후부터 중국에 1위 자리를 내주고 2013년부터는 중국, 유럽, ASEAN에 이어 4위를 차지하고 있다. 반면에 중국은 급부상하였다. 1986년에 한국 무역에서 중국의 비중은 1.1%에 지나지 않았지만 최근에는 26%까지 육박하였으며, 앞으로 더욱 증가할 것으로 보인다.

그러나 무역에서 미국의 중요성은 우회 수출에 주목해야 한다. 한국이 전 세계로 수출하는 중간재 가운데 60.2%에 해당하는 1,754억 달러는 중국과 아시아 개발도상국 그리고 일본 등 지리적으로 인접한 국가들에 의해 수입된다. 이들 국가들은 철강, 부품, 원단 등 한국의 중간재_{최종재를 만드는 데 필요한 재료와 부품}를 이용해서 상품을 만들고 이를 미국에 수출하게 되는데 이를 '우회 수출'이라 부른다. 수출 총액 기준으로 한국의 총수출에서 미국이 차지하는 비중은 2009년에 12.1%에 지나지 않지만 우회 수출을 고려하면 미국 수출은 19.4%로 크게 증가하여, 대중국 수출 비중 14.9%보다 훨씬 높다. 다시 말하면 단순 수출액을 기준으로 하면 2009년의 경우 미국과 중국 수출 비중은 각각 12.1%와 28.3%로 중국의 우위가 압도적이지만, 우회 수출을 고려하면 순서는 역전된다. 미국과 중국은 각각 19.4%와 14.9%를 차지한다.

여전히 미국은 한국의 교역에서 매우 중요한 위치를 차지하고 있다. 미국 시장은 한국에서 생산하는 최종재 수출 시장으로서뿐 아니라 중국이나 아시아 개발도상국들이 한국산 중간재를 이용해서 수출하는 최종재 수출 시장에서도 중요한 시장이다. 예를 들어 중국은 한국의 중간재 수출량의 38%(2012년 기준)를 수입해서 만든 최종재를 주로 미국에 수출하는데, 중국이 수출로 남기는 흑자의 75.6%가 미국 수출에서 얻어진다.

한편 투자 측면에서 양국 관계를 살펴보자. 투자를 중심으로 보더라도 미국이 차지하는 비중은 1990년대 말 40%에서 2015년 20.8%로 하락하였다. 2012년 3월 15일, 한미자유무역협정FTA이 발효되고 난 이후에 미국에 대한 한국의 직접투자 규모는 비약적으로 늘어났다. 한국이 미국에 투자한 투자액수는 최근 5년간(2011~2016년) 678억 달러에 달하는데, 이 숫자는 총투자액(1968~2016년) 1,092억 달러의 62%나 된다. 한미FTA 이후에 집중적으로 미국에 대한 투자가 이루어져왔음을 알 수 있으며, 직접 투자국가로서 미국은 한국에게 매우 중요한 국가다. 예를 들어 중국 투자 비중은 2005년에 39.3%까지 증가하지만 이후 2015년에는 10.5%로 급감하고 만다. 반면에 미국이 차지하는 비중은 1999년 41.5%에서 2013년 14.2%까지 낮아졌다가 다시 상승 추세에 있다. 사드고고도 미사일 방어체계 배치와 관련된 갈등이 가져온 파급효과로 말미암아 중국에 대한 직접투자의 매력도는 낮아지고 미국의 감세 등 사업 환경 개선으로 말미암아 대미 투자는 더욱 증가할 것이다. 요컨대 한국은 한미FTA 체결을 통해서 무역수지의 개선은 물론이고 대미 투자 활성화라는 2가지 효과를 얻었다.

미국의 입장에서 본 경제 활동

미국은 무역 규모 세계 1위 국가로 5조 달러의 규모를 자랑한다(2015년 기준). 전 세계 무역량의 12%, 미국 GDP의 27.8%를 차지하고 있다. 미국 상품을 수입해주는 국가 순위에 있어서 한국은 6위

(597억 달러)로 3.1%를 차지하고 있다. 반면에 미국 상품을 수출할 수 있는 나라 순위에 있어서 한국은 7위(399억 달러)로 3.1%를 차지하고 있다(2017년).

미국은 한국과의 교역에서 계속 무역수지 적자를 보고 있다. 참고로 미국의 무역수지는 1위인 중국(3,090억 달러)에 이어 한국은 8위 국가로 198억 달러의 흑자를 기록하였다. 미국이 한국으로부터 수입하고 있는 주요 품목은 자동차, 자동차 부품, 휴대폰, 컴퓨터 부품, 타이어, 냉장고 등이 상위를 차지하고 있다. 한국의 교역 부품들은 대부분 시장에서 경쟁사와의 치열한 경쟁 관계에 있기 때문에 대체 가능성이 높은 상품들이다. 미국의 한국 수출 비중도 계속 하락하는 추세에 있다. 미국의 한국 수출은 1990년대 중반 4%대까지, 최근에는 3%대 초반으로 낮아진다.

한편 미국이 한국에 직접 투자한 액수는 최근 5년간 225억 달러이고, 1968년 이후 총투자액 663억 달러 가운데 34%를 차지한다. 미국의 해외 투자 중 한국 투자가 차지하는 비중은 1982~2012년까지 0%대에 머물러 있을 정도로 주요 선진국과 신흥 개발국에 비해 비중이 낮다.

예를 들어 미국의 해외 투자 가운데서 한국 비중은 0.8%에 지나지 않는다. 미국에게 매력적인 투자처는 영국 13.4%, 캐나다 7.9%, 독일 2.7%, 일본 3.0%, 중국 1.2% 순서다. 이는 미국의 해외 투자국으로서의 한국은 존재감이 없다는 사실을 말해준다. 반면에 미국 내에서 한국 기업들이 만들어내고 있는 일자리는 4만 7,000명으로 영국, 일본, 독일, 캐나다, 프랑스에 이어 6위를 차지하고 있다(2014년).

오프라인과 온라인의 분리

교역이라는 측면에서 한국에게 미국은 매우 중요한 시장이자 흑자를 제공하는 나라지만, 미국의 입장에서는 교역이나 투자처로서는 존재감이 점점 떨어지고 있다. 주고받는 관계에 관한 한 과거에 비해 한국의 매력도는 떨어진 상태다. 그러나 한국에게는 여전히 경제 관계에 관한 한 가장 중요한 나라다. 왜냐하면 우회 수출을 고려하면 여전히 미국 시장에 대한 수출이 1위를 차지하고 있음을 알 수 있다. 반면에 미국을 중심으로 보면 한국은 주요 교역 대상국 가운데 하나일 뿐이다. 미국이 수입하는 상품들의 대부분은 경쟁국 상품으로 대체 가능한 것들로 구성되어 있다.

향후 한미 간 경제 활동은 몇 가지 예상을 낳는다. 수출입에서 미국이 차지하는 비중은 한국의 시장 다변화로 인하여 계속 낮아지는 추세를 보일 것이다. 따라서 경제 관계라는 관점에서 보면 한국과 미국 사이의 결속력을 과거에 비해 상대적으로 낮아지는 추세를 피할 수 없다. 또한 2000년 이후 미국의 무역수지 적자에서 중국이 차지하는 비중이 압도적인 우위를 차지하고 그 밖에 멕시코, 일본, 한국 및 아시아 신흥국들이 차지하는 비중도 줄어들 기미를 보이지 않는다. 미국의 통상 압력이 가속화될 가능성이 높음을 뜻한다. 이에 따라 한국 기업들의 미국 내 공장 이전 등과 같은 움직임이 본격적으로 이어질 것이다. 이는 상대적으로 한국의 장기불황이 본격화되고 한국 내 사업 환경이 기대만큼 개선되지 못할 가능성이 현실화되면 될수록 더욱더 힘을 받을 것이다.

반면에 사이버 세계에서는 구글Google, 유튜브YouTube, 에어비엔비

Airbnb, 익스피디아Expedia, 넷플릭스Netflix 등과 같은 미국의 대표 기업들이 플랫폼을 차지함으로써 미국의 위상은 더욱 높아지게 될 것이다. 오프라인과는 별개로 온라인에서는 양국의 소비자들을 중심으로 거래 관계는 더욱더 긴밀해질 것이다. 힘의 이동도 미국 측으로 기울게 될 것이다.

교육 토대의
구축

해외 유학생 순위 4위

다수의 사람이 선택하는 것은 주목할 만한 가치가 있다. 그런 선택 가운데서도 교육이라는 서비스를 선택하는 것은 단순히 상품을 사는 것과 비교할 수 없다. 젊음이란 아주 희소한 자원을 투자하는 것이기 때문에 선택하는 사람들이 매우 신중하게 직간접 효과를 꼼꼼히 따져본 다음에 선택하게 된다. 교육 서비스의 경쟁력에 관한 한 미국의 우수한 대학원, 대학교, 사립 고교 경쟁력은 탁월하다. 이는 객관적인 수치로 증명할 수 있지만 오랜 개인적 체험에 바탕을 두고 내릴 수 있는 결론이다. 선택의 기로에 선 대다수 사람도 필자와 별반 다르지 않은 평가를 내린다는 사실은 유학생 숫자라는 객관적인 자료가 입증해준다.

한국 사람들이 선택하는 최고의 유학 국가는 미국이다. 2015년 미국을 찾은 유학생 총수는 104만 4,000명이다. 이 가운데 중국, 인도, 사우디아라비아를 이어 한국이 4위로 총 6만 1,007명의 유학생이 미국에서 공부하고 있다. 중국이 34만 명, 인도가 16만 명, 사우디아라비아가 6만 명, 한국을 이은 캐나다가 2만 7,000명 그리고 베트남 유학생 2만 1,000명을 염두에 두면 인구 비중 면에서 한국은 단연코 눈에 띈다. 2016년 재한 외국인 유학생 순위에 있어서 미국은 1,062명으로 전체 비중 가운데 1.3%에 불과하다. 유학생 숫자에 관한 한 미국은 압도적인 우위를 보이는데, 이는 미국 교육의 경쟁력을 말해주는 한 가지 지표다.

유학한다는 것은 학위를 받기 위해 공부한다는 것만을 뜻하지 않는다. 유학은 체류 국가의 문화와 시스템, 법과 제도, 경험과 추억을 함께 공유하는 것을 뜻한다. 개중에는 미국에 유학생으로 체류하는 동안 미국에 대해 비우호적인 생각을 가지는 사람들도 나온다. 하지만 대다수 사람은 미국에서 유학생으로 머무는 동안 미국인과 그 문화와 제도의 개방성과 공정성 그리고 경쟁력 등에 긍정적인 시각을 갖고 귀국하게 된다. 한미 관계의 현주소를 조명할 때 우리가 특별히 유학에 관심을 가져야 할 이유는 유학이 해방 이후 한국 사회의 근대화에 끼친 긍정적인 영향이 크기 때문이다. 예를 들어 1945년부터 2013년까지 외국 박사학위 소지자는 3만 7,879명인데 이 가운데 56.6%인 2만 1,432명이 미국에서 학위를 받았다. 미국 내에 국가별 박사학위 취득자는 한국이 2014년을 기준으로 중국, 인도에 이어 3위를 차지하고 있다. 국내 학계에 지배적인 역할을 해왔음을 부인할 수 없다. 그 밖에 군이나 관에서 지속적으로 행해지는 훈련 과정도 대부분이 미국 관련 교육기관에서 이루어지고 있다.

건국 역사가 길지 않은 미국이라는 나라가 전 세계의 근대화와 문명화와 선진화에 기여한 여러 활동 가운데서도 손에 꼽을 수 있는 것이 유학생에게 대폭 문호를 개방한 일이다. 비단 한국만이 아니라 근대화, 문명화, 선진화에 관심을 가진 개발도상국들에게 미국은 아낌없이 기회를 제공하였다. 이런 기회를 적극 활용했던 나라들이 한두 나라가 아닌데, 이런 나라 가운데 단연코 한국을 빼놓고 이야기할 수 없다. 우리는 눈에 보이는 건물과 공장과 기계 등에 눈길을 둘수 있지만 이런 시설물을 건축하고 이를 운영하는 사람들에 주목해야 한다. 미국이 기여한 것은 그들이 가졌던 앞선 지식과 정보, 정책과 제도 등을 독점하지 않고 나누어 갖는 일에 인색하지 않았던 점이다. 선의, 호혜, 자선, 기부, 기회 등과 같은 측면에서 미국이 제공한 유학 기회는 한국에게 측량할 수 없는 혜택을 주었다.

미국 유학생들이 끼친 긍정의 영향력

첸 강과 후징초가 지은 『유미유동』(시니북스, 2005)은 19세기 무렵 근대화를 앞당기기 위해 15년을 두고 청나라가 네 차례에 걸쳐 실시하였던 미국 유학생 파견 프로젝트를 감동적으로 다루고 있다. 각 성에서 12살 내외의 총명한 아이들을 선발하여, 매년 30명씩 4년에 걸쳐 모두 120명을 미국에 보내 고등학교부터 학습을 시켰다. 학비와 생활보조금은 전액 청나라 정부에서 제공하였다. 학생들의 학업 수준에 따라 이후 군사학교나 해군학교 혹은 일반 대학에 입학하는 이 프로젝트는 1872년 이홍장에 의해 추진되었다. 이 프로젝트에 대한 아이디어를 제공하고 직접 실무를 맡았던 사람은 1847년에 미국에 유학하여 1854년에 예일대학을 졸업하고 귀국하여 조국에 기여한 룽훙이라는 청나라 최초의 미국 유학생이었다. 룽훙에게 기회를 제공한 사람은 그가 다니던 모리슨 학교의 교장 브라운 목사였다. 그가 1846년 몸이 아파 귀국길에 오르면서 룽훙, 황성, 황관이란 이름의 아이들을 미국에 데려다가 유학할 기회를 제공한 것이다.

1870년에 일본도 학생들을 미국으로 유학을 보냈다. 청나라는 이 프로젝트를 실시한 지 10년 만에 반대에 부딪혀 그만두고 만다. 일본은 메이지유신 이후 유학생을 대폭 늘렸을 뿐 아니라 미국의 교육제도 자체를 일본에 이식시키려 노력하였다. 국가적으로 총력을 기울여 체계적이고 조직적으로 미국 유학 프로젝트를 추진한다. 일본은 미국의 선진화된 모든 것들을 가장 단시간에 도입할 수 있었고, 청나라는 선각자들이 꿈꾸었던 세상이 좌절되고 말았다. 작가는 역사를 되돌아보면 아쉬움뿐이라고 말한다. 같은 시기에 같은 학교에서 동방의 두 나라 아이들은 조국의 근대화라는 사명을 짊어지고 학교에서 공부하였지만 나라의 운명은 크게 달라지고 말았다.

한국 근대화와 선진화에 기여한 미국 교육

이승만 초대 대통령은 미국 유학생 출신이다. 이승만은 1904년 제물포를 떠나 1910년에 프린스턴대학에서 우리나라 사람으로서는 최초로 국제정치학 박사학위를 받았다. 이승만이 미국에서 체험했던 자유민주주의와 자유시장 경제가 한국 건국의 초석이 되었음을 부인하기는 어렵다. 한국은 개화기 동안 미국 유학생 제도에 눈을 뜨지 못하였지만 1960년대와 1970년대 전후 경제개발 단계에서 적극적으로 미국 교육 제도와 미국 유학생들을 활용하였다. 근래에 우리 사회의 일각에서는 탈원전을 외치지만 한국의 눈물겨운 원자력 발전사를 알아야 한다. 발전의 초석은 지도자의 혜안이었다. 이승만 대통령은 1955년부터 '우리도 원자력을 연구해야겠다'는 목표를 세우고 어려운 외환 사정에도 불구하고 유학생 파견에 팔을 걷어붙였다. 각 부처에 흩어져 있던 외국 원조 자금을 끌어모아서 200명이 넘는 사람들을 미국과 영국으로 보내 원자력을 연구하게 했다. 이런 노력들이 수십 년에 걸쳐 쌓이면서 오늘날 세계적인 경쟁력을 가진 한국의 원자력 산업이 등장하게 되었다. 무엇이든 귀한 것을 만드는 데는 이처럼 세월과 노고와 선구자들이 있다. 부수는 일은 당장 할 수 있지만 제대로 만드는 일은 정말 오랜 세월이 필요하다.

미국 존슨 대통령의 도움으로 문을 연 KAIST는 오늘날 한국 굴지의 연구기관이자 교육기관으로 자리 잡았다. 1964년에 이 기관이 문을 열 때 벤치마킹의 대상은 물론이고 초기 이 연구기관을 이끌었던 인재들은 미국 유학생 출신의 연구자들이었다. 1970년대 만들어진 한국 공업의 초석을 깔았던 이공대 국책 연구소는 물론이고 사회과학연구소들인 한국개발연구원KDI나 산업연구원KIET 등과 같은 연구소도 거의 대부분 벤치마킹 대상은 미국 연구소들이었다. 이들 기관을 초기에 이끈 김만제 박사나 사공일 박사 등과 같은 인재들은 대부분 미국에서 훈련받은 인재들이었다. 혹자는 지나치게 미국 출신의 인재들을 많이 등용했다고 이야기할 수도 있다. 그러나 여전히 인재를 양성하고 활용하는 점에서 미국은 독보적인 위치를 차지하고 있다. 삼성이 반도체를 만들기 위해 영입했던 진대제 박사를 비롯한 초기의 연구진들은 대부분 미국에서 교육을 받고 IBM 등의 미국기관에서 경력을 쌓아왔던 인재들이다. 미국은 전 세계에 거대한 인재 공급소 역할을 충실히 해왔고 오늘날도 그 역할을 맡고 있다. 필자가 1997년에 자유시장 경제를 홍보하고 연구하기 위한 기관으로 주도했던 자유기업원CFE도 경제자유재단FEE, 미국기업연구소AEI, 헤리티지재단, 케이토연구소, 아틀라스경제연구재단 등과 같은 미국 연구소와 기관들을 벤치마킹해서 만들었다. 어떤 나라도 체제에 대한 반듯한 생각을 가진 시민들이 다수를 차지하지 않는 한 언제든지 어려움에 봉착할 수밖에 없다는 미국의 앞선 역사적 사례들로부터 교훈을 얻었기 때문이다.

오늘날 중국의 부상도 1990년 개방 계획 이후 미국에서 교육받은 유학생들이 큰 기여를 하였을 것이다. 배가 부르면 그 고마움을 잊어버리는 것이 세상사이지만 미국이 한국이나 중국을 비롯한 개발도상국 발전에는 크게 기여했다. 미국 교육 제도는 전 세계 국가들에게 뛰어난 지적 도로망 같은 공공재 성격을 담당해왔다. 1990년대까지만 하더라도 한국 유학생들은 자력으로 학비를 조달할 집안 형편이 되는 사람이 적었다. 1990년대에 미국에서 박사학위를 취득한 사람들은 대부분 어떤 형식으로든 미국에서 장학금을 받아서 학교를 다녔을 것이다. 미국의 필요도 있었겠지만 미국 대학들은 외국인에 대해 관대한 장학금 제도를 운영했다.

교육 제도에 관한 한 미국을 넘어설 수 있는 나라가 나올 가능성은 낮다. 중국이 학술 논문 등에서 수적으로 늘어나겠지만 교육 제도에 관한 한 미국을 넘볼 수는 없다. 앞으로 계속 더 많은 사람이 미국에서 교육받기를 원할 것이다. 한국 유학생 숫자는 2012년부터 꺾이기 시작하였다. 그 시점이 한국의 장기 불황의 시작에 해당하기 때문이다. 미국의 경제 상황이 예전과 같지 않기 때문에 장학금을 얻는 일이 어려워진 탓도 유학생을 줄인다. 또한 고생하면서 현재를 희생하는 일에 대한 가치가 떨어지기 때문에 앞으로 유학생 숫자는 계속 줄어들 것으로 보인다. 나라 전체가 장기 불황에 들어가면 미래에 대한 투자보다 가능한 한 현재를 편안하게 살려는 경향이 득세하게 된다. 투자가 없으면 미래에 대한 기대감도 줄어들 수밖에 없다.

05

인적 교류의
진행

250만 명의 한인 이민자들

미국 내 한인 인구수는 250만 명으로 추정된다(2015년 기준). 시민
권자 145만 명, 일반 체류자 54만 명, 영주권자 41만 명, 유학생 수
7만 명을 합산한 수치다. 약 20만 명으로 추산되는 불법 체류자까지
합치면 270만 명까지 늘어나게 된다. 전 세계 재외동포수 743만 명
가운데 33.5%가 미국에서 생활의 터전을 꾸리고 있으며 이는 중국
내 한인 수 254만 8,000명에 이어 두 번째로 많은 숫자다.

반면에 한국에 거주하는 미국인 수는 13만 명에 달하지만 이들
가운데 4만 5,500명은 미국 국적을 소지한 한국계로 파악된다. 이
는 국내 체류 외국인 200만 명 가운데 중국인 101만 2,000명과 베트
남인 15만 명 다음으로 많은 수다. 중국인 가운데 한국계 중국인은

70만 명에 달한다(2016년 기준).

1965년의 '이민국적법' 시행 50주년을 맞이하여 퓨리서치센터Pew Research Center가 발표한 자료에 따르면, 1965~2015년 사이에 미국은 5,900만 명의 이민자를 받아들였다. 이들 가운데 한인 이민자 수는 172만 5,000명으로 국가별 순위 5위(멕시코, 중국, 인도, 필리핀, 한국 순)를 차지하고 있다. 한인 이민사에서 1965년은 결정적인 시기에 해당한다. 국가별 할당제를 폐지한 1965년 이민법 개정 이전까지만 하더라도 한국계 미국인 수는 2만 5,000명 수준이었지만, 1970년에는 5만 명, 1980년에는 35만 7,000명, 1990년에는 70만 명으로 급속히 늘어난다. 특히 1980년대에만 하더라도 약 35만 명의 한국인이 미국으로 향하였다.

한국인의 이민사에 미국은 특별한 위치를 가졌고 초기 이민 지역에 속한다. 처음부터 가난을 벗어날 수 있는 '기회의 땅'으로 인식되었다. 미국 이민에 문을 연 최초의 시도는 1903년부터 시작된다. 당시 하와이 사탕수수 농장으로의 한인 이주가 시작되었으며, 1905년까지 7,226명의 한인들이 하와이에 도착한다. 이들은 대부분 20대 독신남성이었으며, 이들과 결혼하기 위해 사진결혼의 형태로 1,000여 명의 한인 여성들이 1924년까지 하와이로 건너가면서 이민 가정이 형성되기 시작하였다.

이후 이민의 큰 물결은 1950년 6·25전쟁이 끝난 이후 전쟁에서 발생한 전쟁고아, 미군과 결혼한 여성, 미 군속 사이에 태어난 자녀들 입양, 가족 재회, 유학 등의 목적으로 미국으로 향하였다. 1950년부터 1964년까지만 하더라도 6,000여 명의 한인 여성들이 미군 배우자로서 미국으로 건너갔다. 같은 시기에 5,000여 명의 전쟁고아들이 입양 등의 형태로 미국 땅을 밟게 된다. 미국 이민자 총수에서 이들 두 부류가 차지하는 비중이 초기 미국 한인 이민자의 3분의 2를 차지한 다고 할 수 있다.

또 한 부류는 1945년부터 1965년까지 6,000여 명의 유학생들이 미국을 찾았다. 유학생들 가운데 미국에 정착한 사람들이 많았는데 이들이 1965년 미국의 이민 문호가 대폭 확대되는 기간에 가족들을 초청함으로 미국 이민이 활성화되는 계기가 된다. 1965년부터는 유학, 생활 수준의 향상, 자녀 교육 등 다양한 이유로 중산층들의 미국 이민이 활성화된다. 한국의 경제 사정이 나아지면서 이민의 증가 추세는 둔화되지만 1997년 외환위기를 기점으로 다시 미국, 캐나다, 호주, 뉴질랜드 같은 영미권 국가를 향한 사업 이주와 취업 이주가 증가하는 추세에 있다. 미국 이민이 기회를 부여잡기 위해 노력했던 많은 한국인들에게 기회를 제공했던 것은 사실이다.

한국계 이민자의 위치

미국 싱크탱크 퓨리서치센터가 2012년에 발표한 「아시안 아메리칸의 부상」이란 보고서는 아시아계 이민자의 특성을 이해할 수 있도록 돕는다. 2011년을 기준으로 아시아계는 1,800만 명인데 중국, 필리핀, 인도, 베트남, 한국, 일본 순서로 6개국 이민자가 83%를 차지한다. 아시아계는 대졸 비율이 미국 평균 28%에 비해 훨씬 높은 49%를 차지하고 있다. 우리가 주목해야 하는 것은 6개국을 놓고 보면 한국계의 대졸 이상 비율이 인도계에 이어 2위를 차지하고 있지만 소득 수준(중간 가구 소득 기준)은 5만 달러로 인도계(8만 8,000달러), 필리핀계(7만 5,000달러), 일본계(6만 5,000달러), 중국계(6만 5,000달러), 베트남계(5만 3,000달러)에 비해 낮다는 점이다. 이런 수치는 3년 치 중간 가구 소득 기준을 활용한 「2011~2013 아메리칸 커뮤니티 서베이」와 크게 차이가 나지 않는다. 여기서 한국인은 한국 출생 비율이 78%로 인도나 베트남 그리고 일본에 비해 이민 역사가 짧다는 점을 염두에 두어야 한다. 가장 중요한 요인은 영어라는 언어 구사 능력이 이 같은 소득 격차를 낳는 중요한 요인이라고 추측한다. 또 한 가지는 자영업이 많은 한인들의 경우 소득 금액을 과소 신고하였을 가능성이 있다. 따라서 한국계 이민자의 소득은 인도계에는 미치지 못하지만 그다지 낮지 않을 것으로 추측할 수 있다.

이민은 역동성을 갖고 있다. 역사적으로 이민은 빈국으로부터 부국을 향한 이동이거나 빈국으로부터 부국의 가능성 있는 곳을 향한 이동이었다. 특정 국가나 지역의 미래가 밝거나 경제적 보상이 크면 특정 지역을 향한 사람의 이동이 지속된다. 이런 면에서 사람들이 어디를 향하는가는 미래를 전망하는 데 일종의 선행지표 같은 것으로 해석할 수 있다.

미래의 가능성에 대한 기대감

사람은 미래의 발전 가능성에 대해 대단히 민감하다. 유학이 신중한 의사결정이라면 삶의 근거지 자체를 이동시키는 이민은 한 인간이 심사숙고 끝에 내리는 고도의 전략적 의사결정일 것이다. 이런 점에서 성장 가능성과 매력도를 가진 지역으로의 이민 행렬은 앞으로도 더욱더 활성화될 수 있을 것이다. 전 세계가 날로 좁아지고, 상대국에 대한 정보 입수가 과거와 비교할 수 없을 정도로 쉬워진 시대에 이민의 활성화를 예상하는 일은 어렵지 않다. 젊은 세대는 조국이나 국가 등에 대한 책임감이나 의무감으로부터 자유롭다. 어딘가에 속해야 한다는 묵직함으로부터 자유로운 세대가 현재의 젊은 세대다. 이들 가운데 영어에 능숙한 사람들이라면 어디서든 자신이 원하는 정착지를 구할 수 있는 시대가 되었다. 이런 면에서 미국을 향한 세계 각국 사람들의 움직임은 더욱더 활발해질 것으로 볼 수 있다. 이를 일반화하면 매력적인 장소가 나라이든 도시이든 매력 있는 곳을 향한 움직임을 막을 방법은 전혀 없다. 이런 추세는 반드시 개인의 이동뿐 아니라 기업의 이동도 포함될 것이다.

미국의 매력은 점점 더 강해질 것이다. 사이버 세계의 영향력이 증가하는 시대에 미국이 가진 강점과 장점은 실시간으로 세계인들에게 전달되는 시대가 되었다. 기회를 잡을 수 있다면 영미권 국가 특히 미국을 정착지로 삼고자 하는 사람들의 움직임은 더욱더 힘을 받을 것이다. 이를 예시하는 정보는 중국에서 부를 축적한 사람들이 어디로 가고 있으며 앞으로 어디로 가기를 원하는가를 보면 된다. 이들이 원하는 곳은 단연코 영미권 국가들이며 이들 중에서 으뜸은 미국이 포함된다. '중국판 포브스'라 불리는 '후룬바이푸'가 보유자산 1,000만~2억 위안(약 16억~332억 원)을 소유한 중국인을 대상으로 한 설문 조사에서 "선호 국가 1위로 미국이 연속 3년째 자리 잡고 있지만 최근에 캐나다가 2위를 차지하고 있다." 실제로 매년 1만 명 정도의 중국 부자들이 이민 대열에 동참하고 있다. 중국에서 부자가 되었다는 것은 평균적으로 다른 사람들에 비해 세상의 움직임에 민첩하고 고급 정보를 더 많이 취득하고 있다는 것을 뜻한다. 이들은 자신들 세대뿐 아니라 다음 세대까지를 고려해서 신중에 신중을 거듭하는 의사결정을 내렸을 것이다. 이들이 가장 선호하는 곳이 지금뿐 아니라 미래에 가장 매력적인 국가나 지역이 될 가능성이 높다.

한국 사회는 매력도라는 점에서 더 많이 고민해야 할 것이다. 사업 환경을 개선하고 성장 잠재력을 확충하는 일은 반드시 돈이 들어가야 하는 일이 아니다. 개방적인 마음과 자세를 갖고 사람들이 한껏 자신의 창조 역량을 발휘할 수 있도록 자유로움과 관대함을 허용할 수 있다면 더 많은 사람들을 끌어모을 수 있을 것이다. 반대로 관의 영향력을 키우고 한 사회가 처분할 수 있는 자원 가운데 더 많은 몫을 관에 배분하려 노력하면 할수록 그 사회는 매력도를 상실할 수밖에 없다. 더욱이 비대해진 정치 권력이 정권 교체기마다 국민들을 혼란과 분열과 갈등으로 내몬다면 능력 있는 사람들부터 고개를 절레절레 흔들 것이다. 매력 있는 선진국과 기타 나라의 차이는 정치 권력이 있는지 없는지 모르는 것처럼 국민들의 일상에 지나친 긴장감과 불안감 그리고 위기감을 조성하지 않는 것이다. 이런 점에서 한국 사회가 획기적인 발상의 전환을 시도하지 않는 한 세계인들을 끌어당길 정도로 매력 있는 나라가 되기는 쉽지 않을 것이다.

06
문화 교류의
확산

보편성의 위력

불황기에 커피를 팔아서 1조 원 이상의 매출을 올릴 수 있을까? 2017년 스타벅스코리아의 매출액을 확인하고서 떠오른 의문이다. 세계 어디를 가더라도 스타벅스는 그저 커피점이 아니라 생활의 한 부분으로 자리 잡았다. 커피 점포가 시애틀에 있든, 뉴욕에 있든 아니면 서울에 있든 고객들이 접하는 스타벅스는 독특한 매력이 있다. 한때 토종 브랜드로서 성장세를 기록하였던 국내의 한 유력 브랜드는 기세가 꺾이면서 어려움을 겪고 말았다. 어떤 기업이 어려움을 겪으면 여러 요인들이 복합적으로 작용하므로 단정적인 표현을 삼가야 한다. 그럼에도 불구하고 콕 집어서 떠오른 감정은 보편성을 담을 수 있는 상품이나 서비스를 만들어내는 미국인의 특별한 능력이다.

문화와 관련이 없는 상품을 제조하는 경우에는 품질과 원가만 뛰어나면 된다. 하지만 문화로 재단장되거나 채색될 수 있는 상품의 경우는 다르다. 토종 기업이 극복하기 힘든 구조적인 한계는 보편성에 가까운 문화를 담은 상품이나 서비스를 만들어내는 점에서 어려움을 겪었다. 국적이나 성별이나 연령에 관계없이 어떤 사람에게든 기쁨과 편안함과 감동을 줄 수 있는 문화 상품을 만들어내는 것이 미국이 가진 힘이다. 커피점은 유럽이 원조고 스타벅스의 아이디어도 이탈리아 커피점에서 나오지 않았는가! 이탈리아인들이 당연히 차지했어야 할 커피는 문화를 담아서 결국 스타벅스의 몫이 되고 말았으며, 이 상품은 보편성이 덧칠해지면서 미국 상품이 아니라 세계 상품으로 전 세계 거리 구석구석에서 만개하게 된다.

지금은 탄산음료의 인기가 예전에 비할 바는 아니다. 냉전 시대 소련은 제3세계에 자신의 영향력을 확대하기 위해 막대한 원조를 제공하면서까지 안간힘을 다하였지만 성과를 거두지 못한다. 미국의 다국적 기업인 코카콜라는 공산 진영으로부터 부러움의 대상이었다. 코카콜라야말로 미국 문화와 자본주의의 첨병 노릇을 톡톡히 하였기 때문이다. 그래서 《애리조나 하이웨이》라는 잡지의 편집장인 레이먼드 칼슨은 "코카콜라야말로 가장 훌륭한 미국의 외교사절"이라고 칭찬하였다.

냉전이 격화되기 시작하던 1950년 5월 14일 《타임》은 코카콜라를 커버 스토리로 다루었다. 기사에는 전 세계가 즐거운 표정으로 코카콜라를 마시는 장면을 그림 표지로 삼았는데, 이 표지그림은 마치 어머니가 어린아이에게 우유를 먹이듯이 코카콜라사가 지구를 한 손으로 떠받들고 코카콜라를 먹이는 장면을 연상시킨다. 《타임》은 코카콜라가 유럽이나 중동 아프리카와 아시아에서 얼마나 대중적인지 그리고 미국의 문화와 생활양식을 이들 국가에서 얼마나 빠르게 일상에 뿌리내리도록 만들고 있는지를 다루고 있다.

미국 문화가 가진 매력

이런 일은 냉전 시대의 전유물이 아니다. 미국 문화에 대한 일부 지식인들의 거부감과 비난에도 불구하고 미국 문화는 대중 속으로 깊숙이 파고드는 보편성과 대중성이라는 매력을 갖고 있다. 거부할 수 없는 특별한 힘을 갖고 있는 것이 미국의 대중문화다. 영화, 뮤지컬, 팝뮤직, 책, 패스트푸드, 프랜차이즈 브랜드, 라이프스타일 등 거의 모든 것이 대중에게 친근하게 다가서는 매력을 갖고 있다.

넷플릭스나 케이블 방송의 활성화는 그 어느 시대보다도 영화를 접할 기회를 제공한다. 영화 분야에서 한국 영화의 선전은 정말 눈부실 정도. 이따금 보편성을 담고 있는 한국 영화를 만날 수 있지만 다수는 그렇지 않다. 인기 있는 한국 영화의 경우에도 한국인 입장에서 거북함을 느낄 때가 자주 있지만, 미국 영화의 경우에는 이런 감정을 느끼는 경우가 드물다.

영화 시장에서도 미국 영화가 비중 면에서 압도적인 우위를 차지하고 있다. 독일이나 프랑스 그리고 북구 유럽도 영화 산업이 있을 것이다. 어떻게 된 일인지 한국의 시청자들이 접할 수 있는 것은 대부분 미국 영화다. 배급상의 문제점도 있겠지만 한국 시청자들의 보편성에 호소할 수 있는 영화가 아무래도 미국 영화가 많기 때문이다. 또한 미국 영화가 인기를 끌고 있는 덕분에 압도적인 우위를 차지하고 있을 것이다. 미국 영화를 볼 때마다 느끼는 것은 지구촌 어디서 보더라도 누구나 공감할 수 있는 내용을 대부분 담고 있는 점이다.

그것이 무엇이든 미국인의 손에 들어가면 상업화의 길을 걷게 된다. 상업화되기 위해서는 보편성을 지닐 때만이 대중화될 수 있다. 미국 영화나 팝뮤직, 패스트푸드 등이 강한 호소력을 갖는 것은 바로 보편성을 지니고 있기 때문이며, 이것이야말로 대중화를 가능하게 하고 거대한 시장을 만들어낸다. 문화비평가들은 "미국의 대중문화는 모든 사람이 좋아하는 민주적이고 평등한 아메리칸 드림이 깃들어 있다"고 이야기한다.

20대부터 서평을 쓴 덕분에 정말 오랫동안 다양한 장르의 책을 읽을 기회가 있었다. 경제경영서 분야에 국한하면, 1990년대 초반 일본이 삼시 기세를 높일 때를 제외하고 미국 저자들의 저술물이 압도적으로 우위를 차지하고 있다. 독일이나 프랑스 저자들은 가뭄에 콩이 나는 정도로 발견하기가 쉽지 않다. 흥미로운 것은 책에서도 어김없이 미국 작가들의 보편성을 확인할 수 있다는 점이다. 미국 번역서가 대종을 차지한 데도 다수 고객들에게 호소력이 있거나 가치를 제공하기 때문일 것이다. 한국은 번역서를 왕성하게 펴내는 나라 가운데 하나다. 오래전의 이야기지만 《뉴욕타임스》 주말판 북 리뷰가, 한국은 체코와 더불어서 번역서 발행 비율이 가장 높은 나라라고 평가해서 화제가 된 적이 있다. 이를 비판적인 시각으로 볼 수 있지만 얼마든지 긍정적인 시각으로 볼 수도 있다. 새로운 지식이나 정보에 대한 수요가 그만큼 있다는 것을 의미한다.

서평을 쓸 때는 자연스럽게 번역서를 많이 소개하게 되는데 이때마다 미국인 저자와 일본인 저자가 주를 이룬다. 근래에는 중국인

저자들이 쓴 책의 번역서들이 늘어나는 추세다. 지적 풍토나 역사를 미루어보면 유럽권 책들은 번역되는 경우가 드물다. 이는 단연코 미국 문화의 보편성과 연결되어 있다고 할 수 있다. 여기에다 또 한 가지의 중요한 특성은 영어 경쟁력을 들 수 있다. 영어 콘텐츠는 독일어나 프랑스어 서적에 비해 확실히 보편화되는 데 유리하다.

앞으로는 어떤 상황이 전개될까? 문화라는 면에서 영어 중심 사회가 전개되는 것을 피할 수 없을 것이다. 특히 젊은 세대일수록 영어 콘텐츠의 친숙함은 나이 든 세대와 비교할 수 없을 것이다. 결과적으로 미국 문화의 압도적인 우위는 앞으로도 거침이 없을 것이다. 중국이 정부의 힘을 이용해서 공자학원 등을 만들어서 중국 문화를 확산하는 것은 이해할 수도 있지만 실제로 사람들에게 얼마나 호소력이 있을지는 의문이다. 중국 문화 속에는 보편성을 담기가 여간 힘들지 않기 때문이다.

우리가 지구촌 어디에서 살아가든 미국 문화의 영향력으로부터 자유로울 수 없다. 혹자는 그것을 두고 미국화는 사실상 미국에 의한 '문화 제국주의'라는 격한 용어를 사용하기도 한다. 이 용어에는 은연중에 미국 문화가 지역 문화를 파괴한다는 부정적인 뜻을 포함하고 있다. 여기서 우리가 분명히 해야 할 것은 결코 누가 미국 문화를 소비하라고 권하거나 강요하지 않았다는 사실이다. 사람들은 미국 문화를 소비하는 것에서 기쁨과 매력 그리고 모던하다는 느낌을 갖기 때문에 미국 문화를 받아들일 것이다.

어쩌면 우리는 원하든 원하지 않든 모두가 미국화된 세상에서 살아가고 있으며, 앞으로 그런 경향은 더욱더 강화될 수밖에 없을지도 모른다. 보편성을 겨냥한 대중화에 미국 문화는 탁월한 능력을 갖고 있기 때문이다. 최소한 우리 사회에서 문화에 관한 한 민족주의적이거나 국수적인 주장은 과거에 비해 크게 줄어들었다. 이따금 약육강식이나 제국주의 시각으로 해석하는 사람들이 여전히 있지만, 선택 가능성의 확장으로 이해하면 이런 부정적인 시각도 사라질 것이다. 시장이 지배하는 시대, 글로벌라이제이션이 확장되는 시대, 사이버 세계의 위력이 압도적인 시대는 지구촌의 대다수 사람들이 미국 문화나 서비스 그리고 라이프스타일과 더욱더 촘촘히 연결되는 시대를 뜻한다. 이런 추세 속에서 한국인들이 손에 꼽을 만큼 긴밀한 관계를 형성하고 있으며 앞으로 이런 추세는 더욱더 힘을 받게 될 것이다.

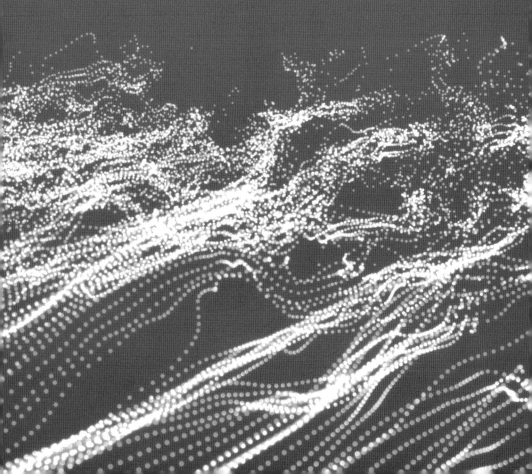

제3장

미국을 바라보는 시각

"사람은 자신의 관점이나 체험에 따라 같은 현상이라도 다르게 본다. 우리 사회에서 미국에 대한 시각이 호감, 비호감 그리고 중립으로 나뉘는 일은 이해할 수 있지만 친북과 반미가 동전의 양면처럼 조합되는 현상은 이해하기 힘들다."

....

경험해보는 것만큼 도움이 되는 일은 없다. 어떤 일을 경험하는 것은 실상을 정확히 아는 데 결정적인 도움을 준다. 그러나 우리가 모든 일을 경험하면서 배울 수는 없다. 따라서 경험이 없는 곳에서는 필연적으로 진실과 인식 사이에 격차가 생겨날 가능성이 크다. 미국에 대한 선호가 바로 이런 것에 속한다.

대다수 한국인들은 네 집 건너 한 집 정도가 미국과 직접 혹은 간접으로 연결고리를 갖고 있다. 자식이나 친인척 가운데 누군가가 미국에서 공부하고 있거나, 누군가가 미국에서 살고 있는 등과 같은 일을 말한다. 이따금 반미를 직업으로 삼아 반미를 부추기는 사람들의 목소리가 언론 지상을 장식하지만, 이들조차 자식들은 이미 미국에 유학을 시키고 있거나 내심으로 시키고 싶어 하는 사람들일 가능성이 높다. 사람의 속을 알기가 쉽지 않기 때문에 겉만 보고 판단할 일은 아니지만 말이다.

대체로 한국인들은 미국에 대해 우호적인 시각을 갖고 있고, 미국인들의 입장도 그렇다. 매년 실시되고 있는 'BBC 월드 서비스 폴'은 양국 국민이 다른 국가들에 비해서 서로를 긍정적으로 보고 있음을 말해준다. 예를 들어 2011년 이후 한국인들 가운데 미국을 긍정으로 보는 비중은 74~52%, 부정이라 답하는 비중은 19~34%에 불과하다. 일반적으로 한국인들은 미국에 대해 우호적인 시각을 갖고 있는 것이 사실이다. 조사 대상 24개국 가운데서 미국을 긍정적으로 보는 측면에서 한국은 손에 꼽을 수 있는 국가다. 제3장에서 우호와 비판 그리고 중립적인 시각의 원인을 캐보기로 한다.

01

우호적인
시각

체험이 가져다주는 호감

"미국에 도착하면 개인이 보호받는다는 느낌을 갖는다." 한 분과 대화를 나누던 중에 들은 말이다. 오래전에 들었던 이야기지만 기억의 한 켠에 보관된 것은 공감을 표했기 때문일 수도 있고 핵심을 정확하게 지적한 문장이었기 때문일 수도 있다. 개인을 보호한다는 것에는 여러 의미가 들어 있다. 우선 서로 다름을 인정한다는 것이다. 상대방이 나의 자유를 침해하지 않는 한 그가 스스로 선택하는 것은 그의 몫이고, 그것에 대해 스스로 책임을 져야 한다. 미국은 이민 국가이기 때문에 문화적 배경이 다양한 사람들로 구성된다. 따라서 미국인을 일률적으로 이러하다 혹은 저러하다라는 틀을 만들 수 없다. 하지만 미국 사회를 구성하는 사람들은 선택과 책임에 비해 상대적으로 강한 공감대를 갖고 있다. "누구누구 때문에 이처럼 딱하게 되었다"는 이야기는 좀처럼 나오지 않는다.

어떤 사람이 부자이든 그가 선거를 통해 남들이 세상 기준으로 높은 자리에 올라갔든 그것은 그의 인생일 뿐이다. 미국인들은 대체로 성취나 행운에 대해 담담하다. '대체로'라는 표현을 사용하는 것은 그들이라고 해서 타인이 갖고 있는 것을 부러워하는 마음이 없을 수는 없기 때문이다. 우리 모두는 인간이다. 그러나 질투나 시기심을 제도화하는 부분에서는 냉엄하다고 할 정도로 행동한다. 그것은 그의 인생이고 이것은 나의 인생이라는 점이 명확하다. 기회의 평등이라는 관점에서 미국 사회를 보면 그곳도 사람 사는 곳이기에 관계망이란 것이 작용하고, 이에 대한 비판도 있는 것이 사실이다. 하지만 상대적인 관점에서 평등이라는 원칙을 비교적 잘 실천하고 있는 곳이 미국이다. 인종이나 성별 그리고 나이에 따른 차별은 미국 사회에서는 금기다. 사람들의 의식도 일용직 직원이든 아니면 높은 자리에 앉은 사람이든 별로 개의치 않는다. 그래서 수직적 위계질서에 익숙한 사회에게 미국의 수평적인 질서는 놀랍기도 하고 부럽기도 하다. 일종의 문화 충격에 해당한다.

미국인들의 특별한 강점은 개방성과 유쾌함이다. 여기서 전제 조건은 모든 사람들이 그런 성향을 갖고 있지는 않다는 것이다. 대체로 타인을 돕는 일에 열심이고, 새로운 이민자들에게 열린 태도와 마음을 갖고 있는 것은 분명하다. 치열한 대도시 생활에서 이런 부분은 미진하겠지만 작은 중소 도시로 갈수록 이 성향은 강해진다. 그래서 여행자로서 미국을 여행하는 일은 언제나 즐거움과 유쾌함과 신기함이 차고 넘치게 된다. 그곳도 사람 사는 곳이라서 유리천장 같은 것이 존재한다. 여성들의 승진이나 아시아계의 승진에 대해서 이따금 나오는 비판의 목소리도 있다. 그렇지만 능력주의에 관한 한 미국은 무자비할 정도로 생산적인 나라다.

미국의 동부를 여행하다 보면 버려진 공장들을 만나게 된다. 한때 제조업 강국으로 날리던 작은 도시에 공장들이 문을 닫은 채로 남아 있다. 벽돌 공장은 오랫동안 그 흔적을 남긴다. 전쟁이 없다면 튼튼하게 지은 벽돌 공장은 거의 영원히 남을 것이다. 여기서도 확인할 수 있는 사실은 철저하게 변화와 적응을 삶의 한 방식으로 받아들인다는 사실이다. 생산성이 떨어지고 비효율적인 것은 시장 논리에 따라 계속 대체된다. 이를 사람들이 기꺼이 받아들인다. 감성에 바탕을 두고 '국민 기업을 보호해야 합니다'라는 유의 주장은 좀처럼 등장하지 않는다. 미국의 역동성은 계속 대체하는 것에서 나온다. 모두가 끊임없이 갈고닦아서 시대 변화에 발맞추지 않으면 도태되고 만다는 것은 미국인들에게는 불변의 진리다. 능력에 따라 어떤 사람은 메이저리그에 또 어떤 사람은 마이너리그에 또 어떤 사람은 잊히는 독립리그에 들어가야 한다. 이를 두고 누구도 불평하거나 불만을 토로하지 않는다. 능력이나 역량은 모두에게 주어질 수 없다는 것을 사람들이 받아들이기 때문이다.

미국의 다수는 하나님을 믿는다. 그 하나님이 개신교 하나님이든 가톨릭 신자의 하느님이든 말이다. 하나님을 믿는다는 것은 자신의 위에 누군가가 항상 계신다는 것을 믿는 것을 뜻한다. 그래서 대통령이 되더라도 자신이 힘을 발휘할 수 있는 한계를 분명히 인식한다. 정권이 바뀔 때마다 온통 나라가 뒤흔들리는 일은 이 나라에서는 상상도 할 수 없는 일이다. 대통령이 누가 되든 일상은 계속 굴러

가는 나라가 미국이다. 미국에 도착한 사람이라면 누구든지 공권력이 얼마나 무서운지를 느낀다. 정해진 규칙에 맞추는 사람은 괜찮지만 규칙을 위반하는 사람이라면 단단히 각오해야 한다. 규칙을 따르다 보면 느끼는 것은 '규칙을 따른다는 것이 이렇게 편리한 것이구나'라는 깨달음이다. 법 집행은 지나치다 할 정도로 엄격하고 위반하는 사람들은 측량할 수 없는 비용을 치를 각오를 해야 한다. 울고불고 떼를 쓰는 일은 이 나라에서는 매우 보기 드물다.

미국은 시작부터 상업 국가다. 미국의 크고 작은 마을의 향토사에는 어김없이 사업가들의 활동이 숨어 있다. 무엇이든 미국인의 손에 들어가면 상업화를 하는 데 탁월하다. 상업화를 꾸짖는 사람도 나오지만 인간이 타인에게 가치를 제공함으로써 자신을 부유하게 하고 사회를 발전시키는 데 상업화만 한 것은 없다. 미국이 이루어낸 것들에서 늘 느끼는 것은 개개인의 창발성을 최대한 발휘하면 얼마나 대단한 성취를 이루어낼 수 있는가다. 집단이나 민족이 아니라 바로 개인에게 초점을 맞추는 것이 인상적이다.

미국과 미국인에 대한 호감은 체험에서 나오는 경우가 많다. 사람은 체험하면서 "이것이 편리하구나", "이것이 좋구나"라는 것도 느끼지만 "이것이 올바른 것이구나"라는 생각을 하게 된다. 편리하고 좋아서 호감을 가질 수 있지만 올바름에 대해서는 더 강한 호감을 가질 수 있다. 사람의 마음속에는 올바른 것을 구하는 성향이 있기 때문이다. 미국에서 긍정의 체험을 하는 사람들이라면 어김없이 올바름, 즉 정의와 만나게 된다. 미국과 그 밖의 경험들을 비교하면서 그들은 미국에 대해 점점 호감을 갖게 된다. 이런 호감을 가진 사람들은 조국으로 돌아온 다음에도 이상적인 상태에 대한 기준점이 명확해진다. 1960년대와 1970년대 한국의 현대화 과정에서 미국 제도, 기관, 정책 등을 본받으려 노력했던 것은 올바름과 함께한 호감이었다.

공부가 가져다주는 호감

사람들의 깨달음은 읽기가 큰 도움을 준다. 예를 들어 처칠Winston Churchill 같은 인물의 리더십을 배운다고 가정해보자. 처칠을 직접 만나서 배우면 최고의 공부일 것이다. 그러나 그렇게 배울 수 있는 사람이 얼마나 되겠는가. 이를 대체할 수는 없지만 대체에 갈음할 수 있을 정도로 효과적인 방법은 처칠에 관한 문헌을 읽는 것이다.

미국을 전공하는 사람이 아닐지라도 자신이 궁금해하는 주제에 대해 책을 읽어볼 수 있다. '남들이 뭐라 하더라'라는 식의 막연한 주장을 덥석 물고 삼키는 일은 위험하기 짝이 없다. 우리 역사책을 읽거나 세계사 책 또는 미국 역사책을 읽는 것 등은 모두 도움이 된다. 역사는 현재를 어떻게 살아야 할지에 대한 교훈을 주는 데 손색이 없기 때문이다.

역사의 거대한 흐름은 억압을 넘어서 자유와 평등을 향한 전진이었다. 그런 흐름 속에 끊임없이 개인을 억압하고 현대 문명의 걸림돌이 되는 나라가 있는 반면에 그런 흐름 속에서 개인을 보호하고 현대 문명이 발전의 초석이 되는 나라가 있기 마련이다. 예를 들어 러시아(구소련)를 보자. 'BBC 월드 서비스 풀'에 따르면 전 세계 사람들로부터 선호도가 낮은 나라 가운데 속한다. 중국도 낮은 수준을 벗어나지 못한다. 영미권 국가들 이를테면 미국을 비롯하여 영국, 캐나다, 호주 등을 높게 평가하는 세계인들이 가장 많다. 이유는 복잡하지도 않고 어렵지도 않다. 영미권 국가들이 개인을 보호하고 현대 문명의 발전하는 데 큰 기여를 해왔기 때문이다.

공부를 하다 보면 1980년대의 한국에서의 반미 성향이 이념으로 바뀌어가는 과정에서의 오류를 숱하게 찾아내게 된다. 왜 자국 문제를 자꾸 미국 탓으로 돌리는지 의문을 갖게 된다. 내 문제를 내 탓이 아니라 남 탓으로 받아들이는 것이 옳지 않지만 일단 반미라는 이념이란 틀을 짜맞추기 위해서는 결과에 맞추어 원인을 만들어내는 과정이 진행됨을 쉽게 알 수 있다. 비판적 사고를 결여하고 타도의 대상을 만드는 데 익숙한 사람들은 모든 사건이나 사고를 자신들이 목표로 삼는 이념의 틀에 맞추어서 해석하고 의미를 부여한다. 이런 이념이 사고와 행동에 반복적으로 적용되다 보면 나중에는 실체가 없는 허상이 마치 실체가 분명한 진리처럼 둔갑해버리게 된다. 현실과 유리된 괴상한 이념이 머릿속에 둥지를 만들게 된다. 이처럼 관점이 설정되고 나면 그다음부터는 변하기가 무척 어렵다. 이따금 젊은 날의 실수를 후회하고 반성하는 사람들도 나오지만 죽는 그날까지 자신이 만들어낸 이데올로기의 허구에 지배당하는 사람들을 만나는 일은 어렵지 않다.

공부할 때만이 어떤 의도를 갖고 만들어진 잘못된 이념의 어두운 점을 확인할 수 있다. 미국에 대해 호감을 가진 사람들 가운데 이처럼 공부하면서 자신의 생각을 정리한 사람들도 있다. 공부하면서 그들은 자유와 평등 그리고 인권 같은 보편적 가치가 현대 사회에서 이만큼 확산된 데는 미국의 역할이 결정적이었음을 거듭 확인하게 된다. 이들이 미국에 대해 호감은 갖는 또 하나의 이유일 것이다.

미국 상품과 문화의 매력

1950년대에 한국인들이 미국과 본격적으로 접촉하기 시작할 때의 한국인에게 미국은 무엇이었을까? 그것은 선진화된 세계의 전형이었을 것이다. 미제 상품이 가져다준 호감과 매력은 강력함 그 자체 이상이었다. 그로부터 70여 년이 흐른 지금은 어떤가? 지금은 상품보다는 문화라는 측면에서 비슷한 상황이라 할 수 있다.

현대인의 삶을 혁명적으로 바꾸고 있는 스마트폰은 애플Apple의 작품이다. 애플 이후 삼성, 엘지, 샤오미Xiami Inc. 등이 뒤를 따르고 있다. 애플 이후의 회사들은 창조 후의 선택으로 막대한 부를 벌어들인 회사들이다. 스마트폰이란 콘셉트를 최초로 상용한 것은 애플이었다. 오늘날 현대인들이 누리고 있는 마이크로웨이브, 텔레비전, 냉장고, 자동차, 에어컨 등 거의 모든 상품은 미국에서 시작되었다. 현대 문명의 판 자체를 미국이 주도해서 만들어왔다고 할 수 있다. 그렇다고 해서 그들이 무슨 고매한 목표를 위해 계획적으로 만든 것은 아니다. 상업화와 대중화라는 기치 아래 이윤을 추구하는 과정에서 이런 신상품들이 주류를 이루게 되었다. 결국 미국 상품은 소비의 대중화를 가져옴으로써 과거 같으면 귀족들이나 즐길 수 있는 삶의 수준을 현대인들에게 선물하였다. 미국 이후 일본, 일본 이후 한국, 한국 이후 중국을 보면 어떤 상품의 콘셉트를 만들어내는 나라는 단연코 미국이었음을 알 수 있다. 이 콘셉트가 만들어지고 상용화가 시작되면 대량 생산 체제와 혁신 및 개선을 통해 양산 체제를 만들어낸 나라들이 미국 이후의 제조 중심 국가들이다.

이제는 한국도 살기가 좋아져서 미국에서 구입해 올 것이 많지는 않다. 하지만 여행길에 이따금 상점을 들르면 어떻게 '이 양반들은 이런 것까지 생각할 수 있을까'라는 감탄사를 내뱉게 만드는 상품을 만나는 일은 어렵지 않다. 그만큼 시장이 크기도 하겠지만 일상의 삶을 편리하게 그리고 행복하게 만들 수 있는 것이라면 무엇이든 만들어내는 곳이 미국이다.

최근에 경험한 필자의 사례를 소개하고 싶다. 오랜 시간 동안 앉아서 작업하는 사람들의 고민이 있다. 아무리 주의를 하더라도 한곳에 앉아 있다 보면 힘이 한쪽으로 몰리게 되고 그 결과 방석과 접촉하는 부분에 상처가 나기 쉽다. 미국의 한 매장에서 특수 고무를 사용해서 무게를 분산시키는 상품을 발견한 적이 있는데, 이 상품을 사용하면서 새삼 느끼는 감탄은 이런 것이다. '시장이 있다면 모든 것은 창조와 혁신의 대상이 될 수 있다'는 믿음의 선구자 역할을 하는 나라가 미국이라는 사실이다.

오늘날 젊은이들에게는 반미 같은 레토릭은 통하기 힘들다. 그들의 삶은 미국 문화와 짙게 연결고리를 맺고 있기 때문이다. 구글, 애플, 테드TED, 페이스북Facebook, 유튜브, 인스타그램Instagram, 아마존Amazon, 스타벅스, 익스피디아 등은 생활의 한 부분이자 문화의 한 부분으로 자리 잡았다. 그들은 미국이 만들어낸 문화나 서비스를 직접 체험하는 세대다. 그들은 자연스럽게 호감을 갖는다. 앞세대보다 구김살이 없고 과거를 크게 중요하게 여기지 않으며 현재의 만족이나 기쁨 그리고 실용성을 중요하게 여긴다. 영어 서비스와 콘텐츠가 큰 흐름을 차지하는 시대에 미국에 대한 호감은 점점 강해지고 있다. 그러나 이미지를 중시하고 실시간으로 정보의 유통이 가능한 시대는 의도된 선동의 위험이 있는 것도 사실이다. 우연한 사건이나 사고에 대한 인과관계를 자신의 의도대로 만들어서 다수를 선동하는 일은 지금도 여전히 유효한 시대이기 때문이다. 더욱이 옳고 그름 같은 부분에 대한 지적 투자가 젊은 날 활발하게 이루어지지 않은 사람이라면 선동의 덫에 빠질 수 있는 위험도 있다. 우리는 이미 굵직굵직한 대형 사건을 통해서 가짜 정보가 세상을 뒤흔들 수 있는 위험을 확인한 바가 있기 때문이다.

고난의 세월로부터 배우는 감사함

지금의 70~80대를 전후한 사람들은 현재의 한국 정치 상황을 어떻게 바라보고 있을까? 일부 철없는 사람들은 구닥다리 세대 운운할 수 있지만, 그들은 청년기를 통해서 직접 가난을 체험하고 해방정국의 혼란함은 물론이고 전쟁의 참화에서 나라가 일어서는 것을 지켜봤고 주역이 되기도 했다. 그들의 가슴에는 절대로 다시는 가난해져서는 안 된다는 생각이 강하였다. 그들은 자신들이 나라를 이만큼 만들어냈다는 자부심이 있다. 그들이 바라보는 미국은 고마움과 감사함의 대상이다. 우리를 가난에서 구해주었고 우리를 공산 치하라는 위기에서 구해준 나라가 미국이고 그 주역이 미국인이었다는 시각을 결코 잊지 않는다. 그들이 느끼는 지금의 한국 상황은 상당히 어렵고 위태로운 상황이다. 그들은 한국 사회에서도 가장 강력한 친미 의식을 가진 사람들이다. 그들은 역사적 경험으로부터 배울 만큼 배웠기 때문이다.

그들이 갖고 있는 감사함의 또 다른 뿌리가 있다. 그것은 적화에 대한 뿌리 깊은 두려움이다. 이것은 한국 역사에서 드문 평화의 시

196

대를 살아온 다수의 사람에게는 가슴으로 와닿지 않는 이야기일 수 있다. 남한의 공산화에 대한 두려움은 젊은이들이라면 "말도 되지 않는 이야기다. 북한과 우리 사이에 경제력 격차가 얼마나 되는가"라는 이야기로 받아들이지 않을 수도 있다. 그러나 나이 든 세대들은 공산화에 대한 걱정과 두려움이 젊은이들이 생각할 수 없는 수준으로 강하다. 그들은 해방정국 이래로 남한에 대한 전략은 하나도 바뀌지 않았다고 본다. 북한의 전략은 주한 미군을 철수시켜 한국을 고립시킨 다음에 한국을 공산화하는 것이다. 이것은 6·25전쟁이 발발하기 전부터 북한이 미소 양군의 공동 철수를 요구하고 한국전쟁의 기초를 다진 것으로 충분히 입증되었다. 그들에게 북한은 남한의 전복을 위해서라면 무슨 수단이나 방법 그리고 거짓말을 사용할 수 있다고 생각한다. 나이가 든 세대들 가운데 대다수는 주한 미군이 철수하고 한국이 자력으로 국방을 책임져야 하는 상황이 놓이게 되면 한국은 북한에게 100% 무너질 수밖에 없을 것으로 내다본다. 따라서 북한의 대남전략의 모든 것은 어떻게든 남한을 속여서 주한 미군을 철수하도록 만들어야 한다는 점이다. 북한은 충분히 가능성이 높은 게임이라고 생각한다. 남남갈등을 증폭시키고 자신들에게 우호적인 친북 정권이나 준準친북 정권을 등장시킬 수 있다면 얼마든지 이길 수 있는 게임이라고 생각한다.

한국의 다수는 상식으로 매사를 생각한다. 하지만 북한의 당국자들 특히 북한의 최고 권력자는 상식이나 이성과는 거리가 먼 사람들이다. 동계올림픽을 앞두고 북한의 예술단이 넘어오는 것을 전후해서 인상적인 인터뷰를 만났다. 남파 공작원으로 대한항공KAL 858기를 폭파한 전 북한 공작원 김현희의 CNN과의 인터뷰가 실렸다. 김현희의 결론은 북한은 조금도 변하지 않았다는 점이다. 단, 변한 것이 있다면 '북한이 변화될 수 있다'고 믿는 사람들이 늘어났을 뿐이다. 김현희의 체험에서 우러나오는 시국관은 단호하다.

당시 김정일은 올림픽을 방해하기 위해 KAL 여객기를 폭파하라는 지령을 내렸다. 이라크 바그다드에서 서울로 향하던 KAL 858기에 타고 있던 승객과 승무원 115명은 전원 사망했다. 북한은 변하지 않았고, 여전히 KAL기 폭파 사건에 대해 사과하지 않았으며 자신들의 어려운 상황을 타개하기 위해 남한을 이용하고 있을 뿐이다. 나는 북한 테러의 살아 있는 증인으로서 이러한 공격을 막기 위해 진실을 말해야 한다고 생각한다. 한반도는 이데올로기에 관한 한 여전히 전쟁 상태다.

1997년 김대중 정부의 대통령 인수위원장을 지냈던 이종찬은 2013년 1월, 《신동아》와의 인터뷰에서 북한에 공산 정부가 출범한 이후 그들이 무엇을 추구해왔는가를 엿보게 하는 이야기를 털어놓는다. 김대중 대통령이 김정일 국방위원장을 만났을 때의 일을 증언한다.

김정일이 주한 미군 철수 이야기를 꺼냈다. 그러자 김 대통령은 바로 '지금 주한 미군은 당신들과 적대적이지만, 우리가 정전 체제를 끝내고 평화 체제를 갈 때 중국과 일본이 우리를 넘보는 것을 막으려면, 주한 미군이 있는 게 낫다. 북한은 주한 미군 문제에 너무 신경질적일 필요가 없다'고 했다. 김정일은 '그 말이 맞다'고 하면서….

결국 주한 미군을 한반도에서 떼놓을 수 있다면 북한은 위장 평화 공세든 무엇이든 할 수 있는 모든 일들을 다 해내려 할 것이다. 1940년대 이래 한반도의 정치 안보와 관련된 풍파를 겪어오면서 나이 든 세대들이 아는 것이 있다. 한번 공산주의자이면 영원한 공산주의자이고, 한번 적화통일이면 영원한 적화통일이라는 점이다. 그래서 나이든 세대들은 더더욱 미국과 함께 가야 한다고 생각한다. 이것이야말로 그들이 갖고 있는 감사함의 원천이자 절실함의 원천이자 친미의 원천이다. 자신의 생명을 보호해주는 사람에게 고마운 마음을 갖지 않으면 바보idiots이든가 금수禽獸와 다를 바 없다는 것이 나이 든 세대의 친미에 대한 견해다. 이처럼 미국에 대해 우호적인 시각을 가진 사람들은 체험과 공부를 통해서 친미의 대열에 선다. 그들이 보는 현재의 대한민국은 안심과 안전과는 거리가 먼 곳이다. 그들에게 오늘의 이 나라는 물가에 있는 아이처럼 위험해 보인다.

02

비판적인
시각

피해 의식이라는 질환의 폐해

'떼놈', '왜놈' 같은 용어는 우리 사회에서 쉬이 사라지지 않는다. 과문한 탓인지는 몰라도 중국에 대해 거침없이 '떼놈'이라 폄하하는 용어가 한국처럼 견고하게 자리 잡은 나라가 있는지 궁금하다. 마찬가지로 일본 상품이나 문화를 배우기에 허겁지겁했던 시절에도 '왜놈'이라는 용어는 우리 사회에서 난공불락의 요새처럼 자리 잡고 있다. 사실 한국의 근대사는 일본이라는 열강에 의해 떠밀리듯이 살아온 세월이었다. '우리가 그들에게 희생당했다'는 피해 의식을 가질 수도 있다. 그러나 우리처럼 해방이 되고 80여 년이 흐른 시점에도 그런 의식으로부터 자유롭지 않은 국민들이 많을까? 근대화 과정에서 일본으로부터 피해를 당했다면 우리가 좀 중립적인 시각에서 한국의 현대화 즉 산업화 역사를 있는 그대로 볼 필요가 있다.

필자는 일찍부터 한국의 산업화 전후의 자료를 자주 들추어볼 기회를 갖기도 하고 그 시대를 전후해서 산업 성장사나 기업 성장사를 들여다볼 기회가 있었다. 한국의 산업화 역사에서 일본의 기여는 무시할 수 없다. 음으로 양으로 일본의 개인, 기업 그리고 나라 차원에서 도움을 받은 것이 적지 않다. 철강, 조선, 전기, 전자, 기계, 봉제, 자동차 등 여러 산업 분야에서든 일본의 기술이나 경험이 요긴하게 한국의 산업화에 사용되었다. 물론 그런 도움의 이면에는 서로 이익이 되기 때문이다. 그럼에도 불구하고 한국의 산업화에 대한 일본의 기여를 생각하면 과거사 문제에 있어서 양국이 어느 선에서 타협점을 찾아야 하는지 노력을 해야 할 것이다. 언제부터 우리가 그토록 강한 피해 의식에 시달리게 되었을까를 생각하면 개화기로부터 비롯된 것은 아니다.

한국은 중국의 정치 환경 변화에 따라 끊임없이 침략을 당한 나라다. 어쩌면 우리의 피해 의식은 한국사 전편에 중국과의 관계에서부터 비롯되었다고 할 수 있다. 오늘날 북한 사람들도 중국에 대한 인식이 좋지 않다고 한다. 남한과 마찬가지로 북한 사람들도 중국인의 흉을 보고 중국을 폄하하는 이야기를 자연스럽게 털어놓을 것이다. 그들에게 중국은 6·25전쟁으로 인한 패배의 수렁에서 구해준 은인의 나라이지 않은가! 전쟁 이후에 어려운 상황에서도 중국은 조선인민민주주의공화국의 재건을 위해 막대한 무상 및 유상 원조를 제공하였다. 그럼에도 불구하고 북한인과 북한 당국자들 머리에는 '떼놈'이란 인식이 쉽게 사라질 수 없을 것이다.

주변국이 대국으로부터 피해를 당하면 그것이 그저 피해로 끝나지 않는다. 주변국 사람들에게 깊은 상흔을 남기게 되는데 그 피해가 한 번으로 끝나지 않고 수백, 수천 년간 계속된다면 집단 기억으로서 계속 언어로 구전될 것이 틀림없다. 한국인의 피해 의식을 짐작해볼 수 있는 것은 주돈식, 『조선인 60만 노예가 되다: 청나라에 잡혀간 조선 백성의 수난사』(학고재, 2007)라는 책을 읽다 보면 가슴이 멍멍해지는 상태에 놓인다. 당시 병자호란에서 패배한 조선으로부터 청나라가 끌고 간 조선 사람은 무려 60만 명이었다. 당시 조선의 인구는 1,000만 명밖에 되지 않았다. 끌려간 사람들은 선양의 노예 시장에서 팔려나갔다는 역사적 기록이 남아 있다. 그들은 청나라와 명나라를 상대로 벌인 전투에 투입되었거나 농사짓는 데 투입되는 등 누르하치의 북릉 건설과 북릉 앞의 대규모 호수 건설에 투입되었다고 한다. 조선 조정이 행한 노력이라고 해야, "노예로 팔더라도 너무 외진 시골에는 팔지 말아달라"고 호소한 것이 고작이었다. 끌려간 사람 중에는 평민도 있고 사대부나 벼슬아치의 가족들도 있었다. 포로를 끌고 가는 청나라 군대 상황을 작가는 이렇게 그리고 있다.

청군들은 도중에 꿩, 노루, 멧돼지 등 야생동물을 사냥하여 실컷 먹고, 기분 내키면 조선 여자 포로를 끌고 가서 산야나 인근 부락에서 성폭행하기 일쑤다. 아무도 그들을 제지할 수 없었다. 조선 여자들의 정조는 그들 모두가 공유하는 듯했다.

병자호란 당시 청군의 작태가 얼마나 오만방자하고 무참하였던가는 아직도 그 흔적을 찾을 수 있다. 시골에서는 아직도 아이들이 울면 부모들이 '떼놈 온다' 혹은 '떼놈, 떼놈이 잡아간다'고 위협한다.

이때 떼놈은 되놈을 강하게 발음한 것으로 청나라 사람을 뜻한다.

필자는 어린 시절 '울면 순사가 온다'는 이야기를 들었던 기억이 있다. 이 또한 일제강점기를 겪었던 부모들 머릿속에 남은 이야기다. 이런 고난과 고행의 역사가 한국인들의 심성에 뿌리 깊은 상처를 남기게 되는데 그것이 바로 큰 나라에 대한 피해 의식이다. 이것은 지금까지 한국인의 심성에 강한 흔적을 남기고 있고 이것이 1980년대부터 풍미했던 반미 의식의 뿌리에 해당한다.

크고 강한 것에 대한 강한 거부감

사람들의 인지 구조에는 일반화의 오류가 있다. 모든 것을 도맷값으로 넘겨버리는 것을 뜻한다. 한국의 역사는 청나라와 일본처럼 큰 나라 혹은 강한 나라가 항상 괴로움을 안겨주었다. 희생당한 역사를 가진 한국인들은 본능적으로 더는 우리가 강국의 희생양이 되지 않아야 한다는 자기보호 본능이 발동한다. 이런 차원에서 미국은 큰 나라이고 강한 나라라는 2가지 조건을 모두 갖춘 완벽한 피해의 대상으로 떠오른다.

사람이라는 존재는 자신에게 이익이 되는 일에 대해서는 꼼꼼하게 따지고 신중하게 선택한다. 그러나 이익에 크게 관계되지 않은 사회적이고 정치적인 이슈에 대해서는 '그런가 보다' 혹은 '아마도 그럴 것'이라는 막연한 추측이나 감에 따라 자신의 입장을 정한다. 자신의 개인적인 이익과 관련되지 않은 사회적 이슈에 대해서 유난히 한국인들은 감정적인 반응을 보일 때가 많다. 일단 크고 강한 미국이라는 나라를 과거에 중국이나 일본 같은 차원으로 해석하게 되면 그

다음에 실제로 일어난 일은 크게 중요하지 않다. '그 일은 미국이라는 강대국이 우리를 희생시킨 것'이라는 도식이 자리를 잡게 된다. 일단 그런 도식이 두뇌의 회로판에 깔리고 나면 이를 교정할 방법이 많지 않다. 스스로의 성찰이나 반성 그리고 고민이 없으면 죽는 날까지 그런 도식을 갖고 살아갈 가능성이 높다. 광우병 파동 같은 어처구니없는 사건도 피해 의식의 전형적인 사례다. '미국이라는 강대국이 우리에게 광우병 걸린 소고기를 사 먹으라고 강요한다'는 도식에 주술처럼 걸려서 온 거리를 메운 멀쩡한 사람들이 얼마나 많았던가! 여기서는 인과관계의 정확성이나 사실 여부는 중요하지 않았다.

미국에 대한 피해 의식은 지금도 우리 사회에 엄연히 살아 숨쉬고 있다. 1999년 AP통신이 6·25전쟁 중에 발생한 민간인 학살 사건을 보도하였다. 미군이 충청북도 영동군 황간면 노근리에서 무고한 한국 민간인을 학살한 사건은 그 자체로 옳은 일은 아니다. 그러나 우리가 오늘이라는 기준이 아니라 당시로 돌아가 보면 어떤 상황이었는지를 짐작하는 일은 어렵지 않다. 전시 상황에서는 오늘을 기준으로 발생할 수 없는 일들이 일어날 수 있다. 전시 상황에서 민간인을 가장한 세력이라는 적들이 침입할 수 있고 이런 과정에서 오늘날 기준으로 일어나지 말아야 할 사건들이 터질 수 있다. 북한이나 소련 그리고 중국에 의한 양민 살해 사건은 거의 관심을 끌지 못한다. 한편 인민군과 좌익들의 학살은 대부분 비무장한 양민에 대한 대규모 보복 처벌이었다. 학살당한 민간인은 12만 3,000여 명이고, 납북자 수는 8만 5,000여 명에 이른다. 그러나 노근리 사건처럼 일단 미국이 개입하면 큰 사건으로 비화되고 만다. 이것은 반미를 전문적으로 부추기는 세력들의 활동에 힘입은 바도 크지만 사실 여부의 확인, 당시 시대 상황에 대한 성찰 등을 생략한 채 결과에만 집중하는 이 나라 사람들의 습관도 무시할 수 없다. 이런 것에 민감하게 반응하는 것은 유독 우리가 갖고 있는 강대국에 대한 피해 의식이 큰 몫을 다하고 있다고 할 수 있다.

우리 사회의 구성원들이 이성과 합리 그리고 사실에 바탕을 두고 피해 의식에서 벗어나려는 노력을 의식적으로 기울이지 않는다면, 또 다른 반미 이벤트는 이를 통해 이익을 얻을 수 있는 집단이나 사람들에 의해 기획되어 실행에 옮겨질 가능성은 얼마든지 있다. 반미의 뿌리는 미국에 있는 것이 아니라 우리 내부에 있음을 깊이 인식해야 하고, 그런 까닭 없는 반미가 앞으로 우리 사회에 청구할 비용을 걱정하지 않을 수 없다.

감성적인 것이 가진 위험

사람은 이성과 감정의 조합으로 살아간다. 어떤 사람이 항상 이성적일 수는 없으며 마찬가지로 항상 감정적일 수는 없다. 2가지 사이에 적절한 무게중심을 유지하는 일은 중요하다. 그런데 지나치게 감정적인 경우에는 타인의 불순한 의도에 휘둘릴 가능성이 커지게 된다. 특히 사람들의 모임인 집단인 경우에는 그 집단이 감정적인 요소에 휘둘리면 엄청난 사회적 비용을 지불하는 상황에 이를 수 있다. 따라서 옳고 그름을 찬찬히 따지는 이성이나 합리나 논거 등이 감정에 적당한 브레이크 역할을 제대로 수행할 수 있어야 한다.

이 땅에 살면서 자주 경험하는 것은 논리적인 검증 자체를 거부하는 것을 당연히 여기는 사람들이 많다는 점이다. 많이 배운 사람이라고 해서 예외가 아니다. 어떤 현상의 옳고 그름을 제대로 따지는 일은 올바르게 생각하고 행동하는 첫걸음이 되는데, 이를 위해 반드시 필요한 것이 '원인'과 '결과'다. 항상 어떤 결과에 대해 원인이 무엇인지 제대로 찾아낼 수 있어야 한다. 인과관계를 흐릿하게 하면 모든 판단이나 행동이 흔들리게 된다.

원인과 결과를 뚜렷하게 구분할 수 있다면 정말 많은 일들에서 진실을 찾을 수 있다. 세월호 사건(2014년 4월 16일)이 터졌을 무렵 말레이시아 항공기가 친러 반군의 미사일 오발 사고(2014년 7월 17일)로 러시아 내에서 추락하는 대참사가 발생하였다. 298명이 사망한 참사인데 네덜란드 사람들이 무려 193명이나 되었다. 네덜란드 사람들은 합리주의 정신으로 유명하다. 한마디로 쿨하다는 이야기다. 그들의 정신세계를 들여다보자.

비행기를 탄 무고한 사람들이 사망한 것은 도저히 일어나지 말았어야 할 비인도적 참사이기에 안타까운 일이다. 그리고 그런 미사일을 발사한 세력들은 나쁘다. 그러나 삶에서 우리가 통제할 수 없는 사건은 언제든 터질 수 있다. 그들은 그 사건을 삶에서 어찌할 수 없는 '사고 사건'으로 간주했다. 진상조사위원회가 가동되지만 혼란스러운 비난은 따르지 않았다. 네덜란드 작가 아르농 그룬버그는 집단적 슬픔을 냉철하게 처리하는 네덜란드인을 두고 "비행기에서 죽은 더치 사람들은 더치 사람이라 죽은 게 아니다. 우리가 아는 것처럼 친러 반군은 치명적인 실수를 저질렀던 것"이라는 글을 기고한 적이 있다. '치명적 실수'를 대하는 태도가 나라마다 다르다.

사건이 터지고 난 다음 며칠이 지났을 때 네덜란드의 전 교회가 타종하고 전 국민이 묵념하는 것으로 사건을 정리하였다. 삶에서 인간이 통제할 수 있는 영역이 있지만 그렇지 못한 영역도 많다. 사건이나 사고는 언제든 터질 수 있다. 발생한 결과에 대한 원인을 분명하게 처방하고 나면 해결책도 말끔할 수 있다. 우리 사회는 몇 년에 걸쳐 엄청난 홍역을 겪었고 막대한 국가 예산을 쏟아부어 문제 해결을 도모하였다.

어디서든 사고와 사건은 일어날 수 있다. 조심해도 불행한 일은 생길 수 있다. 우리 사회에서 아쉬운 일은 어떤 일이 사고인데도 불구하고 마치 강자에 의해 의도된 것처럼 부풀려지는 일이 자주 일어난다는 점이다.

그저 사고인데 마치 강자에 의해 의도된 것처럼 해석되는 것은 우리 사회의 비합리의 전형적인 사례에 속한다. 여기서 비합리는 인과관계에 기초하지 않고 어떤 목표를 세운 다음 그것에 맞추어서 억지로 해석해버리는 것을 뜻한다. 원인과 결과를 명확히 하고 이성적이고 합리적으로 사고하고 행동한다면, 반미를 부르짖을 필요가 없다. 그런 지적 토대를 상실하면 모든 것은 반미를 위한 소재로 사용될 위험이 따른다. 꼬투리를 잡아서 이것도 반미 저것도 반미라고 외치는 것은 사람이 할 일은 아니다.

남 탓하기의 생활화

'내 탓이오.' 오래전 한 신앙 단체가 전개했던 시민운동이다. 자동차 뒷면에다 스티커를 붙이고 다닌 기억이 나는데, 그 문장을 볼 때마다 이 운동을 시작한 사람이 한국 사회의 병폐이자 문제점을 정확하게 붙잡았구나라는 생각을 했던 적이 있다. 천재지변에 상응하는 사건이나 대형 사건이 터지면 어김없이 정부 탓이 떠오르고, 어김 없이 지도자 탓이 떠오른다. 그래서 어떤 사건으로 피해를 본 사람 들이 정부의 이름으로 납세자 세금을 한몫 챙기는 경우가 자주 발생 한다. 왜, 이런 폐습이 생기게 되었을까? 정부나 대통령이 전지전능 한 존재가 될 수 없지만 항상 정부가 뭔가를 해줄 수 있다고 생각하 고 정부에게 책임을 떠넘기는 데 너무 익숙하다.

삶이란 어차피 통제할 수 없는 것들이 많다. 때로는 불운이나 어 찌할 수 없는 요인 때문에 생명을 잃기도 하고 물적 손실을 감내해야 한다는, 삶의 냉엄한 현실을 받아들이기 힘든 사람들이 한국인들 중 에는 많다. 물론 전부는 아닐 것이다. 서구에서 근대 시민 사회의 부 흥은 시민이라는 개인의 출현을 뜻한다. 개인주의와 함께 개인이 선 택하고 개인이 책임을 진다는 전제조건하에서 시민 사회는 꽃을 피 우게 된다. 중세가 저물고 도시가 뜰 때 익명의 도시민들이 스스로의 운명을 개척해야 하는 것은 선택 사항이 아니라 당위로 여겼다. 우리 는 근대 시민 사회를 제대로 경험하지 못한 채 급속히 산업화의 물 결을 탔다. 신흥 자본들은 스스로의 책임하에 무역을 하고 제조업을 일으켰다. 근대 시민 사회의 정신적 기초는 자조, 자립, 책임이다. '내 가 선택하고 내가 책임을 진다'는 것만큼 자본주의와 근대 시민 사회 의 토대를 말해주는 것이 있겠는가? 왕조 사회는 아주 달랐다. 왕조 사회에서 비가 내리지 않으면 왕이 기우제를 지냈고 그 왕은 천재지 변에 대해서도 자신의 불찰로 돌렸다. 왕조 시대의 절대자는 인류의 초기부터 주술의 기원이 되었다. 어쩌면 한국 사회가 왕조 사회의 멘 텔리티를 완전히 벗어나지 못한 상태에 있는 줄도 모른다.

그런데 우리의 남 탓으로 돌리기는 어제오늘에 시작된 것은 아니다. 우리 속담에는 남 탓에 대한 조상들의 굳센 믿음이 고스란히 녹아 있다. '떡이 설면 안반 탓하고 밥이 질면 나무 탓하고 양식 떨어지면 며느리 큰손 탓을 한다.' 그래도 이 정도의 속담이면 해학에 가까운데 남 탓을 빗댄 우리 조상들의 유산은 더 많이 남아 있다. '과식하고서 배가 아프면 논을 산 사촌 탓을 하고 시집가 소박맞으면 궁합 탓을 한다.' '일이 잘못되면 산소 탓을 하고 못살면 조상 탓을 한다.' 한국인의 뿌리 깊은 심성을 파헤쳤던 이규태 씨는 우리 민요 속에 남아 있는 자신의 비운을 남의 탓으로 돌리는 내용을 이렇게 소개한다. "아버지 어머니 추추야장 긴긴밤에 할 일이 없었거든 매솔이나 돌릴 일이지 엉뚱한 것 돌려서 왜 날 만들었나~." 이규태 씨는 이렇게 한탄한다.

> 비단 사인뿐 아니라 공인으로서도 탓투성이다. 정치·경제·행정하는 사람이 크고 작은 나랏일 그르친 적이 부지기수인데 언제 한번 부러지게 자신의 잘못 탓이라고 내놓고 책임진 꼴을 본 적이 있던가.

지금은 어떤가. 지금도 여전히 남 탓 타령은 우리 주변을 떠돈다.

남 탓은 우리의 문화적인 특성이 될 수 있다. 서구 사회에 중심은 '나'다. 내가 행동의 주체이고 책임의 주체가 분명함은 언어 양식에서도 고스란히 드러난다. "나는 이렇게 생각합니다"라는 문장 표현이다. 그런데 한국인은 나란 주체를 잘 사용하지 않는다. 이를 두고 이규태는 몰아적沒我的 한국인, 주아적主我的 서구인이라는 등식으로 분리해서 말한다. 한국인은 나를 내세우지 않기 때문에 그 행동에 대해 내가 최종적인 책임자 자리를 슬쩍 피할 수도 있다. 유독 우리 언어에서 볼 수 있는 "이것 같습니다"라는 표현도 이를 말해준다. "나는 이렇게 생각합니다"라는 표현보다 앞도적으로 "~인 줄 모릅니다" 혹은 "~처럼 보입니다" 등이 자주 사용된다. 이 같은 몰아적 한국인과 책임 전가의 상호 관계에 대해서도 이규태는 명쾌한 처방을 제시한다.

이렇게 우리 한국인이 주체인 나를 일상 대화에서 증발시켜버린 이유는 나의 의견이나 창의력이나 행동이나 책임을 주변 상황에 전가하고 주변 상황 속에 자기 자신을 국소화시키려고 하기 때문이다. 그러기에 내가 잘못된 것은 내 탓이 아니라 부모 탓, 세상 탓, 심지어는 무덤 탓으로까지 돌리고 있다. 내가 일을 잘못했어도 잘못하게 된 주변 여건에 핑계를 돌리고 내가 무엇인가를 파손했을 때도 그것은 내 책임이 아니라 잘 부서지게 만들어놓았거나 부서질 만한 위치에 놓은 것 때문이라며 외부 상황에 책임을 전가하려 든다.

그래서 분단도 미국 책임이고, 5·18도 미국 책임이고, 독재 정권도 미국 책임이고, 통일도 미국 책임이고, 사고도 미국 때문이란 게 나온다. 이런 도식이 끊임없이 재생산되는 곳이 바로 반미의 본질이다.

'우리 자신이 무능했기 때문에 이렇게 되었다'는 자성의 소리는 우리 사회에서 듣기 쉽지 않다. 자성이 없으면 발전이 있을 수 없다. 제국주의가 요동칠 때 먼저 깨어난 사람들은 제국주의 논리에 따라 행동하였다. 결국 인류 역사는 강자가 약자를 제치는 것이 역사의 보편적인 규칙이다. 현대의 잣대로 다른 해석이 가능하겠지만 그 시대로 가면 결국 힘의 논리가 지배하는 것이 세상사의 이치다. 우리가 제국주의 시대의 출현에 앞서서 우리 스스로 자강할 수 있었다면 얼마나 좋았겠는가? 자강을 방해했던 내부 원인이 무엇인지를 찾고 다시는 그런 치욕을 당하지 않아야겠다고 결심하고 행동해야 더 나은 미래가 있다. 수십 년이 흐른 지금 "당신들은 왜 제국주의에 동참했어?"라고 외쳐보아야 무슨 소용이 있는가? 지금 활동하고 있는 사람은 그 시대를 살았던 역사의 주인공이 아니다.

남 탓의 절정은 반미 의식일 것이다. 남 탓의 주범으로 몰아붙여도 그다지 반발이 심하지 않기 때문일 수 있다. 당신 때문이라고 아무리 공격을 심하게 해도 미국은 민주 국가이므로 점잖게 반응한다. 아마도 중국에 그렇게 대들다가는 혼쭐이 날지 모른다. 그들은 아예 양식이란 것이 없어 무자비하게 보복하기 일쑤이기 때문이다. 반미 의식의 뿌리 기운데 손에 꼽을 수 있는 것은 우리 자신의 남 탓하기이며 이것은 반드시 고쳐야 할 일종의 질환에 속한다.

뿌리 깊은 비주류 의식

우리 역사에서는 특이한 한 가지 현상을 관찰할 수 있다. 그것은 주류가 형성되면 어디든 주류를 반대하는 비주류가 만들어지고 비주류는 주류에 비해 근사한 것 혹은 훌륭한 것으로 간주되는 특성이다. 주류는 부정의의 대표자이고 비주류는 정의의 대표 자격이다. 한국 문단에서 인기를 끈 소설가들의 작품 세계에서는 착취의 주인공처럼 통하는 주류가 있고 착취의 대상이 되고 마는 비주류가 있다. 정치의 세계로 들어가면 주류와 비주류의 대결 구도는 확연하게 드러나게 된다. 주목할 만한 것은 조선조에서도 이 같은 현상을 찾아낼 수 있고 어느 시대나 비주류를 정의의 사도 정도로 생각하는 경향이 있어서 항상 비주류는 기대 이상의 후한 평가를 받게 된다.

산업화 시대에 주류는 기업가와 중산층 등이었다면 비주류는 근로자들이다. 비주류의 주류에 대한 저항은 한국 문학의 단골 소재에 속한다. 소설가가 이런 주제를 즐겨 사용한 것이 한국인의 심성을 만들어냈다기보다도 원래 한국인의 심성이 그렇기에 작품 활동에 임하는 작가들이 그런 작품을 구성했다고 볼 수 있다. 이런 면에서 지주와 한국의 군경은 주류이지만 빨치산과 좌익 운동에 종사하는 사람들은 비주류다.

비주류에게 주류는 협력이나 화합의 대상이 아니라 공격의 대상이고 혁명의 대상이며 타도의 대상이 된다. 비주류는 학창 시절 내내 협력에 대해 배워본 적이 없다. 협력이란 한국의 산업화 과정에서 기업들이 생겨나면서 도구적 의미로서 우리가 받아들이지 않을 수 없는 덕목이 되었다. 기업을 떠나면 협력은 중요한 덕목이 되지 못한다. 오히려 타도, 청산, 분쇄, 제거, 척결 등과 같은 단어들이 중요한 대표 단어가 된다.

산업화의 주류는 보수 정치인, 관료, 기업가 등이었다. 이들은 무역을 위해서 혹은 지적 충전을 위해서 미국이라는 큰 산과 함께했다. 원조를 미국으로부터 받았고, 연수를 미국에서 했으며, 유학을 미국으로 갔고, 만든 물건을 미국에 내다 팔았다. 미국은 한국의 주류 사회의 든든한 우군이 되어주었고 이로 인하여 한국은 가난을 벗어날 수 있었다. 여기서도 비주류는 어김없이 떠오른다. 그 비주류의 핵심은 반미로 뭉친 사람들이었다. 이들의 주장이나 논리가 정밀하거나 올바른 것은 아니다. 한국의 전통대로 주류가 있으면 이를 부수기 위해 정의로 포장된 비주류가 등장하는데 이런 현상 가운데 하나가 바로 비주류에 의한 반미 운동일 뿐이다. 그래서 주류의 눈에 비주류는 삐딱하고, 파괴적이고, 공격적이고, 무조건 비판적이다.

친북주의자들과 반미의 만남

미국에 대한 비호감 그룹 가운데서도 가장 견고하고 위험한 것은 친북과 반미의 결합이다. 친북반미 세력은 일부 지식인이나 시민 사회단체의 핵심 멤버들로 구성되어 있다. 이들은 조직적이고 체계적으로 친북반미 활동을 펼치는 데 사회적인 이슈 가운데 자신들의 활동을 대내외에 적극적으로 알릴 수 있는 모든 활동에 적극적이다. 이들은 친북에 도움이 되거나 반미에 도움이 되는 활동이라면 앞뒤를 가리지 않고 관련 단체들 사이에 끈끈한 연대와 협력 관계를 이어가고 있으며, 절대 숫자로 보면 많지 않지만 선전 선동에 능한 꾼들이기 때문에 한국 사회에 만만찮은 영향력을 행사하고 있다.

이들의 의식 세계는 선과 악으로 분명히 나누어져 있으며, 친북반미에 대해서는 무조건 선이라는 믿음을 갖고 있다. 이들은 한국의 근현대사에서 대한민국은 태어나지 말아야 할 나라 정도로 받아들이며 한반도에 유일한 정통성이 있는 국가로 북한을 꼽는 데 주저하지 않는다. 이들은 좌익사상은 워낙 뿌리가 깊어서 사실 여부도 진실 여부도 아무런 의미가 없다. 오로지 북한 정권이 하는 것은 무조건 옳으며 대한민국이 하는 일이나 미국이 하는 일은 무조건 나쁘다는 믿음을 가진 사람들이다. 훗날 북한 정권이 붕괴하는 상황이 발생하더라도 자신의 활동에 대해 잘못된 점이 없다고 강변할 사람들이다. 대한민국이 정상적인 국가라면 이들은 국가 안위를 위태롭게 한다는 죄목으로 엄한 처벌을 받아야 하지만, 자유와 방임이 혼돈되고 유약한 공권력으로 인해서 이들의 활동에는 그 어떤 제재도 따르지 않는다.

지식인 가운데 이런 부류에 속하는 대표 인물은 자신을 친북 학자라고 일컫는데 주저하지 않는 조지아대 명예교수 박한식(79세)일 것이다. 미국에 살면서 북한을 50차례 들락거린 그의 믿음은 시종일관 자신감에 넘친다. 최근에 국내 한 신문과 가진 인터뷰에서 북한이 핵을 포기할 수 없는 이유를 이렇게 두둔한다.

> 김정은 위원장에게 핵은 아버지 김정일이 만들어놓은 유업을 완성함과 동시에 북한 체제의 우월성을 나타내는 상징이다. 북은 미국에 안보를 의탁하는 남한과 달리 자신들을 '핵'으로 자주 완보를 완성했다는 자부심이 대단하다. 따라서 핵 포기는 아버지의 유산을 거부하는 것이며, 북한이 우월성을 포기하는 것이다. 북한이 이런 의미와 가치를 가진 '핵'을 미국의 정권 유지 확약이나 국제 사회의 제재 때문에 포기하지는 않는다.
>
> —「김정은 이제 경제로 눈 돌린다」,《서울신문》, 2018년 1월 22일

아무리 오랫동안 전문가로서 공부하고 미국이 제공하는 자유를 만끽하더라도 뿌리 깊은 친북 사상이 한 인간의 의식 세계를 장악할 수 있는지를 보여주는 생생한 사례다. 아마도 친북반미에 경도된 사람들은 그와 비슷한 논지를 펼치는 데 주저함이 없을 것이다. 박한식 명예교수는 동계올림픽을 전후해서 거드름을 잔뜩 피우며 평창 올림픽에 참가하는 북한의 위장 평화 공세에 대해서도 긍정적인 평가를 아끼지 않는다.

미국 행정부는 (이번 남북 대화에 대해) 아주 당황하고 있다. 남북이 미국을 배제하고 갑자기 둘이서 '평화회담'을 했다. 미국은 용납하기 어려운 부분이다. 다만 한편으로 남북 대화의 깊이가 깊어질수록, 그 한계도 드러날 것이다. 남북, 우리 민족끼리 할 수 있는 일은 별로 없다. 휴전협정도 미국과 했고, 평화협정도 미국과 해야 한다. 하지만 문재인 대통령은 남북 관계를 밀어붙일 것이다. 분명히 노무현 전 대통령의 대북 정책을 이어갈 것이다. 트럼프 행정부와의 관계가 불편해질 수밖에 없다.

여기서도 친북반미주의자들의 정형화된 틀이 나온다. 그것은 평화협정을 체결하면서 동시에 한반도에서 주한 미군이 철수해야 한다는 주장이다. 주한 미군이 철수할 수 있다면, 평화협정의 체결이 가능하고 그것은 곧바로 한반도의 비핵화와 평화를 의미한다는 것이 골수 친북반미주의자의 전술이다. 박한식은 계속 노골적으로 북한의 입장을 솔직하게 대변한다.

조선반도 비핵화란 미국 핵무기의 남한 내 재배치 및 일시 반입통과 금지, 핵무기를 동원한 한미 합동 군사훈련의 중단 등을 포괄하는 것이다. 사실상 남한에 대한 미국 핵우산의 철수를 의미한다. 북한이 핵 폐기 점검을 받는다면 남한의 사드와 핵무기 등의 폐기와 미군 철수 문제 등도 같이 추진해야 한다는 것이 북한이 주장하는 조선반도 비핵화다.

1980년대 친북반미 운동권의 유산

사람은 모두가 젊은 날의 사상적 유산으로부터 완전히 자유로울 수는 없다. 더러는 젊은 날 자신이 살았던 시대를 지배하는 이념으로부터 완전한 자유로움을 얻은 사람도 있지만 그 유산의 흔적이 훗날의 생각과 행동에 남아 있는 경우도 있다. 이 땅에서 반미 운동이 체계적으로 조직적이고 대규모로 출현한 시기는 386세대가 대학을 다니던 1980년대다.

1980년대 반미 운동의 결정판은 1987년에 설립된 전대협전국대학생대표자협의회, 1987~1993년을 들 수 있다. 이 조직은 전국 95개 대학 4,000명이 모여 결성된 단체로 남북학생회담 시도와 임수경 방북 사건을 전개하면서 반미 운동과 학원 민주화 운동을 전개하였다. 전대협의 친북반미 성향은 대법원 판례, 전대협 관계자들의 증언, 학위 논문 등으로 입증된다. 대법원은 3건의 판례를 통해 전대협의 친북반미 성향을 밝힌 적이 있다.

전대협의 노선을 결정하는 정책위원회와 자주평화통일학생추진위원회는 북한이 주장해온 민족해방인민민주주의혁명NLPDR에 따라 우리 사회를 미국 제국주의 식민지로, 우리 정부를 친미 예속 파쇼 정권을 규정하는 전제하에, 반전과 반핵, 미 대사관 폐지, 미군 철수, 팀스피릿 훈련의 영구 폐기, 국가보안법 철폐, 현 정권 타도, 평화협정 체결, 고려연방제에 의한 통일 등을 주장하는 이적 단체다.

주사파 운동권 출신으로 전대협 연대 사업국장을 맡았던 이동호 캠페인전략연구소장은 저서 『문제는 정치야 바보야: 운동권 정치를 심판한다』(북앤피플, 2016)에서 전대협의 친북반미 성향과 투쟁 노선에 대해 이렇게 증언한다.

1985년부터 1988년까지 진행된 이 시기의 학생 운동은 이전까지 학생 운동과는 전혀 다른 새로운 양상으로 전개된다. 가장 특징적인 것은 운동의 지도 사상으로 북한의 주체사상을 수용하고, 그 혁명노선을 학생 운동에 적용한 것이다. 1985년까지 학생 운동은 자생적 사회주의 혁명론자들이었으나, 이 시기부터 학생 운동은 주사파가 장악하여 학생 운동의 대세를 형성한다. 그때까지 주요한 학생 운동의 대상은 즉, 주적은 독재 정권과 그들의 물적 토대인 독점자본이었으나, 이들은 우리 사회를 관통하는 가장 큰 주적은 미국, 다시 말해 미국 제국주의 침략에 있다고 보았다.

전대협의 후신으로 1993년 출범한 한총련(한국대학총학생회연합, 1993~현재)도 대법원에 의해 1997년 4월에 이적 단체로 규정된다. 대법원은 이런 판결을 내린 바 있다.

> 한총련은 북한의 대남방송인 '한민전'의 〈구국의 소리〉를 녹취해 한총련 간부들의 사상 교육 자료로 사용한 것으로 보이고 총노선 등에서 우리 정부를 '미 제국주의의 식민지'로 규정했으며 북한이 주장해온 NLPDR과 궤를 같이하는 민족민주전선의 형성 등을 투쟁 방향으로 삼고 있는 점 등을 지적하여 이적 단체다.

1993년부터 10년간 주사파 활동을 해온 황재일(서강대 공공정책대학원 통일정책 전공)은 「1980년대 이후 민족해방계열 학생 운동 변화 연구」라는 학위 논문에서 1980년 중후반 학생 운동 세력을 주도한 주사파 계열이 북한의 대남 선전기구의 강령과 입장을 그대로 수용했다는 점을 논증하였다. "전대협은 반미 자주화는 모든 투쟁의 방향성이고 전략적 목표이며 […] 한국 변혁 운동의 기본 진로이자 전략적 과제"로 북한의 대남 선전기구인 한민전한국민족민주전선의 대남 정책을 그대로 베껴서 사용했다. 또한 황재일은 논문에서 한총련의 반미 성향과 종북성도 논증하였다.

1990년 이후의 반미 운동

1980년대 들어서면 공산주의의 폐해가 전면 노출되고 1990년 10월에는 베를린 장벽이 붕괴되어 공산주의 자체가 허물어진 상황에서도 잘못된 이념에 경도된 사상이 우리 사회에서는 1990년대까지 기승을 부린다. 1987년 6·29 민주화 선언 이후에 급진적인 통일 운동은 더욱 거세게 진행된다. 이들은 '반미 자주화 반파쇼 민주화 투쟁'이라는 구호를 내걸고 휴전협정을 평화협정으로 대체해야 한다고 목소리를 높인다. 이들의 전형적인 주장은 오늘날과 크게 달라진 것이 없다. 한반도 비핵화, 주한 미군 철수, 남북한 불가침 조약의 체결, 연방제 통일 등이다. 이들 반미 세력들은 1989년 260개 좌파적 정치 및 사회단체를 규합하여 전국적 통일 운동 연합체인 전국민족민주운동연합전민련을 조직하였으며, 그 후신인 민주주의민족통일전국연합전국연합을 발족시켜 일관되게 미군 철수와 국가보안법 폐지, 북한식 연방제 통일 운동 등을 전개해왔다. 예를 들어 2007년 대선을 앞두고 재야운동권이 결집하여 만든 한국진보연대의 4대 핵심 과제도 평화협정 체결—주한 미군 철수, 보안법 폐지, 비정규직 철폐, 한미FTA 저지다. 이들은 주장은 거의 북한이 1946년에 정권을 수립한 이후 일관된 대남 정책과 일치한다.

오늘날 친북반미는 크게 통일 운동(1980년대의 NL계) 계열과 평화 운동(1980년대의 PD계) 계열으로 나누어지고 북한 문제를 바라보는 시각도 차이가 있다. 두 계열이 지향하는 노선의 차이가 있지만 한국 좌파의 전형적인 특징은 '친북, 종북, 반미, 혁명'이라는 지향점에서는 큰 차이가 없다. 참고로 한국의 좌파는 NLPDR의 한 계열이었지만 2007년 17대 대선 결과의 책임론을 놓고 NL자주파/민족해방파 계열과 PD평등파/민중민주파 계열로 나누어진다.

NL계는 미국이 분단의 원흉이며 모든 사회악의 근원이고 대한민국은 모든 면에서 미국에 예속되어 있기 때문에 미국으로부터의 해방과 자주통일을 성취하기 위해 주한 미군이 철수해야 한다고 주장한다. NL계 안에 영향력을 갖고 있는 주체사상파(주사파) 정파에게 북한은 동경의 대상이다. 그들은 사람이 모든 것의 주인이며, 역사의 주체라고 주장한다. 또한 그들에게 역사는 자주성 실현을 위한 투쟁이기 때문에 주체사상이야말로 최종의 목적일 수밖에 없다.

PD계는 미국의 부정적인 면을 인정하면서도 형식적으로나마 대한민국을 민주 국가로 인정한다. 그러나 자본주의 폐해로부터 민중을 해방시키고 진정한 민주주의 실현을 위해 노동자 농민이 힘을 합쳐 자본가 투쟁을 통해 평등을 쟁취해야 한다고 주장한다. 또한 그들은 노동자 혁명이 달성되면 한국은 자연스럽게 통일이 가능할 것이라고 주장한다.

이 가운데서도 통일 운동 계열의 친북 성향은 맹목적이므로 이들에게 북한은 인권 문제를 비롯한 어떤 문제도 존재하지 않는다는 식의 주장을 당당하게 펼치고 있다. 반면에 평화 운동 계열은 북한의 인권 문제 등에 대해 다소 비판적이다. 특히 통일 운동 계열의 친북반미주의자들은 2004년까지만 하더라도 북한의 대량 파괴 무기 능력이 미국에 의해 터무니없이 왜곡되고 과장되었다는 주장을 펼쳐왔다. 그러나 2005년 이후에는 북한이 핵무기를 갖는 것은 자위권 차원에서 정당한 일이라고 강변한다. 이들에게 논리나 사실 여부는 아무런 의미가 없다. 친북반미에 도움이 된다면 어떤 종류의 거짓도 만들어낼 수 있으며, 그 거짓을 진실인 것처럼 포장해서 대중화하는데 열심이다. 이들은 이미 너무 많이 와버렸기 때문에 설령 내면에서 '이게 아니다'라는 양심의 소리가 있을지라도 동질 집단으로부터의 탈퇴는 어려울 것이다. 생명이 다하는 날까지 혹은 북한이 붕괴하는 날까지 친북반미 행보를 계속할 수밖에 없을 것으로 본다.

젊은 날 이런 사상적 세례를 받았던 사람들 가운데 오늘날 각종 국가기관에서 나라의 일을 맡은 사람들이 많다. 이들이 젊은 날 받았던 사상적 세례로부터 얼마나 자유로운지는 제3자로서는 알 길이 없다. 오로지 그들 자신만이 알 뿐이다. 시대가 바뀌고, 세월이 바뀌고, 환경이 바뀌어 거짓됨이 밝혀지면 현명한 사람들은 젊은 날 가졌던 이념을 수정 보완하기 마련이다. 그러나 모두가 그런 작업에 성공하는 것은 아니다. 반미 운동의 기저에는 '대한민국은 태어나지 말아야 하는 나라'이고 '북한은 주체성을 가진 당당한 나라'가 놓여 있다. 시대 변화를 읽고, 두 눈과 두 귀를 활짝 열면 폭압적인 북한 정권을 두둔할 수 없지만 친북반미에 경도된 사람들의 눈에는 보이지 않고 들리지 않는 폭정일 뿐이다. 우리 사회의 지적 풍토가 성숙하여 이들의 주장이 가진 허구성과 기만성을 정확히 파악해야 하지만 비판적 사고의 부진으로 말미암아 특정 사건을 기회로 대한민국을 흔드는 일은 앞으로도 지속될 것으로 보인다.

국가 안보와 고전이 주는 지혜

몇 해 전 『탈무드』를 열심히 공부할 때가 있었다. 그때 만난 한 가지 예화가 오랫동안 필자의 뇌리에 남아 있다. 오랜 세월, 세계를 떠돌면서 어려움을 겪었던 유대인들의 이야기 속에서는 공동체의 안위와 구성원들의 생명을 지키는 것이 얼마나 어려운 일인가를 말해준다.

한 무리의 사람들이 배를 타고 가고 있었다. 그런데 그들 가운데 한 사람이 송곳으로 좌석 밑에 구멍을 파기 시작했다. 다른 여행객이 "당신, 지금 대체 무슨 짓을 하고 있는 건가?"라면서 그 사람을 크게 나무랐다.
그러자 그 사람은 구멍을 계속 파면서 당당하게 말한다.
"무슨 상관이요? 당신 일도 아닌데! 난 지금 내 자리 밑에 구멍을 뚫고 있을 뿐이오. 알겠어요?"
그때 배에 물이 차기 시작했다. 배에 탔던 모든 사람들이 우왕좌왕하면서 외치기 시작한다.
"당신은 지금 우리 모두를 위한 배를 침몰시키고 있는 거라고요!"

—「레위기 주해서 4:6」, 『탈무드』

나라나 사회 같은 공동체는 바다 위로 떠다니는 배와 같다. 공동체의 안위를 지키려는 적극적인 노력과 이를 위해하는 행위를 강력하게 제어하지 않으면 어느 사이엔가 돌이킬 수 없는 위기에 빠질 수 있다. 친북반미주의자들에게 그들의 신념과 신념에 따른 행동은 양심의 자유에 속할 수 있지만, 그들의 선택이 공동체의 침몰을 가져오는 화근을 제공할 수 있다. 민주주의 체제는 전체주의와 달리 대다수는 침묵하는 경향이 있다. 극소수의 활동가들이 전혀 의도치 않은 길로 공동체를 위험에 빠뜨릴 가능성에 의심의 눈초리를 게을리하지 않아야 한다.

서구 사회에서 번영한 국가들이 급작스러운 몰락의 길로 들어설 수 있음을 보여주는 예화는 그 유명한 트로이 목마 사건이다. 트로이가 멸망한 경위에 대해서는 로마의 서사시 『아이네이스Aeneis』 2장에 상세하게 나온다.

트로이와 전쟁을 하고 있던 그리스군은 오랜 공성전을 펼치다가 작전을 바꾼다. 그리스군은 거대한 목마에 정예 무사 수십 명을 넣은 다음 마치 자신들은 더는 전쟁을 할 의사가 없는 것처럼 연막을 치고 떠난다. 성문 앞에 버려진 목마를 어떻게 처리해야 하는가? 갑론을박이 벌어진다. 일부 트로이 군중은 목마를 여기저기 살피며 신기해했다. 마침내 탈영병 1명을 잡았다. 사실 이 탈영병은 트로이군을 속이기 위해 그리스 연합군이 만들어놓은 덫이었다. 그 스파이는 외친다. "이 목마는 신들에게 바치는 선물입니다. 만약 성으로 가지고 간다면 그리스인에 대한 두려움을 느끼지 않을 것입니다." 목마를 끌고 트로이로 들어가려면 성문을 열어야 하고, 그러면 도시는 무방비 상태가 되고 만다. 트로이 백성들은 처음에 목마에 어떤 계략이 숨어 있지 않은지를 의심하였지만 곧 승리를 확신하여 너나없이 술에 취한 상태로 "끌고 가라!"를 외친다. 교만은 멸망의 선봉인 것을 그들이 놓친 것이다.

이때 트로이의 제사장 라오콘Laocoon은 흥분한 군중을 가라앉히고 목소리 높여 외친다.

목마는 그들의 계략입니다. 목마에는 무서운 음모가 담겨 있습니다. 목마의 뱃속에 무엇인가 숨겨져 있을 겁니다. 혹시 창과 칼로 무장한 무시무시한 그리스 연합군의 용장들이 비밀스러운 문을 열고 나와 트로이를 함락시킬 수도 있습니다. 음모에 속아서는 안 됩니다.

라오콘의 경고에 트로이 사람들은 순간 깜짝 놀라며 움츠러들었지만 그 말을 믿지 않았다. 결국 그 목마를 성안으로 갖고 들어오고 만다. 한밤중에 목마에서 나온 무사들은 성문을 활짝 열어젖히고 만반의 준비를 마친 다음 침략전을 기다리고 있던 그리스 연합군을 불러들인다. 살육이 벌어지면서 늙은 프리아모스왕Priamos과 남아 있던 아들들은 살해당하고 트로이 여자들은 그리스의 여러 도시의 노예로 전락하고 만다. 트로이라는 나라는 지구상에서 영원히 그 자취를 감추고 만다. 트로이의 현명한 제사장 라오콘은 목마를 성안에 들여서는 안 된다면서 절규한다. "나는 그리스인들을 믿을 수 없다. 설령 트로이 목마가 선물이라 할지라도."

처음에 트로이 사람들은 목마를 위험하다고 여겼다. 그러나 "설마 무슨 일이 있겠는가?"라고 의심을 거두어들인 사람은 늙은 프리아모스왕이다. 왕의 선택이 공동체를 몰락으로 내몰고 만다.

전체주의의 강점은 이론을 허용하지 않지만 약점은 한 사람이 판단에 따라 모든 것이 달라질 수 있다는 것이다. 민주주의 강점이자 약점은 다양한 의견들이 마음껏 발산되도록 허용하는 것이다. 민주주의는 옳고 그름에 관계없이 다수가 원하는 쪽으로 정책과 제도를 펼치게 된다. 항상 민주주의는 포퓰리즘과 선동으로부터 자유로울 수 없다. 선동가들의 활동이 조직적이고, 집요함과 아울러 선동을 빠르게 확산시킬 수 있는 기술이나 환경이 마련되어 있다면 멀쩡한 나라도 트로이 신세가 될 수 있다.

대한민국은 북한 문제에 관한 한 항상 트로이 목마를 기억해야 한다. 위장 평화 공세에 속지 않아야 하고, 적대 세력의 웃는 얼굴 이면에는 비수가 들어 있다는 사실을 잊지 않아야 한다.

03
중립적인
시각

보통 사람들의 선택

대다수 사람의 관심은 자신의 이익이다. 공동체의 이익에 대해 영향력을 발휘하거나 통제할 수 있는 영역이 제한적이다. 또한 당장 자신의 이익에 도움이 되지 않는 일이기 때문에 관심을 크게 갖지 않는다. '공동체의 현안에 대해서는 그런가 보다'라는 정도가 전부일 것이다. 이따금 생업에 종사하면서도 자신의 일인 것처럼 공동체의 현안 과제에 대해 관심을 갖는 사람들이 있지만, 이들은 소수에 불과하다. 대부분은 공동체 관한 한 무임승차에 익숙하다.

다수의 사람은 미국에 대해 우측에는 호감을, 좌측에는 비호감을 위치시킨다면 그 중간의 어느 선에 위치를 두고 있을 것이다. 세계적인 여론 조사를 참조하면, 전반적으로 다른 국가들에 비해서도 한국인이 미국에 대해 긍정적인 시각을 갖고 있음을 알 수 있다. 우호적이라고 답한 사람들의 비중은 다른 국가들에 비해서도 높은 편이다. 2015년에 행해진 아산연구소의 연구 결과에 의하면, 한국인들 가운데 72.4%가 세계 문제에 있어서 미국의 리더십을 긍정적으로 평가하고 있다. 같은 해에 중국은 52.1%에 머물고 있다.

평균적인 한국인들을 두고 친미라는 용어를 사용할 수 없겠지만 대체로 미국에 대해서는 우호적인 시각을 갖고 있음을 짐작할 수 있다. 그들이 우호적인 시각을 갖는 이유는 몇 가지로 나누어서 생각할 수 있다.

첫째, 사람들의 성향은 평균적으로 중립적인 것에 가깝다. '중도'라는 표현이 적합하다. 친미와 반미 사이에 뚜렷하게 자신의 주관을 갖고 있지 않은 경우에는 중립적인 시각 쪽에 자신을 위치시키는 것이 무난한 선택이다. 앞에서도 말했지만 당장의 이익이 남는 일이 아니므로 일반인들이 미국에 대해 뚜렷한 주관을 가져야 할 필요가 크지 않다. 이런 선택을 한 사람들은 특정 사안에 따라 친미와 반미 어느 한쪽으로 기울어질 수 있다. 특정 사안에 대해 비판적인 분위기가 고조되면 여론의 영향력에 노출될 가능성도 크다.

데모꾼들을 경계하는 사람들

둘째, 반미 활동을 격렬하게 전개하는 세력들의 실체가 무엇인지를 아는 사람들이 중립을 선택할 수 있다. 북한의 명백한 인권 탄압에 대해서 침묵하는 사람들이, 덤으로 주한 미군 철수 같은 구호를 강력하게 외치는 상황을 목격하고 자연스럽게 "저건 아닌데"라는 생각을 가질 수 있다. 그뿐 아니라 사회적인 관심거리가 될 법한 주제에 등장하는 인물들이 반복되면 중립적인 사람들은 이렇게 되물을 것이다. "저 양반들은 저것밖에 할 일이 없나! 오지랖도 넓은 사람들이구나!" 이런 관찰 결과들이 차곡차곡 쌓이면 친북반미 목소리를 높이는 세력들을 곱게 보지 않는다. 중립적인 사람들은 '꾼' 혹은 '선수'라는 생각을 할 것이다. "저 양반들은 꾼이구나. 저것밖에 할 것이 없는 사람들이구나. 저 양반들의 친북반미 활동은 정의의 문제가 아니라 직업의 문제구나! 이익이 되니까 생업으로써 저런 활동을 하는구나!"

인생이라는 관점에서 보면 친북반미주의자들은 너무 많이 와버렸을 가능성이 높다. 이제 와 그동안 쏟아냈던 구호나 슬로건 그리고 주장들을 다시 주워 담기에 너무 오랜 세월을 쏟아버린 사람들이 많다는 말이다. 사회주의가 몰락하였을 때 그런 사상을 추종했던 젊은 이들은 처음에는 허탈감을 느꼈고, 그다음에는 전향, 잠수, 지속이란 3가지 선택의 기로 앞에 섰다. 전향하거나 그 길을 포기하고 사업이나 그 밖의 활동으로 길을 털어버린 사람도 있지만, 계속 포장을 바꾸어가면서 비슷비슷한 활동에 종사하는 사람들도 있다. 운동권 인사들에서도 그런 인물들을 만날 수 있지만 지식인들 가운데서도 경로 의존성 사례를 빈번히 찾아낼 수 있다. 일단 한번 특정 길을 선택하고 나면 웬만큼 용기가 있지 않고서는 자신의 실수나 과오를 깨끗이 인정하고 과거의 발언들이나 주장들을 포기하기가 쉽지 않다.

셋째, 상대방 입장에 서볼 수 있는 사람은 중립적인 입장을 선택할 가능성이 크다. "상대방이라면 어떨까?" 등과 같은 질문을 던지는 사람들은 지나치게 긍정적인 생각이나 지나치게 부정적인 생각에 대해 어느 정도 거리를 둘 수 있다. 예를 들어 미군 훈련 중에 인명 사고가 발생하였다고 해보자. 친북반미주의자들은 마치 호재를 만난 것처럼 동네방네 떠들고 다니면서 미군의 과오와 실책을 지적하고 반미 운동을 획책하려 할 것이다. 그때 웬만큼 나이를 먹고 안정적인 사회생활을 하는 사람이라면 그런 선동에 대해 이런 의문을 가질 수 있다. "어떤 일이든 사고는 터질 수 있는 것 아닌가? 상대방이 사고로 인한 사건이라고 유감을 표명하면 그것으로 충분하지 않은가? 사람이든 조직이든 어떻게 완벽할 수 있을까?" 마찬가지로 미군이 군 출동을 막지 못해서 이러저러한 사건이 터졌다. 미군이 적극적으로 지원한 일이 틀림없다는 친북반미주의자들의 주장을 접한 일반인이라면 이렇게 툭 질문을 자신에게 던져볼 수도 있다. "무리하게 군을 출동시켜야 한다고 고집하면 미국인들이 어떻게 제어할 수 있겠는가! 군의 활동을 제어하려면 안보상의 위험을 무릅써야 하는데 유감스러운 일이지만 결국 받아들일 수밖에 없지 않은가!"

넷째, 원인과 결과를 분리해서 이해함으로써 부정적인 결과의 원인을 감정적으로 판단하지 않는 사람은 중립적인 시각을 가졌을 것이다. 광우병 소동이 터졌을 때, 건전한 상식을 가진 사람이라면 원인은 무엇인지, 결과는 무엇인지 그리고 사실은 무엇인지 등에 대해 약간의 시간을 들여서 비교해보고 잘못된 정보에 바탕을 둔 선동에 휘둘리지 않을 것이다. 자기 머리로 생각하는 것이 아니라 타인의 머리로 생각하는 것을 조금도 부끄러워하지 않는 사람들은 선동가들의 술책에 고스란히 동원되고 이것이 큰 사회 문제로 발전되는 데 일익을 하고 만다. 나는 그 대열에 선 사람들 가운데 공개적으로 "내가 참 어리석었다"고 말하거나 반성의 글을 올린 사람들을 보지 못했다. 생각하지 않는 사람들이라면, 비슷한 사안이 발생했을 때 또다시 선동 대상이 될 가능성이 크다.

인터넷에서 방대한 정보를 입수하는 것이 생각하는 것을 뜻하지는 않는다. 인터넷과 모바일 기기의 활성화는 오히려 거짓 정보의 유통을 활성화시키기 때문에 정보에 대한 변별력과 원인—결과를 구분할 수 있는 생각하는 힘을 갖지 못해 오히려 선동에 더욱 취약한 사회가 되고 말았다. 인터넷과 모바일 기기의 활성화로 인해 우리는 정보를 입수할 수 있는 다양한 도구들을 갖게 되었지만 사고하는 능력면에서 오히려 퇴보할 가능성을 우려하게 되었다.

다섯째, 미국 사회의 빛과 그림자를 모두 체험한 사람들은 중립적인 시각을 가질 수 있다. 친미는 미국 사회가 가진 긍정적인 면을 높이 평가하는 데 반해 중립적인 사람들은 사람 사는 곳이면 어디든지 있기 마련인 다양한 사회 문제들에 더욱더 눈길을 주게 된다.

사람이 어떤 대상에 대해 만들어낸 선호는 특별한 노력을 하지 않으면 쉽게 변하지 않는다. 한국 사회의 더 많은 사람이 진실과 사실과 정의에 대해 생각하는 시간을 가져야 한다. 당장 이익이 되지 않는 일이지만 무지가 오해와 오판과 교만을 낳고, 그것이 공동체의 미래에 엄청난 타격을 가할 수 있기 때문이다.

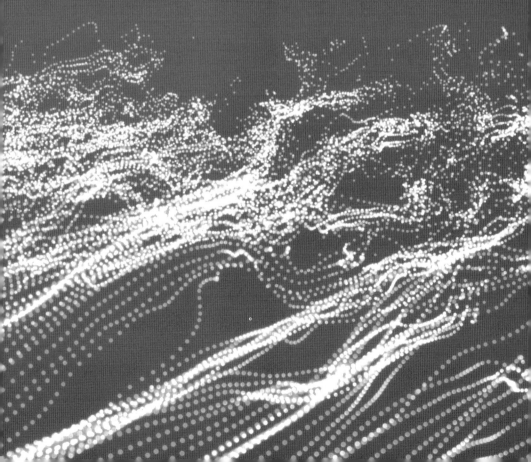

제4장

미국의 미래

"미국도 역사상 다른 제국들처럼 숙명적으로 쇠락의 길을 피할 수 없다는 주장이 있지만, 기존의 제국들과의 뚜렷한 차이점이 있다. 유연성을 바탕으로 공동체가 직면한 현안 과제들을 스스로 수정할 수 있는 특별한 강점을 갖고 있다. 미국의 시대는 오래 지속될 것이다."

. . . .

자연계의 질서는 대부분 위계질서로 구성된다. 위계질서는 조직, 공동체 그리고 국제 사회를 지배한다. 오늘날의 국제 사회는 과거와 비교할 수 없을 정도로 호혜주의가 통한다. 무력보다는 말과 글이 통하는 세상이라 하지만 국가 간 관계에서 만날 수 있는 불편한 진실은 어떤 나라는 더 크고 강한 힘을 갖고 있다는 사실이다. 이른바 강대국을 중심으로 주변국들이 포진하는 것이 국제 질서의 자연스러운 모습이다.

이미 우리는 미국과 중국이라는 강대국 사이에서 어떤 입장을 취해야 하는가를 두고 이견이 존재하는 사회가 되었다. 그런 선택의 갈림길에서 우리가 자신에게 가장 먼저 물어야 할 질문은 간략하다. "미국이라는 강대국은 앞으로 어떤 길을 걸어가게 될 것인가?" 제4장에서는 미국의 미래를 결정하게 될 15가지 요소들을 통해서 미국의 앞날을 내다본다.

01
건강한
공유 가치

미국인들의 공유 가치는 무엇일까? 다양한 민족들이 사는 사회에서 공유 가치를 일반화시키기는 쉽지 않지만, 미국인의 정체성을 결정짓는 요소를 간략하게 정리해볼 수 있다. 결국 어떤 사회의 미래는 사람들이 어떤 생각을 하는가, 어떤 것을 올바르다고 생각하는가에 달려 있기 때문이다. 미국인들의 공유 가치는 미국적 가치라 부를 수 있지만, 이들 가치 앞에 '건강한'이라는 꾸밈말을 사용할 수 있을 것이다.

미국인들은 개인주의 신봉자들이다. 자기 자신을 먼저 생각하고 가족의 유대와 자신이 속한 단체나 조직의 일원으로 열심히 노력하지만 궁극적으로 자신의 운명에 대해 스스로 결정하고 준비하고 책임을 져야 한다는 의식이 강하다. 또한 그들은 독립심을 중요하게 여기며 자신의 부모가 누구든 스스로 삶을 만들어가야 한다는 점에서 분명한 책임 의식을 갖고 있다. 미국과 미국인을 분석한 버클리대학 로버트 벨라_{Robert Bellah} 교수는 미국인들의 주춧돌로서 개인주의를 이렇게 말한다.

개인주의는 미국 문화의 중심에 놓여 있다. 미국인은 존엄성과 개인의 성스러움을 믿는다. 우리가 생각하고 판단하고 결정하고 옳다고 생각하는 삶을 살 수 있는 권리를 침해하는 것은 그 어떤 것이라도 도덕적으로 잘못되었을 뿐 아니라 신성을 더럽히는 것이다. 우리 자신뿐 아니라 우리가 돌보는 사람들을 위해서, 사회를 위해서, 세계를 위해서 우리가 갖고 있는 가장 높고도 고결한 염원은 미국의 개인주의와 밀접하게 연결되어 있다.

개인주의와 동전의 양면 같은 것이 스스로의 행위와 운명에 대한 책임 의식이다. 벨라 교수는 "미국인들에게 책임감은 하나의 생활이자 습관"이라는 점을 분명히 한다. 따라서 미국에서 기업의 구조조정 같은 대규모 인력 감축이 발생하였을 때 조직적인 저항이나 대중적인 항거가 적다. 이유는 스스로 책임을 져야 할 삶의 무게라고 생각하는 사람들이 다수를 차지하기 때문이다.

개인주의와 독립심은 개인 차원에서는 높은 생산성을 만들어낼 수 있는 토대이며, 사회적으로는 자신의 불행이나 사회적인 재난을 만났을 때 그것을 타인이 책임이나 사회의 책임으로 돌리지 않도록 만드는 장점을 갖고 있다. 이것이 중요한 이유는 어떤 사회든 사회에 부가 축적되면 질투나 시기심을 제도화하려는 바람이 강하게 불어닥치기 때문이다. 유럽에서 유행하던 사회주의나 공산주의가 우려에도 불구하고 미국 땅에 뿌리를 내릴 수 없었던 이유는 개인주의와 독립심 2가지 가치가 소금이나 방파제 같은 역할을 하였다. 개인주의와 독립심은 나를 대신해서 국가가 무엇인가를 자꾸 해주겠다는 약속에 대해 단호하게 "아니오"라고 외칠 수 있는 사람들이 다수를 차지할 가능성을 높여준다.

오늘날 미국 사회도 과거에 비해 파편화된 사회인 것은 분명하다. 가족 간의 유대나 마을 차원의 유대감이 현저하게 낮아진 것은 사실이다. 그렇지만 미국적 가치의 특별한 부분은 협동심과 양보심이다. 미국의 초기 역사는 개인주의와 협력이 절묘하게 조화를 이룬 것으로 대표된다. 오늘날도 미국은 학교생활에서 다양한 스포츠 활동을 학생들에게 적극 장려한다. 스포츠를 통해서 사람들은 협력하는 방법을 익히고 승부에 승복하는 방법도 익히게 된다. 미국에서 뭔가 부당하게 느낄 때 미국인들은 "당신은 이게 공정하다고 생각하는가?"라는 질문을 던진다. 질문을 받는 사람이 '그렇다'고 생각하면, 태도가 크게 달라지는데 이는 페어플레이 정신 때문이다.

오늘날의 실용서, 이른바 자기 계발서의 원조 국가는 미국이다. 벤저민 프랭클린Benjamin Franklin, 데일 카네기Dale Carnegie, 제임스 앨런James Allen, 나폴레온 힐Napoleon Hill, 지그 지글러Zig Ziglar, 스티븐 코비Stephen R. Covey 등 자기 계발서 분야의 뛰어난 저자들은 대부분 미국에서 나왔다. 그만큼 자신을 계발해서 더 높은 목표를 향해 나아가는 것을 귀하게 여기는 사람들이 많다는 것이다. 성장, 발전, 성취, 성공 등은 미국인들의 삶을 관통하는 핵심 가치다. 물론 다양성이 보장되기 때문에 모두가 성취에 주목하는 것은 아니다. 작은 행복에 만족하거나 타인을 돕는 일에 더 큰 가치를 두는 사람들도 많다. 미국인들은 자기 방식으로 성공을 정의하는 데 익숙한 사람들이기 때문이다.

경쟁과 변화에 대해 미국인들은 열린 자세를 갖고 있다. 변화로 인해서 망하고 흥하는 것에 대해서 누군가를 비난하거나 그것을 막기 위한 제도를 만들어내는 따위의 일이 적다. 시장에서 치열한 경쟁이 벌어지는 것을 당연하게 여기고 누군가를 보호하기 위해 무리한 조치를 하지 않는다. 적응하는 자는 살아남고 적응하지 못하는 자는 도태될 수밖에 없다는 자연계의 원칙들을 사람들은 저마다의 방식으로 받아들인다. 정신이 살면 물질도 생겨난다. 정신이 무너지면 물질도 뒤따라 무너지게 된다. 미국인의 공유 가치는 건강함 그 자체다. 그 건강함이 미국의 미래를 밝게 해주는 초석 같은 역할을 하고 있다.

02

정치적

안정

 선진국과 후진국을 뚜렷하게 구분할 수 있는 것은 정치적 안정이다. 어디서든 사람들이 살아가는 곳은 소란스러울 수밖에 없다. 이익이 충돌하는 장소가 정치이기 때문이다. 정치의 중요한 기능 가운데 하나가 이익을 배분하는 것이고, 그 이익 배분 가운데 더 큰 몫을 차지하기 위해 다투는 것은 어느 사회든 일어나는 일이다. 그런데 이런 일을 정치적 혼란이나 정변에 의존하지 않고 부드럽게 추진해나갈 수 있는 것은 한 나라가 갖고 있는 강력한 경쟁력 가운데 하나다.

 누가 대통령에 당선되든 일상의 삶에 큰 충격을 주지 않는 것이야말로 선진 사회가 갖고 있는 중요한 특징이다. 이런 면에서 보면 미국은 정치적으로 상당히 안정된 나라임이 틀림없다. 그런 안정성은 미래에 대한 예측 가능성을 높이기 때문에 왕성한 경제 활동을 가능하게 한다. 더욱이 어떤 대통령도 수백 년간 미국인들이 공유해온 정치 체제와 경제 체제에 대한 변혁을 꿈꾸지 않는다. 그들은 건국의 아버지들이 힘들게 만든 헌법 질서라는 변경할 수 없는 주어진 제약 조건 아래에서 정책과 제도를 만들고 운영하는 데 열중한다.

후진 사회에 가까울수록 정치적 변혁이 잦다. 정치적 변혁은 모두 근사한 명문을 내걸지만 시간이 지나고 나서 보면 대부분은 특정 집단에 더 많은 이익을 가져다주기 위한 조치였음을 알아차리기가 어렵지 않다. 미국에서 행정부는 강력한 힘을 갖고 있고 행정부 수장 또한 자신의 의지를 관철할 힘을 갖고 있다. 그렇지만 삼권은 형식적으로뿐 아니라 실질적으로 분리되어 있다. 미국 건국의 아버지들은 인치에 의한 지배가 얼마나 위험한가를 온몸으로 느꼈던 사람들이었다. 왕정이란 것이 왕의 자의적 판단에 따라 얼마나 많은 폐해를 남길 수 있는지를 유럽 국가들로부터 철저하게 배웠다. 그들은 인간이란 존재는 그가 선한 사람이든 악한 사람이든 자의적으로 권력을 행사할 수 있는 여지가 허용되면 권력을 남용할 수 있다는 사실을 누구보다도 잘 알고 있었던 사람들이다. 따라서 그들이 추구했던 정치 체제는 삼권 분립에 의해 권력의 행사가 제어되는 그런 체제였다.

미국식 민주주의 또한 불협화음을 낳기도 하고, 권력의 남용으로 인한 탄핵 사건도 발생하였다. 하지만 미국은 역사상 등장했던 그 어떤 강대국보다 삼권이 분리된 상태에서 절제된 권력의 행사를 일상적인 일로 만들었다. 그뿐 아니라 지나치다 할 정도로 활발한 미디어는 끊임없이 권력의 남용을 경계하는 감시견 역할을 충실하게 수행하고 있다. 사회의 진화는 법원의 판례가 차곡차곡 쌓여가면서 변혁이 아니라 진화라는 방식을 통해 이루어지고 있다. 미국에서 대법관이 누가 당선되는지가 초미의 관심인 것은 곧바로 미국 사회가 변혁 대신에 진화에 의해 움직여감을 보여준다.

정치적 안정을 돕는 일에 있어서 싱크탱크의 활동도 큰 역할을 한다. 워싱턴만 하더라도 300여 개의 싱크탱크가 있다. 이들이 매일 쏟아내는 수백 건의 보고서와 세미나가 정책에 영향력을 행사한다. 선거는 유능한 사람을 뽑는 절차가 아니라 인기 있는 사람을 뽑는 절차다. 사실 누가 유능한가를 정확히 아는 것은 어렵다. 민주 정치는 결국 인기 있는 사람을 뽑을 수밖에 없다. 따라서 다소 자격이 떨어지는 사람이 당선되더라도 이를 보완하는 제도가 반드시 필요한데, 이를 제대로 수행하는 것이 미국의 싱크탱크다. 관계와 학계와 연구계의 유능한 인재 풀을 가진 싱크탱크는 누가 대통령이 되든 모든 분야에서 검증되고 믿을 수 있는 정책을 제시한다. 이것이 미국 정치가 경쟁력과 안정성을 가질 수밖에 없는 이유다. 미국은 정권이 교체될 때마다 검증되지 않은 정책으로 과격한 사회적 실험을 하지 않는 사회다. 탄탄한 인재 풀을 갖고 이들이 내놓은 검증된 주장을 바탕으로 국가를 운영한다.

03
엄격한
법치주의

　미국의 엄격한 법치주의를 보면 미국의 미래를 볼 수 있다. 추상같은 미국 법이 미국을 이끌어가고 있고 앞으로도 이끌어갈 것이다. 미국 법은 인간 본성과 특성을 정확히 조준하는 법 체계를 가지고 있으며, 죄를 범한 자에 대하여 그것에 충분히 상응하고도 남음이 있을 정도로 벌을 가한다. 죄와 벌을 정비례시키는 미국 법 체계와 운용은 놀랍기도 하고 인상적이기도 하다.

　2018년 1월, 미국 체조 선수들에 대해 30년간 상습적인 성폭행과 성추행을 일삼아온 체조 대표팀 주치의 래리 나사르Lary Nassar, 54세에게 무려 175년의 징역형이 선고되었다. 로즈메리 아킬리나Rosemary Aquilina 판사는 "당신에게 이런 벌을 언도하는 것은 나의 영예이자 권한이다. 당신은 다시는 감옥 밖으로 걸어서 나갈 자격이 없다"고 말했다.

　법 적용을 두고 떼를 쓰거나 길길이 날뛰는 행동은 미국에서는 통하지 않는다. 2000년 대통령 선거에서 민주당 앨 고어Al Gore 후보는 일반 투표에서 승리하였지만 법에서는 패배하였다. 우리 같으면 이 사안을 두고 오랜 시간의 갈등과 반목을 겪었을 것이다. 하지만 미국 대법원 판결이 내려지자 모두가 승복하였다. 그때 많은 사람이 "역시 미국이구나"라는 놀라움과 함께 자신의 조국이라면 어떠하였을까를 떠올렸다.

강자이든 약자이든, 부자이든 빈자이든 미국 법의 적용은 평등에 다가서 있다. 이는 1789년 "법의 집행은 입법보다 더 중요하다"는 미국 제3대 대통령 제퍼슨Thomas Jefferson의 주장을 떠올리게 할 정도로 일관된 원칙이다. 위법에 대해서는 그 어떤 예외도 두지 않는 미국 사법부에 대하여 미국인들은 존경과 신뢰를 보낸다.

거주민으로서 미국에 머물든지 아니면 여행자로서 미국을 방문하면 한 가지를 가슴에 새겨야 한다. 정해진 규칙을 지키기 위해 최선을 다해야 한다는 점이다. 경찰의 공권력 행사는 무자비하다 할 정도로 원칙을 준수한다. 사람 사는 곳이므로 교통 법규를 위반한 여행자를 조금은 봐줄 수 있다. 그러나 법을 위반하는 행위에 대한 미국의 공권력은 엄격함 그 자체라 할 수 있다. 미국에 도착한 여행자들이 다소 긴장해야 하는 불편함이 있지만, 이런 긴장감이 다양한 사람들로 이루어진 미국을 유지하는 비결이다. 법의 심판대에 올랐던 사람들을 사면시켜주는 사례는 거의 없다. 그만큼 사법부가 내린 판결에 대해서는 모두가 승복한다. 대통령이 왕이라도 된 듯이 기회 있을 때마다 사면권을 남발해서 법의 판결을 무산시키는 그런 일은 미국에서 상상조차 할 수 없다.

후진 사회로 갈수록 인치가 판을 친다. 인치는 사익과 감정에 따라 춤을 춘다. 인치가 법치를 누르는 곳에서는 진정한 의미에서의 민주주의가 설 자리가 없다. 이런 면에서 미국의 법치주의는 민주주의를 떠받치는 굳건한 토대와 같다. 미국은 이런 튼실한 토대를 갖고 있다. 공평과 신뢰가 무너지면 법은 신뢰를 잃어버리게 된다. 미국은 이런 점에서 매우 건강한 사회다. 정직을 가슴에 안고 살아가는 사람에게는 미국이 살만 한 나라이지만 요행과 한탕주의에 익숙한 사람에게 미국은 지옥에 가깝다. 거짓이 드러나는 순간 모든 것을 잃어버릴 수 있기 때문이다. 엄격한 법치주의야말로 미국이 오랫동안 만들어온 제도이자 문화이자 토대이며, 이것이 미국의 미래를 만들어갈 것이다. 이것은 결코 단기간에 만들어낼 수 있는 것이 아니다.

04

재산권

보호

재산을 가질 수 있는 권리는 번영과 자유 모두에 필수불가결한 요소다. 자신이 노력한 대가를 자신의 것으로 만들 수 있는 것처럼 인간의 창조성을 한껏 부추길 수 있는 것은 없다. 따라서 개인의 재산권을 얼마나 보호해줄 수 있는가는 한 나라의 미래를 전망하는 데 매우 중요한 지표 가운데 하나다. 우리는 개인의 자유가 중요하다는 것을 안다. 그러나 그 자유가 소유와 떨어지려야 떨어질 수 없는 관계인지에 대해서는 혼란스러워할 때가 많다. 소유가 없으면 자유도 없다. 더욱 중요한 문제는 타인의 재산권을 존중하는 것이 그저 얻어지는 게 아니라는 점이다. 인간이 재산을 취득하는 것은 본능이지만 다른 사람의 소유와 자유에 대한 존중은 본능이 아니기 때문이다. 오히려 인간의 본능은 타인 소유물과 자유를 부정하는 쪽에 가깝다. 하버드대학 리처드 파이프스Richard Pipes 교수는 『소유와 자유

Property and Freedom』(나남, 2008)에서 "사적 소유에 대한 공격은 그의 인격과 삶의 권리에 대한 침해와 똑같은 것"이라고 말한다. 또한 "인류 역사에서 20세기는 경제적, 정치적 이유로 사적 소유 제도에 대해 가장 비우호적인 태도를 보인 시기였다"고 말한다.

민주주의는 항상 포퓰리즘Populism에 취약한 단점을 갖고 있다. 대중의 표를 끌어모으기 위해, 다수에게 더 많은 혜택을 주기 위해 소수의 재산가들의 재산을 뺏는 일이 민주주의 사회에서는 얼마든지 일어날 수 있다. 이른바 다수가 소수를 억압하는 일을 말한다. 미국도 여러 시행착오를 경험하였지만 서구 선진국 가운데 상대적으로 재산권 보호가 강한 나라다. 20세기 동안 사회주의 깃발이 유럽 여러 나라에서 휘날리기 시작할 때 유럽 사람들은 계급 투쟁 없이는 문제 해결이 불가능하다고 생각했지만 미국인들은 특정 계급을 희생하지 않고서도 해법을 찾을 수 있다고 생각하였다. "부자의 부를 빨아내자"는 주장이 일기라도 하면 이를 역겨워한 미국인들은 그 대신에 "내게도 기회를 달라"는 구호를 외쳐댔다. 여기서 미국적 평등주의와 개인주의의 독특한 조화를 엿볼 수 있다. 이것은 미국이라는 나라가 갖고 있는 문화와 역사 그리고 법적 전통에 바탕을 두고 있다.

타인의 재산권을 존중하는 것은 한 사회가 가진 귀한 자산 가운데 하나이며, 쉽게 만들어낼 수 있는 것이 아니다. 미국의 유치원생들이 가장 많이 듣는 말이 "친구를 건드리지 말라Don't touch!"다. 말로 다툴 수 있지만 절대로 상대방 몸에 손을 대거나 완력을 행사하지 말라고 귀에 못이 박히도록 가르친다. 행여라도 친구를 밀치는 일이라도 생기면 무서울 정도의 벌이 주어진다. 어린 시절부터 폭력은 절대 행사해서는 안 된다는 것을 배운다. 이를 다른 차원에서 해석할 수 있다. 한 인간이 가진 가장 소중한 재산이 본인의 신체다. 따라서 신체에 타격을 강하거나 성적인 폭력을 행사하는 경우 미국 법은 상상할 수 없을 정도의 형량을 부과한다. 이따금 학생들의 물리적 폭행이나 언어적 폭행 그리고 성인들의 성적 폭행에 대해 우리 사회가 경미한 처벌을 내리는 것을 볼 때마다 떠오른 생각은 명료하다. '상대방의 몸에 강압적인 행위를 취하는 것은 그것이 물리적인 폭력이든 아니면 다른 형태의 폭력이든 가장 귀한 재산권을 탈취하는 행위다.'

이 같은 반복적인 교육은 미국인들이 나의 것과 남의 것을 어떻게 대하는지를 짐작하게 해준다. 재산권은 법만의 문제가 아니라 의식의 문제다. 법은 제정하면 그만이지만 의식은 생활 속에서 계속 반복되지 않으면 만들어지기 힘들다. 앞으로도 계속 확고한 재산권에 바탕을 둔 창조 혁신이 미국에서 꽃을 피우리라는 것은 의심할 수 없는 사실이다. 리처드 파이프스 교수는 20세기 경험을 토대로 이런 경고를 아끼지 않는다.

사회복지란 명분하에 부를 분배하고 '시민권'을 위해 계약의 권리를 침해함으로써 소유권이 약화되자 대부분의 선진 민주주의 국가에서 자유가 흔들리고 있다.

05

이민 사회의
역동성

미국은 이민자의 나라다. 미국에는 4,210만 명의 이민자가 살고 있으며 그 비율은 전체 인구의 13.3%를 차지한다(2015년 기준). 정권에 따라 혹은 취임하는 대통령에 따라 이민을 바라보는 시각은 다소간 차이가 있다. 하지만 미국적인 너무나 미국적인 특성은 계속 전 세계의 이민자를 받아들이고 있다는 사실이다. 그리고 일반 국민들이 이민은 불가피한 일이며 국가에 도움이 되는 일로 받아들인다는 점이다. 이것은 이민을 일자리를 빼앗기는 것과 동의어로 받아들이는 유럽 국가들과의 차이점이다.

세계의 어느 국가를 가더라도 이민 1순위는 미국이 차지한다. 그만큼 미국은 전 세계로부터 온 우수한 인재들이 거주할 수 있는 튼튼한 토대를 갖춘 나라다. 미국 이민을 결정하는 사람들은 대부분 인재다. 모국을 기준으로 하면 두뇌 유출에 해당한다. 한때 프랑스는 미국으로의 두뇌 유출을 막기 위해 '인재 귀환 프로그램'을 마련해서 매년 4조 원에 가까운 돈을 투입하기도 했지만 성과를 거둘 수 없었다. 프랑스 사회가 가진 매력도가 계속 떨어져왔기 때문이다. 날이 갈수록 촘촘히 연결되는 시대에 사람들의 이동이 활성화되는 것은 전 지구적 현상으로 자리 잡았다. 여행이나 이민은 이런 추세 속에서 가속화될 수밖에 없다. 이런 추세에서 전 세계로부터 가장 우수한 인재들을 뽑아 사용할 수 있는 자격을 갖춘 나라가 미국이다. 미국은 오랜 이민 역사를 통해서 마찰 없이 이민자를 미국에 동화시키는 것과 관련된 다양한 경험과 노하우가 축적되어 있다. 이것은 오늘날 중동 및 아프리카 이민자 수용 문제로 골머리를 앓는 서구 유럽권 국가들에 비해 월등한 강점이라 할 수 있을 것이다.

이민자가 가진 강점으로 미국에 역동성을 계속 부여하는 것을 들 수 있다. 젊고 유능한 인재들을 중심으로 이루어지는 이민 대열은 미국 사회에 신규 수요를 만들어내고 미국 사회가 정체되지 않도록 만드는 데 일조한다. 예를 들어 왐슬리·윈터·아미드 교수가 노동력 이동의 효과를 측정한 연구(2007년)에 의하면 "미국에서 숙련 근로자와 비숙련 근로자 이민을 각각 3%씩 늘릴 때 GDP는 각각 1.46%와 0.85% 증가하였다"는 결론이다. 또한 이민자는 미국의 대중문화가 언어와 인종을 초월해서 범 세계적인 상품으로의 가능성이 있는가를 테스트하는 기회를 제공한다. 이민의 긍정적인 효과에 대해 강준만 전북대 교수는 "미국의 이민 문화는 시장성 테스트의 기회를 제공함과 아울러 미국 문화가 가장 만국 공용적인 문화의 특성을 갖게끔 하는 데 기여했다"고 지적한다.

이민자는 다양성과 동의어다. 다양성은 창조의 원천이다. 실리콘

밸리의 인도계 엔지니어들과 중국계 엔지니어들의 긍정적 효과와 기여는 다양한 실증 자료들을 통해서 입증되고 있다. 이민을 받아들이면서 무리 없이 장점을 활용하는 데 탁월한 수준인 나라가 미국 빼고 어디에 있겠는가! 날로 고령화되어가는 일본은 이민에 대해 대단히 배타적인 시각을 갖고 있다. 그것은 정책의 문제일 수도 있지만 문화의 문제가 더 깊이 관련되어 있다. 이런 측면에서 보면 미국이 이민 국가라는 사실이 가진 강점은 앞으로 창조성의 기지로써 지배적인 위치를 유지하는 데 일조할 것으로 보인다.

미국 사회도 지역에 따라 이민을 바라보는 시각이 다르다. 동북부 러스트 벨트rust belt의 제조업 일자리를 빼앗긴 백인 남성들의 시각은 결코 우호적이지 않다. 그럼에도 지역 간에 차이가 있지만 대부분의 미국인들은 자신의 조국이 이민 사회라는 점, 이민 사회가 다양한 강점을 갖고 있다는 점을 공감하고 있다. 또한 미국인들의 특별한 강점인 개방성은 이민자를 수용하는 데 중요한 자산이 되고 있다. 이방인들에 대한 열린 자세와 마음가짐은 이민자들이 빠른 시간 안에 미국에 정착할 수 있도록 돕는 데 큰 힘이 되고 있다. 또한 이민자를 비롯하여 약자에 대한 호혜적인 행동들은 미국이 갖고 있는 또 하나의 중요한 자산이다. 미국인들은 그들의 조상이 이민자로 미국 땅에 자리를 잡은 것처럼 자신들 또한 이민자들에게 개방적인 태도를 갖고 그들이 정착하는 것을 도와야 함을 받아들이는 경향이 상대적으로 높다. 현대 문명 국가 가운데서도 이민자를 수용하여 계속 역동성을 유지해나가는 미국의 사례는 저출산과 고령화 문제로 신음하는 대다수 선진 국가들에게 하나의 모범 사례이자 벤치마킹해야 할 대상으로 손꼽힌다.

이민을 오는 사람들은 몸만 오는 것이 아니다. 이민을 오기 전까지 살았던 나라의 교육, 문화, 정신, 태도 등을 모두 갖고 들어온다. 따라서 이민국에 동화되기가 쉽지 않다. 오늘날 독일을 비롯한 유럽 국가들이 겪는 이민자와 자국민 사이의 갈등과 분쟁은 이민을 받아들일 수 있는 여력이란 것 자체가 한 사회가 갖고 있는 일종의 사회 간접자본 같은 것이라는 사실을 보여준다. 이런 자산은 결코 GNP 같은 지표에 반영되지 않는다. 그렇지만 사회적 갈등을 줄이면서 강점을 활용한다는 점에서 미국만의 독특한 강점이자 타국이 쉽게 복제할 수 없는 강점이 된다.

06

상대적으로
젊은 나라

선진국은 고령화 문제로부터 자유로울 수 없다. 미국도 예외는 아니다. 역사적으로 모든 문명 국가는 저출산과 고령화 문제로 어려움을 겪게 된다. 기원전 2500여 년 전 강력한 보병으로 유명세를 올렸던 스파르타Sparta는 저출산 문제로 인해 몰락의 길로 들어선다. 이는 여성들의 사회 참여가 활성화되면 어떤 현상이 일어나는지를 가르쳐주는 사례에 속한다. 남자들의 전쟁으로 확보된 식민지 경영은 여성들에게 맡겨졌다. 스파르타가 치른 비용은 출산율의 급격한 저하였다. 2,500여 년 전의 역사적 경험은 현대 국가들에 시사하는 바가 적지 않다.

미국도 저출산과 고령화 문제로부터 자유로움을 얻은 나라는 아니다. 미국의 합계출산율 즉 1명의 여성이 평생 몇 명의 아이를 출산할지를 예상한 평균출산율은 1.87이다. 이 수치는 이민자 수를 제외한 2.1에는 아직 미치지 못하는 수준이지만 독일 1.47과 일본 1.41 그리고 경제협력개발기구OECD 평균값 1.68에 비해 높은 수준이다. 참고로 한국은 1.17명 수준이다(2016년 기준).

향후 전망은 어떨까? 국제기구에 따르면 미국은 2050~2065년 사이에도 프랑스와 더불어 선진국 가운데서 가장 높은 합계출산율 1.9대를 유지할 것으로 전망된다. 여기에다 이민이 더해지면 미국은 선진국 가운데서 가장 젊은 인구 구성비를 자랑할 것으로 예상된다. UN의 세계 인구 전망에 따르면 미국은 서구 선진국 가운데서 생산가능 인구(15~65세 미만)의 비중이 상대적으로 높고, 인구 고령화 비중은 상대적으로 낮을 것으로 전망된다. 요컨대 선진국 중에서는 상대적으로 젊은 나라로 남을 것이다.

어떤 나라에서 젊은 인구의 구성비가 높은 것은 정치·경제·사회에 중요한 의미를 갖고 있다. 우선은 젊은 사람들은 귀한 자산이다. 일리노이대학 교수를 지냈던 쥴리언 사이먼Julian Simon은 저서 『근본자원』(자유기업센터, 2000)에서 한 국가의 미래와 사람에 대한 멋진 지적으로 책을 마친다. "사람이야말로 근본 자원ultimate resource이다. 재주가 있고 활기가 넘치며 희망에 부푼 사람은 자신의 편익을 위해 의지와 상상력을 총동원한다. 결과적으로 스스로 편익을 얻을 뿐 아니라 남들에게도 편익을 제공한다." 여기서 사람은 좁게 해석하면 '젊은 사람들'이다.

앞으로 미국도 10년 후나 20년 후에 고령 인구(65세 이상)의 구성비가 크게 높아질 것으로 보인다. 미국의 주류 사회를 유지해왔던 백인들의 비중이 50%까지 떨어지는 그야말로 다원화된 사회로 나아갈 것이다. 과연 이런 변화가 미국 사회에 어떤 영향을 끼칠지에 대한 인구 전문가들의 생각은 각양각색이다. 미국의 공유 가치가 계속 유지될 수 있을지에 대해 의문을 제기하는 사람들도 있다. 그러나 미국은 이민자를 동화시키는 능력에서 특별함을 갖고 있다. 영어라는 단일 언어를 중심으로 빠르게 미국적 가치를 공유시키는 능력은 그 어떤 나라보다도 뛰어나다. 따라서 백인 인구의 상대적인 감소가 미국인이나 미국이 유지해왔던 기존의 정체성을 크게 훼손시킬 가능성은 그다지 크지 않다. 한 사회의 앞날을 내다볼 때 가장 중요한 변수로 꼽히는 것은 그 나라의 인구 구성비가 어떤 모습으로 변해가는가다. 서구 선진국이나 일본 심지어는 중국을 포함해서 그 어떤 강대국보다 미국은 젊은 인구 구성비가 상대적으로 높은 나라로 계속 그 자리를 유지할 것이 명확하다.

상대적으로 젊은 나라는 여러 면에서 강점을 갖고 있다. 우선은 젊은 인구는 경제에 활력을 더한다. 새로운 유효 수요를 계속 만들어낼 수 있다는 장점이 있다. 이런 점에서 베트남이나 인도 같은 나라를 제외하면 미국같이 유리한 위치에 서 있는 강국은 드물다. 또한 젊은 인구를 갖고 있는 사회는 변화에 대해 열린 자세를 유지할 수 있다. 계속해서 새로운 프런티어를 개척하는 데 유리한 강점을 갖고 있다. 주목할 만한 사실은 출산율에 관한 한 미국인들이 대체로 열린 자세를 갖고 있다는 점이다. 우리가 주거난, 취업난, 교육비 등과 같은 구조적인 문제로 고민하는 것에 비해 미국이 출산율을 끌어올리는 일은 상대적으로 쉽다. 더욱이 미국은 우리나라나 일본 등에 비해 가부장적 문화로부터 자유로운 나라이기 때문에 출산율은 철저하게 개인 차원의 문제로 귀결된다. 2015년 6월 17일 《월스트리트 저널Wall Street Journal》은 최근의 미국 출산율 반등의 원인을 비교적 나이가 많고 교육 수준이 높은 여성들의 선호 변화에서 찾는다. 출산이 개인적인 선택에 의해 크게 영향을 받는 사회와 문화적이거나 구조적인 요인에 의해 영향을 받는 사회 사이에는 큰 간격이 존재한다. 이런 면에서 미국은 출산율을 유지시키거나 반등시키는 데 다른 나라에 비해 유리한 위치에 있다. 미국은 높은 출산율이 꾸준히 유지될 가능성이 높은 보기 드문 선진국이다.

07

혁신 지향적
문화

미국사는 혁신사다. 관리할 수 없을 것처럼 보였던 자연에 맞서 통제 가능 영역을 최대한 확장시킬 수 있다는 신념을 표출해온 것이 미국사다. 예를 들어 1986년 우주선 폭발로 죽음을 당한 우주 비행사의 추도문에서 레이건 대통령은 "지구의 굴레를 벗어나 하늘로 날아가 하나님의 얼굴을 만지려고"라는 표현을 사용했다. 그들의 역사는 계속해서 통제 가능 영역의 지평을 확대하는 것들로 이루어진다. 인간의 가능성과 지력에 대한 신념이 계속 드러난 것이 미국의 역사다.

전화기, 계산기, 트랜지스터라디오, 복사기, 텔레비전, 전자레인지, 선풍기, 에어컨, 백열등, 세탁기, 나일론, 컴퓨터, 아이팟, 아이폰, 자동차 등은 모두 혁신의 산물들이다. 할인점, 편의점, 백화점, 홈쇼핑, 우편 판매, 다단계 판매, 온라인 쇼핑 등 현대 경제를 구성하는 많은 사업 모델도 미국에서 비롯되었다. 비행기, 반도체, 원자력, 아스피린, 평로 강철 제조법, 유정 채굴법, 자동차와 비행기 관련 부품들의 연구 개발과 생산 기술도 미국인들이 주도한 혁신의 결과물이다.

미국인들이 만들어낸 오리지널 콘셉트나 아이디어 그리고 기술에 바탕을 두고 일본, 한국, 중국 등의 국가들은 제조 강국으로 돈을 벌었다. 역사학자 폴 케네디Paul Michael Kennedy는 제조 강국 일본의 기여에 대해 "일본은 아테네와 르네상스 시대의 이탈리아 그리고 현대의 미국이 세계 문명에 기여한 것처럼 다른 민족에게 어떤 심원한 가치를 제공하지 못하였다"고 평가한다. 혁신을 통한 현대 문명에 대한 기여에 관한 한 미국은 걸출한 업적을 남겼다. 예를 들면 미국인에 의해 개발된 에어컨은 고대 이집트 기준을 사용하면 20여 명의 노예를 고용하는 것과 맞먹는 효과를 낳았다. 사람의 팔 근육으로는 100와트짜리 전등 하나 켤 동력을 만들어낼 뿐이기 때문이다. 그뿐 아니라 1940년대 미국에서는 평균 17kg의 빨래를 하는 데 4시간이 걸렸다. 지금은 40분이면 충분하다. 말이나 구호가 여성 해방을 가져다준 것이 아니라 혁신이 여성 해방을 가져다주었다.

새로운 것을 만들어내는 활동 자체에 대해 미국인들은 높은 가치를 둔다. 그런 목표를 성취해가는 과정에서 치를 수밖에 없는 시행착오를 불가피한 비용으로 받아들인다. 혁신의 이면에는 굳건한 철학이 뿌리를 내리고 있다. 그것은 미국 정신의 표상이라 불러도 손색이 없는 '프런티어 정신'이다. 이 정신은 불확실함 속에서도 미지의 세계를 용감하게 개척해나가면서 궁극적으로 목표를 성취하는 정신을 말한다. 서부 개척에 선구자들이 나섰듯이 미국인들은 현대 과학, 기술, 예술, 문화 등 거의 모든 영역에서 실험하는 것을 두려워하지 않는다.

미국인들이 이상적으로 생각하는 인물은 누구일까? 그 인물 속에 미국인들의 지향하는 문화가 고스란히 녹아 있다. 진취적인 정신을 갖고 새로운 길을 개척했던 사람들에게 그들은 아낌없는 박수를 보낸다. 기업 분야만 하더라도 스티브 잡스, 빌 게이츠, 샘 월튼, 월트 디즈니, 워렌 버핏 등과 같이 자신의 손과 발과 두뇌와 가슴으로 당대에 새로운 영역을 개척하고 부를 만들어낸 사람들이 존경을 받는다. 그들의 공통점은 스스로 운명의 거친 파고를 헤치며 승리의 월계관을 움켜쥐는 데 성공했다는 것이다.

미국 사회라고 해서 질시와 시기가 없는 것이 아니다. 영웅을 질시하는 목소리는 어디든지 있을 수 있다. 하지만 그들은 경쟁적이고, 탁월과 능력과 재력을 겸비한 채 외적 압력에 자신만만하게 대처하는 기업가 타입을 미국적 영웅으로 받아들여 갈채와 박수를 아끼지 않는다. 그들은 지나치다 할 정도로 영웅을 만들어내는 것을 좋아한다. 영웅을 끊임없이 확대 재생산해내는 특징이 강한 사회가 바로 미국이다. 이런 특징은 평등주의적 색채가 짙은 유럽과 뚜렷한 차이를 보이는 부분이며 다른 국가들과의 차이점이기도 하다.

어린 시절부터 이렇게 배우고 성장한다. "당신 생각을 해보세요. 당신이 옳다고 생각하는 대로 해보세요." 아마도 미국을 대표하는 작가 마크 트웨인Mark Twain처럼 미국인의 혁신 정신을 잘 담아낸 사람도 드물 것이다. "괴짜란 새로운 생각을 하는 사람이다. 그 생각이 새롭다는 판단은 그 사람이 성공할 때까지일 뿐이다. 성공하면 당연한 생각으로 받아들여진다." 기존의 것을 파괴하고 계속 새로운 것을 만들어내는 토양을 굳건히 갖추고 있는 나라라면 당연히 번영을 유지할 수 있을 것이다.

08

상업 지향적
태도

미국의 출발점은 상업 국가였다. 영국으로부터의 독립에 대해 불안해하고 있던 미국인들에게 확신을 심어준 사람이 영국에서 미국으로 건너온 토머스 페인Thmas Paine이다. 페인은 미국이 독립을 추구하는 목적은 상업이며, 미국이 자유로운 항구가 되는 것만이 유럽 국가들과의 평화와 우애를 가능하게 할 것이라고 설득하였다. 상업적 이익을 지키기 위한 노력이 미국 독립에 도화선이 되었음은 물론이다. 여행자로서 미국의 중소 규모의 도시나 마을을 방문할 때마다 느끼는 특별한 단상은 '미국 사람들은 무엇이든 상업화의 대상으로 삼는 데 각별한 믿음을 갖고 실천해왔다'는 점이다. 여기서 상업화는 거래의 대상으로 삼는 것을 말한다. 그만큼 상업화에 주도적인 역할을 했던 기업가들의 이야기가 미국의 역사 속에 중요한 부분을 차지한다. 예를 들어 1890년이면 조선이 잠을 자고 있던 시절이었다. 공격적인 성향의 메일 파우치 토바코Mail Pouch Tobacco, 씹는 담배 브랜드는 그때부터 교통량이 많은 도로 근처에 헛간을 소유한 농부들에게 무료 페인트칠과 함께 1~10달러를 지불하고 그들의 헛간을 광고판으로 바꾸었다. 헛간 광고판은 상업주의의 선구자적인 개척 사례에 속한다.

무엇이든 사업의 대상으로 삼아야 한다는 믿음과 태도는 미국의 특별한 강점이다. 일찍부터 이런 삶의 태도는 다른 나라와의 차이점이 되어왔으며 지금도 변함없이 미국을 지탱하고 있는 토대다.

그러나 상업주의에 대한 비판적인 시각은 뿌리가 깊다. 상업주의는 사람들이 무한한 가치가 있다고 생각하는 것을 돈 몇 푼으로 평가해버리기 때문에 거부감을 갖는 사람들이 있다. 제러미 리프킨Jeremy Rifkin은 "모든 사람이 임대, 가입, 등록, 수임료 등을 통해 이런저런 형식으로 거미줄처럼 연결된 네트워크 안에 들어가 있을 때 모든 시간과 관계는 영리적 시간이 되어버린다"고 비판하기도 한다. 광고로 차고 넘치는 미국을 두고 일부 비평가들과 사회운동가들은 "국가 전체의 마음과 정신과 사회를 조야하게 만드는 전염병"이라고 맹비난하기도 한다.

이런 비판적 시각에도 불구하고 상업주의는 거래에 참여하는 익명의 사람들에게 대단한 혜택을 제공한다. 거래에 임하는 사람들은 대부분 이득을 본다. 상업화가 되지 않았더라면 결코 누릴 수 없었을 상품과 서비스를 일반 시민들에게 저렴한 가격에 제공하는 것이 상업화가 가진 강력한 경쟁력이다. 상업화는 선진화와 동의어라 할 수 있다. 우리가 누리는 냉장고, 세탁기, 텔레비전 등 거의 모든 상품과 서비스는 미국이 주도한 상업화와 대중화의 결실들이다. 페이스북, 유튜브, 구글 등 거의 모든 서비스도 상업화의 생생한 사례들이다. 대중들이 이들 상품과 서비스를 구매하고 사용하면서 누리는 편익은 얼마나 대단한가!

앞으로 상업화의 영역은 비판에 관계없이 계속해서 확장될 것이다. 기존에는 사적인 영역에 속하지 않았기 때문에 상업화의 대상이 될 수 없었던 영역조차 상업화의 영역에 계속 포함될 수밖에 없을 것이다. 하버드대학의 마이클 샌델Michael Sandel은 "사고판다는 논리가 더는 물질적 재화에만 적용되지 않고 점차 현대인의 삶 전체를 지배하기 시작했다"고 걱정이 태산 같다. 이를 추동하는 선구자는 단연코 미국이다.

예를 들어 우버Uber는 기존에 택시 운전기사의 영역을 일반 대중으로 확대하였다. 에어비앤비는 기존 호텔업계의 영역을 일반 대중으로 확대하였다. 일부 부작용이 발생하지만 전체를 기준으로 보면 우버든 에어비앤비든 이전보다 훨씬 큰 편익을 제공한다. 이런 움직임에 대해 비판적인 시각이 거세어지겠지만 막을 방법은 없다. 결국 상업화에 대한 열망이 강한 것은 그만큼 혁신과 창조에 대한 강력한 인센티브를 제공하는 것을 뜻한다. 미국의 앞날을 밝게 보는 이유는 상업화라는 대세가 더 많은 미국인들로 하여금 혁신과 창조에 동참할 수 있도록 유도할 것이라는 사실 때문이다. 우버 이전의 사람들은 자신이 그 비즈니스에 종사하리라고는 꿈에도 생각하지 않았을 것이다. 에어비앤비 이전의 사람들도 마찬가지일 것이다. 이 2가지 서비스의 등장은 더 많은 사람들로 하여금 기업가정신을 갖고 살아갈 수 있도록 만들었다.

상업화를 주도하는 미국은 의도하지 않았지만 전 세계를 상업화의 세계로 인도하고 있다. 가뜩이나 미국의 상업주의에 대해 비판적인 시각을 가진 사람들의 열화 같은 비판을 낳을 수밖에 없다. 그럼에도 불구하고 발전이나 성장이나 변화라는 관점에서 바라보면 미국의 상업주의는 긍정적인 것 이상의 의미를 갖고 있다. 그것은 미국뿐 아니라 세계의 생산성 향상과 기회 부여라는 신세계를 여는 것을 뜻하기 때문이다.

09

기업의 높은 역동성과 생산성

"초주검이 되도록 일합니다." 미국 회사에서 일하는 젊은이들의 고백이다. 특히 세계 일류 기업으로 간주되는 미국 회사들의 노동 강도는 상상을 초월할 정도로 세다. 어디 그뿐인가. 미국 회사들은 언제든 해고를 통보할 수 있다. 해고를 결정한 일을 두고 "왜 이런 결정을 내렸는가"라며 따지는 경우는 거의 없다. 해고하는 사람이나 해고당하는 사람이나 개인적인 문제로 받아들이지 않기 때문이다. 해고 통보를 받으면 보스나 담당 관계자와 짧은 면담을 나눈 후에 짐을 싸서 나가야 한다. 이따금 회사에 들어가지 못하고 노트북이나 회사 물품을 반납하고 다른 사람이 챙겨준 개인 사물만 달랑 챙겨서 집으로 가는 경우도 많다. 한국인에게 대경실색할 일이기는 하지만 미국 회사에서는 일상화되어 있다.

회사의 단위 조직을 폐쇄하는 일에 있어서도 미국 기업들은 주저함이 없다. 웬만큼 운영되는 듯이 보였던 수십 년간 영업하던 단위 점포도 본사 사정에 따라 불현듯 폐쇄 대상이 될 수 있다. 미국 기업 사례를 조사하다 보면 19세기에 회사를 사고파는 일이 다반사로 이루어지는 것을 볼 수 있다. 한국에서 외환위기 이후에나 볼 수 있었던 인수합병은 미국 회사에서는 19세기에도 일상적인 일이었음을 확인할 수 있다.

이것은 엄청난 '유연성'이란 단 한 단어로 요약할 수 있다. 유연성은 곧바로 생산성과 동의어로 보아도 무방하다. 생산성이나 영업 성적을 기준으로 사람이든 공장이든 점포든 환경에 맞추어서 줄이고 늘리는 일이 일상화되어 있다면 어떤 상황이 일어날 수 있을까? 그것은 환경 변화에 맞추어서 계속 조정하는 일이다. 이 과정에서 조직 내에서는 상당한 정도의 긴장 상태가 만들어질 것이다. 마치 전쟁을 치르듯이 월별, 분기별 성과를 내기 위해 전력투구하는 일이 일어날 것이다. 실리콘밸리에서 직접 회사를 창업해 매각할 때까지 전력질주했던 김윤종(자일랜Xylan 창업자)은 1년 4분기를 전쟁에 비유할 정도로 치열함이 함께했다고 말한다.

미국 기업은 분기마다 목표를 정해서 그것에 도달하기 위한 전쟁을 치릅니다. 저는 15년 동안 60번의 전쟁을 치르면서 이 전쟁에서 패한 적이 한 번도 없었습니다. 총과 칼만 들지 않았을 뿐 실적과의 싸움이었습니다. 분기마다 저는 목표를 달성하지 못할 수 있다는 실패에 대한 불안 때문에 최선을 다해서 일에 매달렸습니다. 제가 성공한 이유는 미국이라는 요인도 있습니다. 미국은 지연이나 접대 문화에 기대지 않고 오직 실력과 능력으로만 승부합니다. 게다가 독립된 사외이사가 주요 결정을 내리고

CEO를 해고할 수 있어서, CEO도 살아남기 위해 최선을 다해 일해야 합니다. 직원들에게도 자신이 일한 만큼 보상을 받는 제도를 만들어서 능력을 200% 발휘하도록 해야 합니다.

한편 회사 직원들의 긴장감도 마찬가지다. 다니고 있는 회사가 자신의 자리를 계속 보장해줄 수 없다는 사실을 알기 때문에 스스로 성과를 올리고 역량을 강화하는 데 나름대로 최선을 다하면서 살아가야 한다. 2008년 글로벌 금융위기가 터졌을 때 외부인들 가운데 "미국은 이제 끝났다"고 판단하는 사람도 있었다. 그러나 미국 경제와 기업의 내면을 깊숙이 들여다본 사람들은 미국의 '유연성'과 '역동성'이란 측면에 주목하였다. 미국 기업과 경제는 이른바 회복 탄력성이 매우 크다. 글로벌 금융위기 이후 미국 경제 회생의 원인에 대해 《블룸버그Bloomberg》편집국장 매튜 윈클러Matthew Winkler는 "미국 경제와 기업이 회복될 수 있었던 핵심은 역동성에 있습니다"라고 간략하게 진단한다.

미국 기업의 현주소는 《포춘Fortune》이 발표하는 〈포춘 500〉에서 확인된다. 2017년을 기준으로 미국 기업은 132개 사 중국 기업은 115개 사다. 2012년만 하더라도 중국 기업의 숫자가 73개에 불과하였음을 염두에 두면 5년 만에 중국 기업의 숫자가 42개나 늘어났음을 확인할 수 있다. 여기서 우리가 주의해서 보아야 할 점은 순위가 매출액 기준이란 점과 중국의 경우 국영 기업의 비중이 민영 기업을 압도하고 있다는 사실이다. 매출액은 기업의 역동성을 정확하게 반영할 수 있는 지표는 아니다.

10

뛰어난
자기 수정 능력

미국은 경직과 거리가 먼 사회다. 원칙은 우직할 정도로 고수하지만 방법이나 수단에 관한 한 '프래그머티즘pragmatism'이란 실용주의가 지배하는 사회다. 실용주의자들은 도그마화된 이데올로기에 매이지 않고 현안 과제를 해결하기 위해 합리적인 방법을 찾는 데 익숙하다. 모든 사회는 어떤 시점마다 해결해야 할 과제를 안게 되는데, 그런 과제 앞에서 미국은 합리적인 대안을 찾아 자신들의 문제를 스스로 수정하는 능력이 뛰어나다. 현안 과제에 대해 혁명적인 방법을 구하지 않고, "당신들 때문이야!"라고 외치면서 타인이나 다른 집단을 비난하는 목소리는 높지 않다. 사회의 구성원들 가운데 다양한 견해들이 존재하지만 대의를 위해 이견을 하나로 조정할 수 있는 능력을 갖고 있는 사회다.

미국 역사에서 굵직굵직한 사회 문제들이 등장할 때마다 실용주의자로서의 면모를 확인시켜주는 정치 지도자들을 자주 만나게 된다. 미국 경제를 분석한 스티븐 S. 코언Stephen Cohen과 J. 브래드퍼드 들롱J. Bradford DeLong은 미국에서 배울 수 있는 교훈을 이렇게 요약한다. "성공적으로 경제를 운용하는 나라에서 경제 정책은 이념적이지 않고 실용적이었으며, 추상적이지 않고 구체적이었다. 미국이 바로 그런 경우였다." 어떤 국가라도 내환이나 외환으로 어려움을 만나는 일이 일어날 수 있다. 이런 상황에서 얼마나 신속하게 비용을 줄이면서 문제를 해결해갈 수 있는가는 국가 차원의 위기 관리 능력이라는 측면에서 중요하다. 미국의 미래를 밝게 보는 이유 가운데 하나는 미국이 뛰어난 자기 수정 능력을 갖고 있다는 것이다.

2008년 글로벌 금융위기가 발생하였을 때 미국은 일대 혼란에 빠졌다. 자존심이 심하게 손상되는 일도 일어났다. 미국을 대표하는 자동차 3사는 부도 위기에 처하였고 월가에 대한 비난이 쏟아졌다. 문제 해결책을 둘러싸고 공화당과 민주당의 견해가 크게 벌어지기까지 했다. 그러나 위기 해결책에 대한 권한은 행정부가 갖고 있다는 생각을 공유하고 엄청난 공적 자금을 투입하는 일이 신속하게 진행되었다. 이견은 있었지만 미국답게 국난 극복에 나섰고 결국 1929년의 대공황에 버금갈 정도의 경제위기를 벗어나는 데 성공했다. 다른 나라 같았으면 어떤 일이 벌어졌을까? 거리에는 데모대가 난무하고 의사당은 양쪽으로 나뉘어 격렬하게 다투는 일이 일어났을지도 모른다. 문제를 앞에 두고 책임 소재를 운운하면서 지리한 공방을 벌여 세월을 죽였을 수도 있다. 그러나 미국은 문제 해결책을 찾는 데 있어서 과거의 잘잘못을 추궁하는 데 시간을 보내지 않고 현재 가능한 합리적인 대안으로 문제에 대한 해법을 찾았다.

9·11테러가 뉴욕 월드트레이드센터WTC를 강타하였을 때 세계인들은 상상을 초월하는 테러 방식과 엄청난 먼지바람을 일으키면서 무너져내리는 세계 최고의 건물, 아비규환의 현장에 내달리는 사람들을 보면서 경악하였다. 세계가 미국을 주시하였다. 미국인들은 마치 준비된 듯 것처럼 일사불란하게 힘을 합쳐 국난 극복에 나섰다. 누가 누구를 질책하고 비난하는 일은 일어나지 않았다. 오로지 문제 해결에 전부가 힘을 모으는 것을 지켜보면서 세계인들은 깊은 감동을 받았다.

비슷한 일이 1929년 대공황에서 일어났다. 주가가 폭락하고 일자리를 잃은 사람들은 거리를 배회하였다. 1933년 3월, 루스벨트Franklin Roosevelt가 취임하였을 때 농민을 제외한 노동자의 3분의 1이 실업 상태였다. 주택담보대출 가운데 50%가량이 채무 불이행 상태였으며, 주식 시가총액 5분의 4가 날아가버린 상태였다. 그때도 미국은 과거의 잘잘못을 두고 충돌하지 않았다. 해결 가능한 대안을 두고 여야가 힘을 합쳐 결국 대규모 경기 부양책을 실시하면서 침체 국면을 헤쳐가는 데 성과를 거두었다. 어려운 시기를 만날 때마다 마치 준비라도 된 듯이 문제 해결책을 중심으로 해법을 찾아내는 미국의 능력은 앞으로 닥쳐올 다양한 과제들의 해결에 대한 신뢰를 심어준다. 그들은 문제 해법을 찾음에 있어서 이데올로기 같은 거대 담론에 빠지는 잘못을 범하지 않는다. 그들은 현재 작동 가능한 구체적인 해법이 무엇인가에 대한 해답을 찾는 데 익숙한 사람들이다.

11

나라를 지키려는
의지

    국가의 방위력은 객관적인 자료로 드러난 군사력이 전부가 될 수
없다. 어떤 국가라도 자발적으로 조국을 지키려는 강한 의지를 가진
국민이 있을 때 영속할 수 있다. 이런 면에서 미국은 특별한 나라다.
미국인들은 자기 나라에 대한 남다른 자부심을 갖고 있다. 그들은
미국을 '자유의 나라'라고 칭한다. 미국의 이민사는 자유를 찾아 미
국으로 넘어온 사람들로 가득 차 있다. 영국 스튜어트Stewart 왕가의
박해를 벗어나 종교의 자유를 찾아 1620년 메이플라워호를 탄 사람
을 시작으로 아일랜드의 대기근, 스웨덴의 대기근, 소련의 볼셰비키
혁명, 유대인 박해, 베트남전쟁 등과 같은 난리들이 터질 때마다 경
제적·정치적·종교적 이유 때문에 이민자들이 늘었다.

    미국 사회는 자유를 지키기 위해 참전한 사람들을 특별 대우한다.
그가 백인이든 흑인이든 아니면 아시아계든 관계없이 미합중국의 용

맹한 군인은 모두가 하나라고 생각한다. 미국을 여행할 때면 시골 마을이나 대학교나 고등학교의 교정에서 전사자들을 추모하는 기념비를 만나는 일은 흔하다. 미국에서 오랜 세월을 보낸 윤봉준 교수는 미국인들에게 "왜 미국이 위대한가?"라고 묻는다면, 대부분은 "'자유의 나라'이기 때문이다"라는 답을 들을 수 있다고 말한다. 윤 교수는 그들의 자부심을 이렇게 표현한다.

> 불합리한 일이 일어날 때 그들이 흔히 쓰는 말은 '여기가 미국인가?'이다. 미국 같은 훌륭한 나라에서 있을 수 없는 일이라는 것이다. '모든 게 미국적'이라는 말은 대단한 찬사로서 이런 말을 들으며 자랑스러워한다.

미국인들은 외침으로부터 자신의 나라를 지켜야 한다는 열의가 강하다. 어디를 가든지 "우리가 결코 잊지 말아야 한다!"를 강조하는 절제된 장엄함을 지닌 기념물을 수없이 만날 수 있다. 관찰자의 눈으로도 미국인들이 집단적 기억을 통해 그들이 치른 비용을 기억하는 방식은 매우 인상적이다. 과거를 기억해야 더 나은 미래를 만들어갈 수 있지 않은가! 과거에서 배우지 못하면 비슷한 실수를 반복할 수밖에 없지 않은가!

그들만큼 엄숙하고 아름답고 장엄하게 희생자를 기억하는 나라가 있을까 싶다. 9·11테러 사건의 현장에 세워진 기념물들은 "어쩌면 저렇게 장엄하게 자신들의 고난과 슬픔을 기념하고 후대가 기억하도록 만들 수 있을까?"라는 감탄을 자아내게 한다. 정성스럽게, 자신들이 할 수 있는 최대한의 상상력을 발휘해서 추모 기념물을 만드는 데 시간을 두고 노력을 기울인다. 여행자로서 그곳을 방문하는 사람일

지라도 그들의 희생에 대해 경건한 마음을 갖지 않을 수 없다. 미국 사회가 가진 강력한 힘은 공동체를 위해 헌신하고 희생한 사람들을 기억하기 위한 사회적인 공감대와 실행력을 갖고 있다는 사실이다.

이는 과거를 기억하는 방식이지만 또 다른 관점에서 미래를 준비하는 방법이기도 하다. 어떤 개인이 계속 발전할 수 있는 방법 중 하나는 과거의 어려웠던 시기를 잊지 않고 기억하는 것이다. 한 공동체가 영원히 번영하는 길은 앞세대가 겪었던 어렵고 힘들었던 시기를 기억하는 것이다. 그것은 단순히 기념에 그치는 것은 아니다. 현세대와 미래 세대가 '자유는 결코 공짜가 아니다'라는 사실을 반복해서 가르쳐주고 '우리가 누리는 자유가 앞세대의 희생 위에서 가능하다'는 것을 가르쳐준다. 최고의 평화는 기꺼이 전쟁을 치를 수 있다는 결심을 할 수 있을 때 가능하다. 이런 점에서 미국은 최고의 힘을 갖고 있는 나라다. 강제나 강압에 의해서 전쟁을 수행하는 나라가 아니라 자발적으로 나라를 지켜야겠다는 생각을 가진 국민들을 갖고 있기 때문이다. 그 힘은 상호주의에 바탕을 두고 있다. 국가가 국민의 자유를 지켜주기 때문에 국민 또한 국가의 안위를 위해 힘을 모으는 것이다. 이 점은 강대국의 역사에서 매우 드물게 만날 수 있는 미국적인 너무나 미국적인 특성이다.

미국 국민의 자발성은 선거를 통해 선택된 권력자의 언행에도 영향을 끼친다. 누가 권력을 잡더라도 권력을 위임받은 자로서 행동하지 국민에게 군림하는 모습을 보이는 법이 없다. 재임 시에 오바마 Barack Obama 대통령이 털어놓는 국가의 과오에 대한 생각은 미국 지도자의 겸손을 말해준다. "어느 국가도 완벽하지 않습니다. 그러나 미국을 특별히 강하게 만드는 힘 가운데 하나는 과거를 솔직하게 직시하고 결함을 인정한 뒤 더 좋게 변화시켜나가려는 우리의 의지입니다." 이런 발언의 배경에 기독교 정신도 자리 잡고 있음이 틀림없다. 기독교 정신은 미국 대통령처럼 막강한 정치 권력을 가진 사람이라도 그가 하나님 아래에 있는 먼지나 티끌 같은 피조물이라는 생각을 심어준다. 이것이 권력자로 하여금 만용이나 자만이나 교만 같은 함정에 빠지지 않도록 돕는다.

12

뛰어난
교육 제도

어느 사회든 교육 문제는 깊은 관심거리다. 이 문제가 없는 사회는 없다. 오바마 미국 대통령이 재임 시에 여러 차례 한국 교육을 칭찬한 적이 있는데, 미국의 공립 교육도 학력 저하를 비롯한 여러 문제점을 안고 있기 때문이다. 그러나 미국의 명문 대학교나 명문 고교 특히 사립 학교는 타의 추종을 불허할 정도로 우수한 교육 시스템을 갖고 있다. 그렇다고 해서 사립 학교가 문제가 없다는 것은 아니다. 소득 증가율에 비해 지나치게 빠른 속도로 올라가는 사립 학교 학비는 일반 중산층에 지나친 부담을 지우고 있다. 높은 학비를 학자금 대출에 의존하고 있기 때문에 대학교나 전문대학원을 졸업한 학생들은 많은 빚을 안고 사회생활을 시작한다.

미국 갤럽 조사에 따르면 미국 학부 졸업생의 43%는 평균 2만 5,000달러(약 3,000만 원)의 빚을 안고 졸업한다. 미국 연방준비은행

FRB에 따르면 2016년 3분기 기준으로 미국 학자금 대출 잔액은 1조 2,000억 달러(약 1,437조 원)에 달할 정도로 대규모다. 특별한 것은 60세 이상의 학자금 대출 잔액도 무시할 수 없는 규모라는 점이다. 그래서 한때 국내 증권가에서 "미국 학자금 대출 쇼크가 세계 경제에 큰 위협이 될 수 있다"는 이야기가 나올 정도였다. 어느 사회든 이처럼 교육과 관련해서 다양한 문제들이 있다.

대학의 경우 각종 평가 기관에서 발표하는 순위에서 항상 미국 대학들이 상위를 차지한다. 하버드, 프린스턴, 시카고, 예일, 스탠퍼드, 컬럼비아, MIT, 칼텍, 유펜 등은 굴지의 대학들이다. 쟁쟁한 사립 고교로는 필립스 앤도버, 필립스 엑시터, 디어필드, 세인트 폴, 그로톤, 로랜스빌, 초트 로즈메리 홀, 호치키스, 노스필드 마운트 허먼 등을 들 수 있다.

사람들이 몰리는 곳에는 특별한 이유가 있다. 많은 사람이 들어가고 싶어 하는 미국 명문 사립 대학교나 고교는 치열한 입학 경쟁을 뚫어야 들어갈 수 있다. 입학 이후에도 매 학기 전쟁을 치르듯이 수업을 듣고 시험을 치러야 졸업이 가능하다. 미국 교육은 암기 위주의 교육과는 거리가 멀다. 읽기, 쓰기, 토론 등을 통해서 학생들은 비판적 사고 능력과 합리적 사고 그리고 창의성에 대해 집중적으로 훈련받는다. 예를 들어 미국 금융권에 취업하는 학생들 가운데는 대학에서 경제나 경영과 전혀 관련이 없는 철학이나 역사 등을 공부한 사람들도 많다. 이들은 취업 이후에 짧은 훈련 과정을 거쳐 현업에서 일한다. 이는 논리적 사고 훈련을 거친 사람이라면 어디서든 짧은 실무교육을 통해서 업무를 수행할 능력을 갖출 수 있음을 말해준다.

미국 교육의 비용 대비 편익에 대해서는 다양한 의견이 나올 수 있다. 학비가 무척 비싸기 때문이다. 편익 측면만 놓고 보면 미국 교육에서 제대로 훈련받은 인재라면 상당한 역량을 축적할 가능성이 높다. 정해진 학업 기간 동안 집중적인 훈련을 거쳐야 하므로 마치 금형 틀을 만드는 것처럼 젊은이들의 두뇌가 일정한 틀을 갖추게 된다. 쉽게 말하자면 머릿속에 근사한 지식 공장이 들어서게 된다. 미국을 움직이는 엘리트 집단은 이 같은 트레이닝 과정을 제대로 거친 다음에 출세의 사닥다리를 올라간다. 끊임없이 검증 과정을 통과해야 하므로 탄탄한 지적 배경을 갖추고 있지 않으면 정상까지 오르기가 쉽지 않다.

2017년 11월 트럼프Donald Trump 대통령이 방한하였을 때의 국회 연설은 압권이라 부를 정도로 잘 쓰인 연설문이다. 글을 쓰는 사람으로서 "참 잘 썼다"라는 평가를 내리지 않을 수 없는 뛰어난 연설문이었다. 한국사와 남북한 문제를 한국인들보다 더 해박하게 꿰뚫지 않고서는 나올 수 없는 명연설문이었다. 이런 지적 토대가 미국을 이끄는 힘이다. 오늘날 한국의 전시작전권 이양 논의에 있어서 한국군의 작전 능력에 대한 이야기가 나오는 것도 개인의 문제가 아니라 교육이란 시스템의 문제와 연결해서 생각해볼 수 있다. 텔레비전 화면에 등장하는 미국 엘리트들이나 언론 인터뷰에 등장하는 기업·군·행정 엘리트들의 언행에서 지적 수준을 짐작하는 일은 어렵지 않다. 세상을 움직이는 힘은 눈에 보이는 것만큼 눈에 보이지 않는 것이 중요하다. 미국의 힘은 뛰어난 교육에 주목해야 그 실체를 정확히 알 수 있다.

13

천연자원,
기부, 달러

    미국은 거의 모든 것을 국내에 갖고 있다. 미국 정부는 국민에게, "먼저 당신의 나라를 여행해보라"고 당부한다. 자연 절경부터 시작해서 아름다움을 느낄 수 있는 대부분의 것들을 미국이 갖고 있다. 미국의 국립공원 중 어디를 가든 기대를 저버리지 않는다. 몬태나주의 글레이셔 국립공원부터 텍사스의 빅 벤드까지 바라보는 것만으로 감동을 주기에 충분하다. 미국 국립공원은 어떤 장엄한 자연미라도 인간의 손에 의해 잘 보호될 때 그 아름다움을 더하게 된다는 사실을 가르쳐준다. 누군가 죽기 전에 꼭 보고 죽어야 하는 것을 묻는다면, 단연코 미국 국립공원들을 빼놓을 수 없다. 미국에서는 특별하게 여기가 아름답다고 말할 수 없다. 미국의 중소 도시나 마을은 조화에서 오는 아름다움을 만끽할 수 있다. 어디를 가든지 색깔과 크기와 역사가 적절히 조화를 이룬 것이 여행객의 마음을 설레게

한다. "어쩌면 이 사람들은 이렇게 아름답게 가꾸었을까?"라는 부러
움과 함께 말이다. 이 모든 것은 미국이 가진 매력이다. 사람과 돈을
끌어당길 수 있는 매력을 미국은 갖고 있다. 일본이 가진 강점이 친
절과 청결이라면 미국이 가진 강점은 매력과 조화다. 사람들이 터를
잡고 싶어 하는 미국이야말로 앞으로 이민자를 끌어당기는 촉매제
가 될 것이다.

　미국이 가진 천연자원도 언급하지 않을 수 없다. 넓고 광대한 국토
를 가진 미국은 일찍부터 광업과 채석업이 잘 발달되었다. 광업 생산
은 세계 1위지만 GDP에서 차지하는 비중은 2%에 불과하다. 전 세
계 생산고에서 아연 8%, 구리 22%, 납 15%, 철광석 6.4% 등을 차지
하고 있지만 국내 자원 보존이라는 측면에서 채굴을 억제하고 있다.

　예를 들어 현대 문명에서 가장 중요한 석유만 보면 미국의 힘을
확인할 수 있다. 미국은 2005년까지만 소비량의 60%를 수입해왔기
때문에 늘 중동 문제에 초미의 관심을 기울이지 않을 수 없었다. 그
런데 2016년에 셰일 오일 덕택에 원유 생산량은 러시아, 사우디아라
비아에 이어 세계 3위로 올랐으며 40년 만에 석유 수출을 시작하였
다. 지금 텍사스, 노스다코타 등을 비롯하여 미국 전역의 셰일 오일
예상 매장량은 2조 배럴로 추정된다. 이 정도면 약 300년 정도 사용
가능한 양이다. 미국은 2040년이 되면 중동 석유 의존도를 제로로
만들 계획이라고 한다.

　미국을 여행하다 보면 1~2시간 운전을 하더라도 도시를 만나기 어
려울 때가 있다. 그때마다 떠오르는 생각은 이 광대한 토지에 더 많
은 이민자를 받아들일 수 있다면 좋을 텐데라는 생각이다. 「2012년
미국의 주요 토지 사용처」라는 보고서를 보면 총 230억 에이커 가운

데 도시 및 주거용으로 활용되는 땅은 3%에 불과한 7,000만 에이커에 지나지 않는다. 1945년의 4,700만 에이커로부터 2012년까지 2배가량 늘어났다. 국제적인 비교를 해보면 영국의 14.4%, 일본의 7.1%, 한국의 6.2%에 대비된다. 얼마든지 활용할 수 있는 토지 자원을 갖고 있다는 점이 강점이다.

다음으로 기부 문화를 들 수 있다. 공동체를 강하게 결속시키는 미국의 기부 문화는 어린 시절부터 미국인들이라면 생활화하도록 교육받는다. 한인학부모회 회장을 맡고 있는 임무영 씨는 미국 기부 문화에 대해 이렇게 말한다.

마켓에서도 자신이 필요로 하는 캔 푸드보다 몇 개를 더 구매해서 푸드 뱅크 통에 넣고 나오는 사람들을 종종 봅니다. 미국 자본주의가 이나마 덜 과열될 수 있는 것이 바로 기부 문화 덕분이라 생각합니다.

미국 기부 문화는 건국 초기에 뿌리를 두고 있다. 뉴잉글랜드 지역의 청교도 사회에서 영향력이 컸던 코튼 매더Cotton Mather 목사의 『선행록Bonifacius』에 나오는 이야기는 미국 기부 문화의 뿌리와 역사와 문화를 엿보게 한다.

공공의 선을 위해 끊임없이 노력하지 않는 이들은 크리스천이라고 칭하도록 두어서는 안 되며, 선을 행하는 자가 사회에서 가장 높은 존경과 선망의 대상이 된다.

당대의 부를 축적한 사람들은 기부에 앞장서는 모범을 보였다.

2017년 한 해만 하더라도 미국의 10대 거액 기부자의 기부 총액이 10억 달러(약 1조 600억 원)에 달하였다. 현재 미국 정부는 공적 개발 원조로 292억 달러(약 30조 9,500억 원)를 지원하고 있다(2017년 기준). 자본주의가 필연적으로 낳을 수밖에 없는 격차 문제를 완화시키는 데 기부 문화가 기여하고 있다.

한편 여러 화폐 가운데서 달러화는 가장 선호되는 화폐다. 엔화와 유로화가 달러와 경쟁하는 화폐로 등장할 것이라는 전망이 한때 나오기도 했지만 물 건너간 이야기가 되고 말았다. 앞으로 위안화가 그런 자리를 꿰찰 가능성은 그다지 크지 않다. 미국의 달러화가 가진 위상은 안정적이지 않지만 미국이 경제 부문에서 헤게모니를 유지하는 중요한 수단이 되고 있는 것은 사실이다. 미국이 수입한 공산품에 대한 대가로 중국, 일본 그리고 한국 등은 무역수지 흑자를 기록하고 그 대가로 달러화를 외환 보유고로 차곡차곡 쌓아 올리지 않을 방법이 현재로서는 존재하지 않는다. 달러를 대신할 수 있는 화폐가 등장할 전망이 보이지 않는 상황에서, 미국은 계속 달러화 수출국으로서 자리매김할 것이다.

방대한 규모의 달러가 발행되지만 이 가운데 상당 부분은 개인이나 기관 그리고 국가의 수중으로 들어가 시장에서 퇴장되어버린다. 그래서 미국의 일부 학자들은 타국과 달리 미국의 해외 투자에 '암흑 물질dark matter'이 포함되어 있다고 주장한다. 하버드대학의 리카르도 하우스만Ricardo Hausmann과 페데리코 슈투르체네거는 2005년에 발표한 공동 논문에서 "미국은 자국의 높은 부채를 걱정할 필요가 전혀 없다. 세계 경제에 우주의 암흑 물질 비슷한 것이 존재하면서 세계 각국의 부를 끊임없이 미국으로 끌어다주기 때문"이라고 주장하였다. 흥미로운 일은 1998~2011년까지 미국의 무역수지 적자 누적액은 6조 7,954억 달러나 되었지만 같은 기간 동안 미국의 대외 채무는 3조 2,441억 달러 증가하는 데 그쳤다. 나머지 2조 5,413달러의 채무는 사라지고 말았다. 이를 두고 『G2 전쟁: 슈퍼 달러의 대반격』(부키, 2014)에서 레이쓰하이는 "암흑 물질이 미국의 채무를 줄이는 동시에 타국의 채권과 부도 함께 축소시켰으며, 이 암흑 물질의 신비한 능력 덕분에 미국은 금융 전쟁이 타국의 부를 소멸시킬 수 있다는 사실을 완벽하게 감췄다"고 지적한다. 사람에 따라 미국의 발권력에 대한 평가는 크게 다를 것이다. 그럼에도 불구하고 미국의 갖고 있는 달러 발행권은 그 자체가 그 어떤 나라도 공유할 수 없는 독점적인 무기인 것은 분명하다.

제5장

미국과 중국의 차이

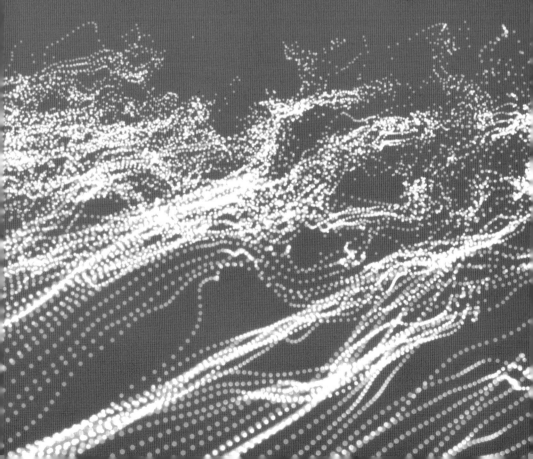

"미국과 중국은 도저히 극복할 수 없는 근본적인 차이를 갖고 있다. 눈으로 볼 수 있는 차이를 넘어 잘 보이지 않는 본질적인 차이를 주목할 수 있어야 한다. 그때 우리는 어떤 입장을 취해야 하는지에 대해 올바른 판단을 내릴 수 있다."

. . . .

사드 배치를 전후하여 한국인들은 많은 생각을 하였을 것이다. 일찍이 경험해보지 못했던 중국의 막무가내식 반응을 보면서 앞으로 한국이 가야 할 길이 가시밭이겠다는 생각을 한 사람도 많을 것이다. 중국이 한국 기업들을 무리하게 압박하고 자기 마음대로 행동하는 것을 상상이나 할 수 있었겠는가. 그러나 모든 것이 힘의 소유 여부에 따라 결정되기 마련이라는 게 세상사의 이치다. 계속 성장하는 중국은 스스로 힘을 절제할 수 있는 능력을 갖고 있지 않은 나라다. 역사적으로 제국 가운데 힘을 절제하면서 주변국을 관대하게 대한 나라들이 드물었는데, 중국도 마찬가지였다. 중국 지배 엘리트들이 자라온 환경이나 교육은 그들이 앞으로 어떻게 행동할지 그리고 중국이 어떤 미래를 만들어갈지를 추측하게 하기에 충분하다. 앞으로 한국인들이 미국과 중국을 정확히 이해하지 않는다면 상당한 비용을 지불하게 될 것이다. 제5장에서는 미국과 중국 사이의 뚜렷한 차이를 8가지 측면에서 정리한다.

01

가치의
간격

    지향하는 가치는 개인과 국가에 모두 중요하다. 추구하는 가치는 생각과 행동의 길잡이 역할을 하기 때문이다. 미국은 건국 이념과 추구하는 가치가 명확한 나라다. 미국 건국의 아버지들은 신앙의 자유를 찾아 신대륙으로 건너온 사람들이었다. 이후에 미국은 일관되게 서구 문명의 핵심 가치인 자유와 독립과 평등의 전 지구적 확산을 위해 진력해왔다. 자유와 독립과 평등은 필연적으로 민주주의, 공화주의 그리고 입헌주의를 낳는다.

    고대 그리스의 아테네로부터 미국의 필라델피아까지 서양 문명을 관통했던 것은 자유와 독립과 평등이며, 이것은 민주주의, 공화주의 그리고 입헌주의를 낳았다. 미국은 사회계약론에 바탕을 두고 인류 최초로 성문 헌법을 제정한 나라로서 민주주의, 공화주의, 입헌주의의 전형이다.

반면 소련과 중국은 냉전 시대를 통하여 자유 진영과 대항했던 나라들이다. 당시 그들이 추구했던 이념은 평등한 공산 사회였다. 이런 이념을 내세웠지만 결국 그들이 이룩한 사회는 변형된 전체주의 사회였다. 1990년 베를린 장벽의 붕괴와 중국의 개혁개방 조치로 말미암아 중국과 소련 양국은 독자적인 노선을 걷게 되었다. 그들은 더는 평등한 공산 사회를 꿈꾸지 않는다. 그들이 꿈꾸는 나라는 어떤 나라일까? 그들이 추구하는 가치는 무엇일까? 그들이 추구하는 가치는 '자국의 이익'이다.

국제 사회에서 중국과 소련 양국이 보인 행태를 보면 '국익' 이외에 그들에게 무엇이 있는가라는 생각을 하게 된다. '아랍의 봄'으로 인해 시리아 내전이 격화되었을 때 러시아가 보인 행태는 이를 생생하게 보여준다. 폭압적인 통치로 무수히 많은 시리아인을 죽음으로 이끈 바사르 알 아사드Bashar al-Assad와 집권여당인 바트당 정권을 지탱해주고 있는 세력은 러시아다. 러시아에 인권 같은 보편적 가치는 안중에도 없다. 수십 수백만 명의 난민들이 폭정과 내전을 피해 지중해와 유럽을 떠돌아다니는 것은 그들에게 무관한 일이다. 그러지 않고서는 그렇게 내놓고 폭정을 지지할 수 없다. 오로지 자국의 이익 즉 자국의 세력 확장에 도움이 된다면 독재든 폭정이든 아무런 문제가 될 것이 없다. 역사상 러시아는 항상 그런 행보를 해왔다. 자국 이익에 도움이 된다면 6·25전쟁이든 아프가니스탄 전쟁이든 개입을 마다하지 않았다. 러시아가 국제 사회에서 책임 있는 국가로서 행보를 보인 적은 거의 없다.

그러면 중국은 어떤가? 러시아와 시리아의 관계보다 훨씬 더 밀접한 관계가 중국과 북한의 관계다. 북한의 폭정은 시리아와 비교할 수 없을 정도로 가혹하다. 북한 땅을 도망친 수많은 난민이 중국 땅을 헤매고 있고, 중국을 거쳐 제3국을 경유해서 한국이나 제3국가로 탈출하고 있다. 중국이 문명 국가라면 당연히 북한 문제에 적극적으로 개입했어야 했다. 보편적 가치 가운데 기본 인권을 보호하는 것처럼 중요한 것이 또 어디에 있는가! 인접한 국가 그것도 혈맹이라 불리는 국가에서 자행되는 가혹 행위에 대해 중국은 그 어떤 조치도 하지 않는다. 다만 "우리는 할 만큼 했다"는 이야기를 반복할 뿐이다. 중국은 자국 이익을 위해 그저 뭔가 하는 시늉만 내면서 시간을 흘려보낸다.

그러면 중국이 추구하는 가치가 무엇인가? 중국은 국제 사회에서 책임 있는 대국으로서의 역할을 할 가능성이 있는가? 중국을 이끄는 당국자들에게 오직 중요한 것은 자국의 이익 즉 국익일 뿐이다. 그들에게 언행의 기준은 보편적 가치가 아니라 이익일 뿐이다. 이익이 되면 하고 이익이 되지 않으면 하지 않는 것이 그들의 가치 기준이다. 이는 개인으로서의 중국인에게도 발견할 수 있는 특성이다. 유독 중국인은 이利의 추구를 중요하게 여긴다. 개인에게 돈벌이는 국가에는 자국 이익의 극대화와 일맥상통한다. 중국은 매사를 자국 중심으로 판단하고 행동하는 뿌리 깊은 중화사상을 갖고 있으며 이것은 인위적으로 만들어진 것이 아니라 역사를 통해 기초를 다져온 것이다. 세상이 자국 중심으로 돌아가고 있으며 돌아가야 한다는 중화사상은 깊은 뿌리를 갖고 있다.

미국과 중국 사이에 하늘과 땅만큼이나 큰 간격이 있다. 같은 대국이라 해서 같은 반열에 둘 수 없다. 보편 가치를 추구하는 대국과 자국 이익을 추구하는 대국의 격차는 얼마나 크다고 보는가? 앞으로도 이런 간격에 큰 변화가 이루어질 것으로 보지 않는다. 이처럼 양국 사이에 옳고 그름에 관한 구조적인 차이가 있다는 사실을 잘 알고 대처해야 한다. 중국이 현재와 같은 체제를 유지하는 한 중국 당국자들의 의식이나 태도가 바뀔 가능성은 아주 낮다.

02

역사적
경험

　한국은 중국과 수천 년 동안의 역사적 경험을 공유해왔다. 한국은 미국과 1882년 조미수호통상조약으로 공식적인 국가 관계를 맺어왔다. 한국과 중국이 대등한 국가 간 관계를 맺은 것은 1992년 한중 수교부터다. 수천 년 교류 역사 중 대등한 관계는 30여 년이 채 되지 않을 정도로 짧다. 이 기간을 제외하면 한국과 중국이 수평적 관계를 맺은 적이 없으며 한중 관계는 일관되게 수직적 관계가 지배해왔다. 중국에게 한국은 자신들이 구성한 동북아시아 질서 속에서 변방 국가 혹은 주변 국가로 자리매김을 해왔고 지금도 마찬가지다. 중국과의 관계가 때로는 평화롭게 유지되기도 했지만 중국 대륙의 정치적 변혁기가 되면 중국은 자국 이익을 보호하기 위해 자주 한국을 침략했다. 중국에 의한 외침이라 부를 수 있는 전쟁은 약 50건 정도로 추측된다. 이 가운데 몽고에 의한 국토 유린, 병자호란, 중공군의

6·25 참전 등은 한반도에 큰 상흔을 남겼던 전쟁들이다.

국가 사이의 관계가 수평적 관계인가 아니면 수직적 관계인가라는 점은 중요하다. 중국 지배계급들의 머리에는 중국 중심주의 즉 중화 사상이 뿌리 깊게 남아 있을 것이다. 대국과 주변국 혹은 대국과 소국의 세계관이 자리를 굳게 잡고 있을 것이다. 이런 세계관을 없애는 것은 쉽지 않다. 현재의 영토, 국력, 군사력 등에서 압도적 차이가 나는 것을 제쳐두고라도 중국 지배계급들이 성장해온 문화, 환경 그리고 교육이 중국 중심주의를 깊이 심어주었기 때문이다. 더욱이 중국은 다양한 민족으로 구성된 나라이므로 영토 문제와 민족 문제로 인한 분열 가능성에 대해 항상 주의를 게을리하지 않는다. 따라서 남북한의 문제에 있어서도 그들의 초미의 관심사는 자국 영토 문제와 맞물려 있다. 체제나 이념에서 자신들과 우호적이지 않은 세력과 국경을 맞대서는 안 된다는 생각이 강하다.

막강한 힘을 가진 국가의 지배계급이 세계관까지 중화주의로 세례를 받았다면 이들에게서 대등한 관계에 기초한 외교 정책의 수립이나 집행을 기대하는 것은 쉽지 않다. 중국은 여전히 사회주의 국가다. 지배계급은 어린 시절부터 오랜 세월을 통제된 사회주의 국가에서 성장해왔다는 사실을 명심해야 한다. 우리가 생각하는 자유, 평등 그리고 도덕은 그들의 것과 크게 차이가 날 수 있다. 한국으로부터 무엇인가를 받아야 하는 절박한 상황이라면 선린우호 관계를 수립하는 것이 쉽겠지만 더는 받을 것이 없다고 판단하는 순간부터 태도가 바뀔 수밖에 없다. 사드 배치 이후 중국이 보인 행동에는 더는 한국에 기대할 일이 없다는 현실적인 판단도 큰 역할을 하였다.

한편 미국과의 관계는 중국과 판이하게 달랐다. 조미수호통상조약은 물론이고 미 군정의 진주 이후에도 미국은 한국을 속국으로 간주하거나 지나친 방법으로 외압을 행사하는 일은 거의 없었다. 오히려 이승만 대통령의 노회한 외교 정책에 힘입어 미국이 한국에게 부탁하는 예상치 못한 일들이 1949년의 미군 철수나 1953년의 휴전회담 조인 협조 등에서 일어났다.

미국이 1980년 5·18사건 등을 뒷받침하였다는 일부 운동권의 주장에서 비롯된 반미 운동에 대해서도 미국은 한국에 대해 억압적인 조치를 한 적이 한번도 없었다. 힘을 가진 나라라면 부정의하거나 부당한 일들에 대해 마땅히 행사하였을 법한 최소한의 조치조차 미국은 취하지 않았다. 만일에 1980년 광주 미문화원 방화 사건, 1982년 부산 미문화원 방화 사건, 1983년 대구 미문화원 폭탄 투척 사건, 1985년 서울 미국문화원 점거 사건 등이 중국문화원을 상대로 일어났더라면 어떤 일이 일어났을까? 아마도 중국은 한국에 대해 가혹한 조치를 취하였을 것이다. 2002년 미군 장갑차에 의한 여중생 사망 사건이 발생하였을 때도 미국은 성의 있는 조치들을 취하였을 뿐 한국인들이 강압적인 압박이라고 느낄 만한 조치를 하지 않았다. 역사적으로 미국은 호혜, 평등, 구제, 원조 등 박애주의의 정신에 부합하게 한국의 자립을 지원하기 위한 다양한 조치를 하였다.

세계적인 지성으로 통하는 프랑스의 기 소르망_{Guy Sorman}은 『세상을 바꾸는 착한 돈: 그들은 왜 기부하는가?』(문학세계사, 2014)란 저서에서 미국 역사를 관통하는 박애주의와 기부 문화를 다루었다.

성공한 프랑스 사람은, '내가 최고라서 성공했다. 박애 활동에 돈을 좀 내놔야겠다'고 생각하지만, 성공한 미국인은 '나는 운이 좋았다. 그렇지 못한 사람을 도와야겠다'고 생각한다.

이런 차이는 기독교의 칼뱅주의에 뿌리를 두고 있다. 박애 사상은 칼뱅주의 영향권인 미국과 북부 유럽에서 강하다. 칼뱅주의 문화에서는 어떤 사람이 성공한 것은 그가 잘나서가 아니라 신神이 그렇게 결정했기 때문이라고 본다. 대부분 사람은 프랑스인들과 비슷할 것이다. 박애주의에 관한 한 미국이 특별하다. 한국에 기독교를 전했던 미국의 초기 선교사들도 박애주의 영향권 아래에 있었던 사람들이다. 미국인들처럼 한쪽은 우리 위에 신이 계신다고 생각하고, 중국인들처럼 한쪽은 우리 위에 신이 없다고 생각한다면, 양쪽의 행동이 서로 달라질 수밖에 없다. 특히 힘을 갖게 되는 사람들이 취하는 행동은 크게 달라진다. 신이 있다는 사람의 행동에는 긍휼과 자비와 박애가 따르게 된다.

역사적 경험에서 반복적으로 관찰되는 것은 현재로부터 미래에 이르기까지 한국인들이 어떤 선택을 해야 하는가를 말해주기에 충분하다. 수직 관계에 익숙한 사람들에게 대등한 대우를 해달라고 요구하기는 힘든 일이다. 그것은 문화처럼 몸과 마음에 배어 있는 것이기 때문이다.

03

체제의
차이

·

인류 역사를 자유와 평등을 향한 전진이라고 이해하면, 한국은 중국보다 큰 나라다. 땅덩어리와 인구수는 작을지 몰라도 한국은 산업화와 민주화를 모두 자력으로 잘 마무리 지은 나라이기 때문이다. 중국은 자유주의 전통이 척박한 나라다. 자유주의는 인간이 독립적이고 이성을 가진 자주적인 도덕적 주체일 뿐만 아니라 자신을 위해 선택할 수 있고 책임질 수 있다는 인간관에 바탕을 두고 있다. 자유주의는 개인의 자유와 법 앞의 평등을 믿으며, 모든 시민은 헌법이 보장한 기본 자유를 누릴 수 있어야 한다고 믿는다. 따라서 자유주의는 자유민주주의와 입헌민주제를 주장한다.

중국은 역사상 시민이 나라의 주인이 되고 시민이 권리를 갖는 근대적 의미의 시민 사회를 경험한 적이 없다. 시민 사회의 핵심은 개인의 사적 영역이 보호받을 수 있다는 것이다. 국가(정부)는 시민 위에 군림하면서 시민들을 통치하는 별도의 주체가 아니라 시민들이 행사하는 정치권 권리(참정권)에 의존하여 시민에게 봉사하는 단체다. 시민 사회에서 국가는 국민을 지배하고 억압하고 이끌어나가는 주체가 아니라 한시적으로 권력을 위임받는 존재다. 중국인들은 참정권을 갖고 있지 않으며, 일당 체제가 선택한 지도자가 국민의 동의 없이 나라를 이끌어가는 체제다. 그래서 정치 체제의 발전사로 보면 왕정의 '현대판 버전' 정도로 이해할 수 있다.

중국은 개혁개방의 확대와 심화에도 불구하고 사회주의라는 틀을 버리지 않고 있다. 당정의 공식적인 국가 이념은 여전히 마르크스-레닌주의와 마오 사상을 틀로 삼고 있다. 또한 사회주의 이데올로기는 중국 지도부의 정책 선택을 결정짓는 마지막 검증 장치로 작동하고 있다. 이희옥 성균관중국연구소 소장은 『중국의 새로운 사회주의 탐색』(창비, 2004)이란 저서에서 여전히 막강한 영향력을 행사하고 있는 사회주의 이데올로기에 대해 이렇게 지적한다.

중국에서 사회주의 이데올로기는 중국 공산당의 독점적 권력을 정당화하고, '사회주의 건설'의 역사적 사명을 합법화하는 데 기여해왔다. […] 중국은 강국화의 꿈을 가로막는 서구 자본주의의 충격 앞에서 여전히 수용과 배척이라는 이중적 자세를 취해왔는데 이때에도 사회주의는 서방의 자유주의 사조에 대항 이데올로기로 기능하였다.

청나라와 왕정 이후 잠시의 공백기가 있었지만 이후 중국은 공산당이 지배하는 국가였다. 지금은 시장 경제를 허용한 공산당 일당 지배 국가다. 정치 체제로 말하자면 일당 독재 체제이자 전체주의 체제에 해당한다. 대부분의 민주 국가에서는 필수적이고 기본적인 권리를 국민에게 인정하지만 중국은 어떤 선거권도 부여하지 않았다. 그리고 부여할 수 없는 정치 체제를 갖고 있다. 쉽게 말해서 중국은 경제 활동에서 상당 폭의 자유를 국민들에게 인정하지만 정치 체제로 보면 여전히 전체주의 체제에 가깝다.

정치 체제라는 관점에서 미국과 중국은 판이하게 다르다. 자유민주주의 체제와 일당 공산당 지배의 전체주의 체제의 차이다. 중국은 우리는 우리식 정치 체제가 있다고 이야기하지만, 결국 독재 정치 체제인 것은 분명하다. 국민으로부터 위임받지 않은 사람들이 계파를 나누고 돌아가면서 권력을 장악하는 일이 이루어지고 있기 때문이다. 중요한 것은 근대 국가의 기초 개념인 주권 재민론과는 정면으로 배치된다는 점이다. 근대 시민 사회는 권력이 국민으로부터 나온다는 명제를 받아들인다. 국민으로부터 나온 권력만이 정당화할 수 있는 권력이기 때문이다. 국민으로부터 위임받지 않은 사람들이 돌아가면서 권력을 나누어 갖는 것은 민주주의 국가의 시민으로서는 이해할 수 없는 일이다.

정치 체제의 차이는 국민들의 기질 차이를 낳기도 한다. 미국인의 개방적·호혜적·평등적 태도와 마음가짐은 자유민주주의가 낳은 결과물이다. 일반적인 중국인들이 태어날 때부터 무슨 문제가 있다는 이야기는 아니다. 체제가 억압적이고 강압적이면 사람들의 심성도 영향을 받는다. 공안이 항상 들이닥칠 수 있는 체제라면, 개인의 권리가 제대로 보장받지 못한 체제라면, 정당한 방법으로 사법권이 행사되는 체제가 아니라면, 그 체제는 국민들에게 항상 긴장감과 불안감을 형성하게 된다. 왕정하에 살았던 사람들이 제한된 생각으로부터 벗어날 수 없듯이 자유로운 체제가 아니라면 항상 무엇인가를 의식하면서 살아야 한다. 말도 조심해야 하고 행동도 조심해야 한다.

우리가 접하고 있는 중국이라는 나라를 전체주의 국가 가운데 하나라고 생각하면 우리의 선택에서 큰 도움을 받을 수 있을 것이다. 한중 양국 사이에 민감한 사안이 터질 때면 지나친 민족주의적 성향이 중국 지배계급뿐 아니라 일부 중국인들에게 관찰되는 것은 정치 체제와도 깊은 관련이 있다. 전체주의 체제에서는 '나'보다 항상 '우리'가 앞서기 때문이다. 시민 사회 이전의 공동체 사회에서 특별하게 관찰되는 일들을 오늘날 한중 관계에서도 자주 볼 수 있다. 일찍이 아리스토텔레스Aristoteles는 시민이 정치 체제의 선택에 영향을 미치는 것처럼 특정 정치 체제가 시민의 행복과 성공, 기질과 심성 그리고 사고에 영향을 미친다고 주장하였다. 아리스토텔레스의 지적처럼 정치 체제가 사람들에게 큰 영향을 끼치는 것이 사실이다.

전체주의 사회에서 품격 있는 국가나 품격 있는 국민을 기대하기 쉽지 않다. 중국 본토에서 불온 서적으로 찍힌 『국가의 품격은 어떻게 만들어지는가: 성숙한 시민들을 위한 교양 수업』(더퀘스트, 2017)의 저자인 '중국의 지성' 짜우포충 홍콩중문대학 교수는 말한다.

자유주의는 입헌 정치, 인권, 민주주의의 구현에 힘쓸 뿐만 아니라 가정·일·교육·온갖 공동체 생활 등을 포함한 사회생활의 모든 고리에서 억압과 지배, 부정의를 최소화하려고 힘쓴다는 사실을 알 수 있다. 이 점이 보이지 않는 사람은 200년 전 유럽 사회와 중국의 전통 유교 사회에서 여성이 처했던 상황을 오늘날 자유민주 사회와 조금만 비교해보면 그 차이를 알 수 있을 것이다. […] 중국의 자유주의자들은 시야와 상상을 넓힘으로써 사회가 더욱 평등해지도록 촉진해야 한다.

200년 전의 중국 사회만 그랬던 것은 아니다. 우리도 마찬가지였다. 15~16세기 조선 인구 가운데 30~40%가 노비였던 점도 생각해야 한다. 조선 말기도 상황이 크게 다르지 않았을 것이다. 그런 상태에서 이처럼 자유로운 나라를 만들어낸 것이 중국과의 차이라면 차이일 것이다. 한국인들이 중국을 큰 나라라고 부러워하거나 스스로 위축될 필요는 없다. 우리는 중국인들이 향후 수십 년 동안에도 해낼 수 없는 일은 잘해냈기 때문이다.

04

동맹의
유무

중국은 북한과 혈맹 관계다. 6·25전쟁 동안 중공군은 사망자 13만 6,000여 명, 부상자 20만 8,000여 명, 실종자와 포로, 비전투 사상자까지 포함하면 97만 3,000여 명이 피해를 입었다. 요컨대 중국은 한국전에 개입함으로써 100만여 명이 피해를 입었다. 한국과 미국 중심이 아니라 북한과 중국 입장에서 생각해야 한다. 세계에서 이만 한 혈맹 관계를 찾기도 어려울 것이다. 중국인들 스스로 한반도는 '우리가 피를 흘려 지킨 땅'이라는 감상을 크게 가졌으리라 추측하는 일은 어렵지 않다. 한반도에 미국이 개입한다면 중국은 북한을 도와 개입하지 않을 수 없다는 생각을 가진 중국 지배계급들도 많을 것이다. 북한과 중국 관계를 생각할 때 이 점을 놓치지 않아야 한다.

현재 북한과 중국의 군사 동맹은 1961년 7월에 맺어진 '조중우호협력 및 상호원조조약'에 바탕을 두고 있다.

제2조 체결국에 대한 특정 국가의 침략을 방지한다. 체결국 가운데 한 쪽이 침략을 받을 경우 전쟁 상태로 바뀌는 즉시 군사적 원조를 제공해야 한다.

조약에 따르면 일방이 무력 침공을 당하거나 개전 상태에 놓이면 상대방도 지체 없이 군사 및 기타 원조를 제공하도록 규정되어 있다. 북한과 중국 사이의 조약에는 강력한 강제적 조항이 들어 있기 때문에 한미상호방위조약과 뚜렷한 차이가 있다. 무엇보다 중요한 것은 중국이 지리적 이점 때문에 손쉽게 전쟁 개입이 가능하다는 점이다.

북한과 중국 사이에 갈등이 고조되던 2017년 4월과 5월, 중국 기관지인《환구시보》는 "미국이 북한 핵시설에 대해 외과 수술식 정밀 타격을 하더라도 중국의 군사적 개입은 불필요하다"는 주장을 펼치기도 하고, "북한의 핵미사일 도발 행위는 전쟁 위협을 높이는 조약 위반에 해당한다"는 주장을 하기도 했다. 그러나 가능성 면에서 보면 중국은 국익에 따라 한반도에 일정한 지분을 요구할 가능성이 크다. 이때도 중국의 영토 보존에 이익이 되는가 아닌가라는 점이 한반도 개입에서 중요한 요소다.

북한의 북쪽 국경선은 약 505km인데 이 가운데 두만강을 경계로 해서 중국과 490km를 접하고 있다. 나머지 15km가 러시아와의 국경선이다. 참고로 현재 한국과 북한의 군사분계선은 238km(148마일)이고, 한반도의 남북 길이는 약 1,000km이며 동서 너비는 약 300km나 된다. 다민족 국가로 구성된 중국은 영토 분쟁이나 민족 문제에 대해 각별히 신경을 쓸 수밖에 없다. 옌볜 지역을 중심으로 조선족들이 사는 상태에서 490km나 되는 국경선을 정치 체제가 다른 국가와 맞닿아 있기를 원하지 않는다. 따라서 미국의 군사 개입 시 중국 당국은 한반도에 깊숙이 진주함으로써 현재의 중국 국경과 한국이 직접 맞닿지 않는 완충 지역을 확보할 수 있는 정교한 시나리오를 갖고 있다. 참고로 중국은 북중 국경에서 50km, 100km 진입하는 시나리오 외에 평양 북부와 원산 북부를 잇는 라인(200km), 남쪽의 남포와 원산을 잇는 라인(250km)까지 진출하는 안 등 모두 4개의 시나리오를 갖고 있는 것으로 알려졌다.

중국의 한반도 개입이 유력한 것은 중국 입장에서 한반도 통일이 한국이 바라보는 통일과 다르기 때문이다. 앞에서 이야기한 바와 같이 중국 지배계급의 관심은 국익 제일주의다. 국익과 관련이 없다면 민족 자결론 등은 그들에게 별반 관심사가 될 수 없다. 중국이 한반도 통일을 바라보는 시각은 이렇다.

첫째, 통일 한국이 중국의 대항 세력으로 성장할 가능성을 조기에 꺾어야 한다. 이는 통일 한국이 지금보다 한반도 남쪽으로 후퇴하도록 만드는 것이다. 중국의 한반도 군사 개입 전략을 연구한 허동욱 교수는 "전통적으로 중국은 한반도를 중국의 심장을 겨누는 비수로 보았다"는 점을 지적한다.

둘째, 북한 붕괴로 인해 한국의 자유민주주의 이념이 중국에 끼치는 영향을 사전에 차단해야 한다. 또한 통일 한국의 간도 등지에 대한 고토 회복 움직임을 극도로 싫어한다. 이를 위해서 중국은 사전에 충분한 완충 지역을 확보해야 할 필요성이 있다. 이 점은 중국으로서는 양보할 수 없는 사항이며 한반도에 전쟁이 발발할 경우 가장 중요하게 여기는 점이다.

셋째, 사회주의 동맹국의 몰락에 따른 중국 국민들의 민주화 요구와 체제 개혁에 대한 요구를 조기에 진화시킬 수 있어야 한다. 북한이 붕괴된다면 일반 중국인들은 한미와 조중 대결 구도로 상황을 이해할 가능성이 높다. 천안문 민주화 투쟁에 대해 깊은 상흔이 남아 있는 중국 지배계급은 어떤 경우든 북한 붕괴가 그런 식으로 해석되는 것을 차단할 필요가 있다. 이것은 한반도의 일부에 대한 중국의 진입일 것이다. 허동욱 교수는 이런 가능성을 높게 보고 있다.

> 북한의 급변 사태는 곧 '혈맹 관계'에 있는 이웃 사회주의 형제 국가의 붕괴를 의미한다. 이는 마르크스−레닌주의에 입각한 일당 체제의 한계를 노정하는 것으로 중국 내 민주주의 및 인권 등 서구 가치의 수용을 요구하는 압력으로 작용할 수 있다. [⋯] 개혁개방 추진 이후 정치적 의식 수준이 향상된 중국 인민들로 하여금 사회주의 체제의 한계에 대한 인식을 강화하고 정부에 대한 정치 개혁을 요구하는 시발점이 될 수 있다.

05

리스크의

유무

역사에서 예외는 드물다. 어떤 나라가 그칠 줄 모르고 고도성장을 계속하면 "저 나라는 특별한 나라"라는 생각을 가진 사람들이 다수를 차지하게 된다. 그래서 그 나라를 찬양하는 목소리가 높아지고 그런 목소리가 더해지다 보면 나중에는 정설처럼 자리 잡게 된다. 일본이 고도성장을 구가하는 동안 많은 사람이 일본은 특별한 나라라는 '일본 특수론'에 빠져들었다. 그러나 결국 일본 또한 버블 붕괴와 장기 침체 국면으로 빠져들 수밖에 없었다. 모든 나라는 개발 단계에서 발생하는 후유증에 대해 어떤 형태로든 비용을 지불하면서 성장하게 된다. 후유증이 정부 개입으로 발생하는 경우라면 더더욱 그런 비용 청구서를 피할 수 없다.

중국이라는 나라가 갖고 있는 첫 번째 위험은 '정치적 리스크'다. 중국은 엄격한 통제를 통해 시민들의 정치적 욕구를 억제하는 데 성공하고 있는 것처럼 보인다. 당분간도 그런 행보를 계속할 것으로 보인다. 예를 들어 중국은 일명 만리 방화벽The Great Wall이라 불리는 인터넷 감시 검열 통제 시스템을 가동해서 자유로운 정보 흐름을 차단하여 민감한 정보가 국민들에게 전달되지 않도록 조치해왔다. 1998년에 구축을 시작하여 천문학적인 비용을 투입해 완성한 이 시스템은 구글, 트위터, 페이스북, 플리커flicker, 인스타그램, 유튜브 등에 접속할 수 없도록 만들 뿐만 아니라 검색어에 대한 엄격한 통제를 가하고 있다. 중국이 이 시스템의 가동을 위해 동원하고 있는 인력은 알려진 것만으로도 10만 명이라 한다. 3년 동안 폐쇄된 온라인 사이트만도 1만 3,000개에 달할 정도다. 중국 공산당은 정보 통제를 통해 정치적 안정을 꾀하고 있다.

미국은 정치적 리스크가 없다. 독립전쟁이나 내전 그리고 권리를 향한 갈등 등 거의 모든 정치적인 격변기를 경험하였다. 중국은 정치적 리스크와 관련해서 아직 제대로 된 비용 청구서를 받지 않은 상태다. 중국만 다른 나라들이 경험했던 정치적 격변기를 통과하지 않고 선진국으로 부상할 가능성이 있을까? 가능성은 아주 낮다. 중국 특수론이 올바른 주장이 아니라는 이야기다. 중국도 중산층 인구가 늘어나고 물질적 풍요가 이어지면서 시민들의 정치적 욕구가 분출되는 것을 언제까지나 억누를 수는 없을 것이다. 그렇지만 중국 정부의 통제 능력을 미루어보면 꽤 긴 시간 동안 통제가 가능할 것으로 본다. 결국 역사 발전은 개인의 자유와 권리를 신장하는 쪽으로 갈 수밖에 없기 때문에 이런 과정에서 중국은 대가를 치르게 될 것이다. 5,000만 정도로 구성된 우리 사회가 겪었던 격렬한 민주화 과정을 생각해보면 중국이 정치적인 정상화를 위해 지불하게 될 비용은 상당히 클 것으로 보인다.

중국이란 나라가 치르게 될 두 번째 비용은 '경제적 리스크'다. 이런 점에서 미국은 금융 시장이 잘 발달되었기 때문에 한꺼번에 비용을 치를 필요가 없다. 왜곡된 규제들이 결국 미국에게 엄청난 비용을 치르게 한 것이 2008년 글로벌 금융위기다. 중국은 아무런 문제가 없는 것처럼 40여 년간 고속 성장을 지속해왔다. 1997년 한국이 겪었던 외환위기는 물론이고 당시 아시아 국가들이 겪었던 문제는 낙후된 금융 산업과 정부 개입에 의한 자원 배분이 어떻게 한꺼번에 비용 청구서를 보내게 되는가를 가르쳐주었다.

중국은 정부의 깊숙한 개입에 의해서 금융 자원의 낭비가 상상을 초월할 정도로 이루어지고 있을 것으로 추정된다. 여기서도 중국 예외론이나 중국 특수론은 적용될 수 없다. 관치 금융은 필연적으로 자원의 낭비를 낳는데, 중국의 경우 우리가 상상할 수 없을 정도로 대규모일 것이다. 돈만 많이 들고 사업성이 떨어지는 사업, 정실에 의한 대규모 대출, 비생산적인 과잉 투자, 인간관계나 청탁이나 압력에 의한 부실 대출, 이전 속도만큼 성장할 수 없는 수출 실적 등이 쌓여가면서 결정적인 시기가 도래할 날을 기다리고 있을 것이다.

정권 안정 차원에서 경기 부양책을 쓰지 않을 수 없는 나라가 중국이다. 최소한 6~7%의 경제성장률을 유지하기 위해서는 엄청난 부양책을 실시해야 한다. 반복되는 부양책으로 인한 자원 낭비도 만만치 않은 규모일 것이다. 지표상으로 중국의 국내 부채는 2008년 GDP 대비 150%에서 2014년 250%까지 증가하였다. 그러나 이 수치를 액면 그대로 믿는 사람은 없을 것이다. 중국 정부는 얼마든지 경제를 통제할 수 있다고 자신한다. 그러나 리카르도 하우스만은 "8%

성장에서 4% 성장으로 가는 길은 보통 마이너스 2% 성장의 시기를 통과한다"고 말한다. 그래도 중국의 미래를 우울하게 볼 필요는 없다. 거시 경제의 혼란을 경험하더라도 지금 중국이 뿌리고 있는 산업 육성의 씨앗들은 꽃을 피울 것이다. 마치 우리가 환란을 딛고 일어섰던 것처럼 말이다.

06
언론의
존재

미국과 중국을 구분하는 중요한 차이 중 하나는 비판적 언론의 존재 유무다. 정치 권력은 일종의 합법화된 폭력이다. 현대 민주주의 국가에서조차 정치 권력을 제어하는 일은 쉽지 않다. 비판적 언론에 재갈을 물리는 일이 종종 일어나기 때문이다. 또한 오늘날처럼 대중의 힘이 커진 시대에는 대중의 뜻이란 이름으로 소수 반대자의 입을 다물게 할 수 있는 것이 정치 권력이 갖고 있는 속성이다. 누구의 잘잘못이 아니라 재량권의 남용이란 인간 본성으로 말미암아 "모든 권력은 부패하기 쉽다"는 만고불변의 진리다. 강한 소금이 필요하다. 권력의 눈과 귀에 거슬릴지라도 부패를 막는 기능을 수행하는 데 반드시 필요한 것이다.

미국은 자신이 가진 국방력과 경제력을 미루어보면 얼마든지 패권을 추구하는 국가가 될 수 있다. 약소국을 괴롭힐 수도 있고, 무리한 조치를 강제하거나 강요할 수 있다. 한마디로 안하무인 격으로 행동할 힘을 갖고 있는 유일무이한 나라다. 그러나 미국의 언론들은 정부가 권력을 남용하지 않도록 감시를 게을리하지 않는다. 설령 대통령이라 하더라도 내밀한 부분까지 무자비할 정도로 파헤치는 것이 미국 언론의 속성이다. 그런 언론이 있는 덕분에 미국이 갖고 있는 힘은 부패하지 않고, 자만하지 않을 수 있다. 그리고 가능한 한 미국이 국내에 적용하는 공정성이란 기준을 국외에도 그대로 적용하게 된다.

미국은 1791년 수정헌법 제1조에 언론의 자유를 명시하고 있다. 이는 누구나 자신이 가진 신념, 의견 그리고 사고를 자유롭게 말하고 출판하고 인쇄할 수 있는 것을 의미한다. 따라서 언론의 자유는 올바른 공적인 결정에 이르기 위해 필요한 의견을 누구나 제시할 수 있는 것으로 인식되어왔다. 수정헌법 제1조의 언론의 자유는 수정헌법이 제정되기 이전인 1769년 영국의 윌리엄 블랙스톤William Blackstone 판사에 의해 제시된 언론의 자유에 대한 판결에 기초를 두고 있다.

> 언론의 자유는 사전적 억압이 없는 상태를 말한다. 모든 자유인은 공중 앞에서 자신의 즐거운 감정을 표출할 절대적인 권리를 갖는다. 따라서 이를 억압하는 것은 언론의 자유를 파괴하는 것이다. 그러나 개인이 부적절하거나 장난스럽거나 또는 불법적인 것을 출판한다면, 그 사람은 자신의 무모한 행위의 결과에 대해 책임을 져야 한다.

미국 언론은 1983년만 하더라도 50개 기업들에 의해 소유되고 있었지만 2011년이 되면 6개 회사가 90%를 차지하는 모습으로 변모하게 된다. 참고로 국제 인권 단체 프리덤하우스Freedom House가 발표한 「2016 언론 자유 보고서」에 따르면 조사 대상 199개국 중에서 미국은 28위, 중국은 186위에 올라 있다. 반면에 한국과 북한이 각각 66위와 199위에 올라 있다.

중국의 언론 자유는 바닥권이다. 일당 체제인 중국 내 모든 언론 매체는 관영 매체이거나 당국의 엄격한 검열을 받는 민영 매체다. 검열 대상은 신문이나 방송은 물론이고 인터넷, 영화, 휴대폰 문자 메시지까지 망라한다. 1949년 중국 공산당 설립 이후 중국 공산당은 언론을 주도적인 혁명 도구 가운데 하나로 간주해왔다. "중국 언론은 공산당의 나팔수 역할을 해야 한다"는 중국 공산당의 언론관은 지금도 지배계급이 공유하고 있다.

중국 언론 당국은 3가지 기준에 따라 언론을 통제한다. 첫째, 천재지변 등 긴급 보도에 대해서는 당국의 허가를 받아야 한다. 둘째, 통일(대만) 문제, 주권 및 영토 보전을 침범하는 보도는 금지된다. 셋째, 국가 안전을 위협하는 보도는 제한된다. 당국이 금지할 수 있는 보도 대상이 무궁무진할 수 있음을 뜻한다.

이런 언론 검열하에서 중국 언론 종사자들은 생명을 내놓지 않는 한 무기력해질 수밖에 없다. 스스로 검열하는 데 익숙하다. 당국이 싫어할 만한 보도는 알아서 하지 않는다. 검열의 중심에는 신화사라는 중국 관영 언론이 있으며 모든 검열과 기사 내용 제공은 신화사를 통해 이루어진다. 언론의 감시 기능이 상실된 사회에서 당국은 철저하게 중국 지배계급의 정책 결정에 맞추어서 보도를 통제하고 언론을 조작하는 임무를 수행한다. 국가가 정한 정책에 대해 어떤 이견도 존재할 수 없고 오히려 국가 정책을 찬양하는 보도 일색일 수밖에 없다. 중국의 절대 권력은 한국의 사드 배치 전후 보여준

무소불위의 자의적 권력 행사를 보여준 것처럼, 앞으로도 한반도와 관련된 모든 사안에 대해서 기존의 관행을 반복할 것이다. 중국의 지배계급이 결정하면 그것이 곧 법이 되고 여론이 될 수밖에 없다. 중국의 지배계급은 자신이 원하는 방식대로 힘을 사용하게 될 것이며, 주변국의 사정이나 상황에 대해서는 어떤 고려나 배려도 하지 않을 것이다. 대부분의 전체주의 국가에서 관찰할 수 있는 현상 즉, 지배계급의 이데올로기나 정책에 나팔수 역할을 하는 언론 매체와 이를 뒤따라가는 '기가 꺾인 개인'들로 이루어진 나라가 중국이다. 지배계급이 정하면 그것은 곧바로 길이요 진리요 법이 된다.

07

야심의
유무

   미국과 중국은 영토, 경제력 그리고 군사력에서 흔히 G2라 불리는 대국들이다. 미국은 한국과 멀리 떨어져 있는 나라이며, 미국은 조미수호통상조약의 체결 때부터 시작해서 한반도에 대해 영토적 야심을 갖고 있음을 내비친 적이 없다. 냉전이란 시대 상황에다 우연이란 요소가 결부되어 미국은 한반도 문제에 엉겁결에 개입할 수밖에 없는 상황에 놓이게 된다. 세계 지도를 놓고 보더라도 미국의 태평양 방어선은 '알래스카–일본–대만'을 기점으로 하는 것이 조금도 이상하지 않다. 미국은 한반도에 대해 어떤 영토적 야심을 갖고 있지 않다. 이것을 어떻게 증명할 수 있을까? 미 국민들에게 골치 아픈 한반도를 자국 영토로 편입하자는 제안을 한다면 십중팔구가 "아니오"라고 답할 것이다.

   노무현 정부가 집권하고 있는 동안 한미 관계는 매끄럽지 않았다. 노 대통령의 '동북아 균형자론'에 대한 논란이 일자 2005년 4월 27일, 국가안전보장회의ₙₛ꜀가 해명 자료를 낸 적이 있는데 그 자료에 영토적 야심이란 부분이 등장한다. "미국은 동북아 지역과 긴밀한 연대 관계를 맺고 있는 가운데 영토적 야심이 없는 강대국으로서 우리의 중요한 전략적 파트너"다. 언론인이자 작가였던 고종석도 『고종석의 낭만 미래: 미래는 현재보다 더 살 만한 가치가 있는가』(곰, 2013)라는 저서에서 "미국은 우리 주변국 가운데 역사적으로 한국에 영토적 야심을 보인 바 없는 유일한 나라입니다. 저는 이 점을 가볍게 여겨서는 안 된다고 생각합니다"라고 주장한다. 초대 대통령 이승만도 미국이 하와이를 병합했던 것처럼 조선의 영토에 관심이 있다고 의심하였지만 이것이 잘못되었음을 훗날 한성감옥에 투옥되어 있을 때 알게 되었다고 말한 적이 있다.

> 옛적에는 각국의 다툼이 항상 병역으로 위주하여 경의를 물러내고 […] 이기는 자는 토지를 차지하여 인민을 노예로 만드는 것이 성공하여 나라와 나라가 서로 다투는 일뿐이니 […] 상업을 힘쓰는 나라들은 세상이 두루 평안 무사하기를 바라며 […] 남의 나라가 약해져가는 것을 더욱이 근심해 아무쪼록 붙들어 강하게 만들기를 원하는 바이다.

소설가 복거일은 역사적 경험에서 미루어보거나 미국의 대외 정책에서 미루어볼 때 미국은 한반도에 전혀 영토적 야심이 없었음을 이렇게 강조한다.

> 역사적으로 미국은 한반도에 관심이 적었다. 19세기 말엽 잠시 '은자의

'왕국'에 호기심을 가졌지만 빈곤하고 부존 자원도 없다는 것이 드러나자, 조선을 잊었다. 주변 강대국들이 한반도의 지정학적 중요성을 인식하고 조선을 차지하려 다툰 것과 대조적이다. 미국은 전통적으로 고립주의에 기울고 영토적 야심이 적었던 강대국이다. 태평양 건너편 동북아시아로 진출하려는 뜻이 전혀 없었다. 그래서 미국은 한반도를 해두보beachhead 로 여기지 않았다. 해두보는 대륙으로 진출하려 할 때야 뜻을 지닌다.

다수의 미국인은 국경 바깥의 문제에 관심이 없다. 우리에게 상식인 국제 문제도 모르는 사람이 다수다. 미국을 둘러보면 정말 넓다. 자국 땅만으로도 충분하다. 그래서 미국 역사에서 반복적으로 미국 우선주의 혹은 대외 관계의 책임을 내려놓자는 고립주의가 고개를 들곤 한다. 미국의 외교 정책은 국민 여론에 크게 좌우된다. 미국인은 "우리 것만 해도 넓고 좋은데 무엇하려고 타국의 영토를 병합하느냐"고 되묻고 싶을 것이다. 그들은 타국 영토에 관심이 없다.

중국의 영토적 야심은 어떤가? 중국이 한반도에 영토 야심을 직접 드러낸 것은 드물었다. 다만 자신들의 이야기를 잘 듣는 정권을 세우기를 원하였다. 직접 통치보다는 간접 통치를 원한 나라가 중국이다. 주체사상 이론가 황장엽 씨가 2009년 8월 3일, 《자유북한방송》에서 가졌던 인터뷰에는 귀를 기울일 만한 지적이 있다. 황장엽은 "중국은 북한에 대해 영토적인 야심은 하나도 없다"고 말하면서, "중국의 간부치고 김정일이 나쁘다는 것을 모르는 사람은 단 한 명도 본 적이 없지만, 김정일이 중국에 자유민주주의가 못 들어오도록 지켜주는 역할을 하기 때문에 이용하는 것"이라고 지적한 적이 있다.

여기에는 매우 중요한 의미가 포함되어 있다. 중국은 역사적으로

나 현재나 한반도에 대해 직접 영토적 야심을 표출하지 않았으며 앞으로도 그럴 것이다. 그러나 자국에 자유민주주의가 유입되지 않도록 조치하는 데 도움이 된다면 북한의 붕괴를 막기도 하고, 북한 붕괴 시에 한반도 진주를 통해 중국과 한국 사이에 완충 지대를 확보할 의향을 갖고 있다는 것이다. 이는 의도와 상관없이 중국이 한반도에 진주할 가능성이 높음을 뜻한다. 황장엽의 "중국은 13억 인구가 분열되기 시작하면 원자폭탄 분열되듯이 막을 재간이 없다고 판단하고 있기 때문에 중국 통일을 파괴할 수 있는 자유민주주의의 유입을 가장 우려하고 있다"는 언급은 매우 중요한 시사점을 갖고 있다.

의도야 어떠하든 중국은 한반도에 대해 영토적 야심을 가질 수밖에 없는 상황임을 알 수 있다. 영토적 야심의 여부는 한국인들이 미국과 중국 사이에 어떤 자세를 유지해야 하는가에 대해 중요한 준거를 제공하고 있음을 염두에 두어야 한다.

08
정의관의
격차

플라톤Platon의 『국가Politeia』는 정의가 무엇인가를 두고 벌어지는 이견으로부터 시작된다. 올바름, 즉 정의正義를 어떤 것으로 보는가에 따라 올바른 생각도 달라질 수 있고, 올바른 행동도 달라질 수 있다. 정의관에 관심을 갖지 않을 수 없는 이유는 미국과 중국 지배계급의 정의관이 상당 부분 차이가 날 수밖에 없을 것이라는 조심스러운 추측 때문이다.

중국 지배계급이 갖고 있는 정의관에 대해 먼저 생각해본다. 플라톤의 『국가』에 등장하는 한 부류의 정의는 당시 고대 그리스에서 지식을 팔아서 먹고사는 문제를 해결하고 있던 소피스트Sophist들의 정의관이다. 그들은 자신의 정의관을 단도직입적으로 "강자의 이익이 정의"라고 주장한다. 앞에서 우리는 반복적으로 중국 지배계급의 관심사가 국익 최우선주의라는 점을 강조한 바 있다. 사람에 따라서는 이런 주장에 대해 이견이 있을 수 있다. 그러나 자국 이익을 극대화하는 모든 선택을 합리화시키는 중국의 대외 정책을 우리는 북한 핵 문제뿐 아니라 사드 배치 그리고 통상 갈등에서 확인해왔다. 중국 지배계급의 머릿속에 들어 있는 정의관을 직접 확인할 길은 없다. 그러나 국익 최우선주의인 그들의 믿음은 고대 그리스 소피스트들의 정의관과 유사하다고 할 수 있다. 『국가』에 등장하는 소피스트 트라쉬마코스Thrasymachos는 자신의 정의관을 이렇게 열성적으로 말한다.

> 지배계급이라는 것이 각기 자신들의 이익에 맞게 법률을 제정합니다. 예를 들어 민주제의 경우라면 민중 중심의 법률을 제정하고, 참주제의 경우라면 참주 중심의 법률을 제정하며, 그 밖의 정치 형태의 경우도 마찬가지입니다. 그들은 그러한 법률을 제정한 뒤에 곧바로 자기들의 이익이 되는 일이야말로 피지배자들에게도 옳은 일이라고 선언하고, 이것을 어긴 자들을 법률 위반자, 부정한 범죄인으로 처벌합니다.

여기서 지배와 피지배는 중국의 내부로 비유하면 공산당 당국자들과 일반 국민이 될 수 있다. 다소 어감이 불편하기는 하지만 지배와 피지배를 국제 사회로 확장하면 중국을 지배로 그리고 그 밖의 한국을 포함한 주변국을 피지배로 분류할 수 있을 것이다. 중국의 정의관이자 소피스트의 정의관은 오로지 '우리의 이익'에 초점을 맞춘다. 다른 사람들이 죽어나더라도 관심이 없다. 우리 이익만 확보하면 그만이라는 것이 중국 지배계급의 믿음이다.

예를 들어 사드 배치가 현안이 되었을 때 이성적으로 생각하는 사람들이 중국 지배계급에 당혹스러움을 금할 수 없었던 것은 딱 하나다. "한국은 왜, 사드를 배치하는가?"라는 무리한 항의에 대해 이런 생각이 들었다. '중국 지배계급은 단 한번도 한국 사람들의 입장에서 생각해보지 않는 것일까? 북한의 핵 개발을 눈앞에 둔 상황에서 스스로 자위권을 발휘할 수 있는 아무런 수단이나 도구를 갖지 않은 한국 입장에서 최소한의 방위 조치가 사드를 배치하는 것이 아닌가? 어떻게 저 사람들은 저렇게 자기중심적일까? 자기밖에 모르는 것일까?' 이런 의문의 뿌리를 찾다 보면 그들이 갖고 있는 정의관과 만나게 된다. 그들은 자기들 이익만 챙기면 그것으로 족할 뿐이다. 이익에 관한 집요함은 중국인의 삶의 방식에서도 자주 발견할 수 있다.

중국인들이 이른바 고전이라고 부르는 책들『손자병법』,『삼국지』,『서유기』등은 대부분이 옳고 그름과는 관계가 없다. 승리하기 위해 상대방을 어떻게 이용할지를 다룬 것이 중국의 고전 가운데 상당 부분을 차지한다. 그런 책들이 선호된다는 것은 그런 책에 동감한다는 것이고, 역으로 그런 책이 중국인의 의식에 영향을 미쳤을 뿐이다.

2017년 12월 6일, 중국의 당 기관지 가운데 하나인《환구시보》는 "만약 한반도에 전쟁이 발발한다고 해도 북한의 첫 공격 대상은 한국이니 걱정하지 마라"는 취지의 사설을 올렸다가 비난이 일자 급히 내린 적이 있다. 그 사설은 "먼저 북한의 공격을 받는 것은 한국이고, 이어 일본 및 아태 지역의 미군 기지일 것이다. 중국 땅이 직접 전쟁 피해를 입을 가능성은 그보다 후순위다. 핵 오염 가능성을 배제할 수 없지만 지금은 북서 계절풍이 부는 겨울철이므로 중국 동북 지역에 유리하다. 오염 물질이 중국 쪽으로 날아올 가능성이 낮다." 중국 지배계급의 머릿속에서 충분히 나올 수 있는 주장이기에 특별할 것은 없다. 자국에 이익이 되는 모든 것은 정의로운 일이기 때문이다. 그래도 양식 있는 사람이라면 할 수 있는 이야기가 있고 할 수 없는 이야기가 있다. 저명지에 사설을 쓸 정도면 식자층일 것이다. 이렇게 속내를 드러낸 것은 중국 당국자들을 이해하는 데 도움을 준다.

미국의 정의관은 어떤가? 소크라테스Socrates의 입을 빌려 플라톤이 『국가』에서 설파하는 내용이 미국의 정의관일 것이다. 지배자의 이익뿐 아니라 피지배자의 이익도 함께 고려하는 그것이야말로 정의로 가는 지름길이라고 소크라테스는 말한다. "지식이란 어떤 지식이든 결코 강한 자의 이익이 되는 사항을 고찰하는 것이 아니라 약한 자의, 자기가 지배하는 상대자의 이익이 되는 것을 고찰하는 것"이라는 말로 정의가 결코 강자의 이익이 아님을 분명히 한다. 미국의 정의관은 어느 일방의 희생이나 약탈이 아니라 지배자와 피지배자의 이익 사이에 균형을 유지하는 것임을 이렇게 이야기한다.

어떠한 기술이나 지배도 자신을 위해 이익을 가져오는 게 아니고, 아까 우리가 이야기한 것처럼 지배받는 측에 이익을 가져다주고, 또 그런 것을 명령한다는 말이야. 이때 고려해야 할 점은 약자인 피지배자 쪽 이익이 결코 강자의 이익은 아니라는 것일세.

미국인의 약자에 대한 배려는 유별나다. 아이들, 여성들, 역경에 처한 사람들, 장애인들을 특별히 배려하고 보호하는 것이 그들에게 일상화되어 있다. 기부나 자선 그리고 원조가 그 어떤 사회보다 왕성한 것은 약한 사람, 넓게 말하자면 피지배자를 돕는 것은 강한 사람 즉 지배자의 의무라고 생각하기 때문이다.

사람이든 공동체든 정의관은 말과 글 그리고 판단과 행동을 이끄는 지침이 된다. 우리가 중국의 정의관을 제대로 이해한다면 그들에게서 무엇을 기대할 수 있을지를 이해할 수 있다. 그리고 그들이 행하는 선택에서 기대할 것과 기대하지 말아야 할 것을 명확히 알 수 있다. 이따금 새로운 정권이 등장할 때마다 한국의 지도자들 가운데 중국에 대해 지나친 기대감을 갖는 사람들이 있지만 주의해야 한다. 한국의 지도자들 가운데 외교 정책의 무게중심을 옮길 수도 있다고 생각하는 사람들이 있지만 이는 위험한 선택이다. 덕담 수준의 외교적 수사는 필요하겠지만 중국의 정의관은 근원적이고 변하기 어려운 것이다. 한국이 선의나 상식으로 판단하여 중국이 제공해주기를 바라는 것조차 얻어낼 가능성이 낮다.

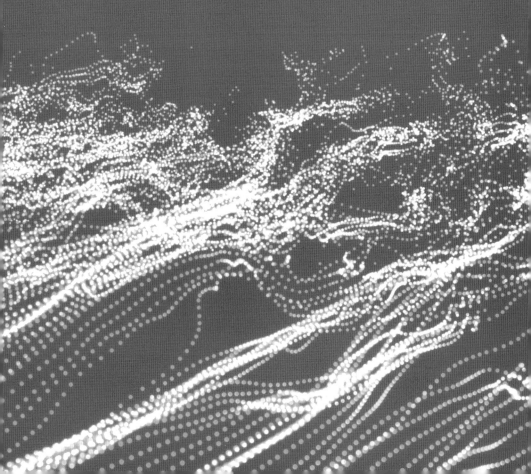

제6장

한국과 한국인의 선택

"1946년 정권 수립 이후 70여 년간 북한의 대남 정책은 남남 갈등의 조장, 주한 미군의 철수 그리고 한반도의 적화통일이었다. 그들의 꿈이자 비전이자 사명이자 살아야 할 이유다. 한국인들이 위장 평화 공세에 넘어가는 한 북한과의 경제력 격차는 그들의 야심을 달성하는 데 중요한 걸림돌이 되지 않을 것이다."

· · · ·

1945년 미국은 전혀 의도하지 않은 상태에서 한국의 안보를 떠안게 되었다. 일각에서 주장하는 것처럼 미국은 한반도 분단에 책임이 있는 것은 전혀 아니며, 오히려 2명(찰스 본스틸 3세Charles H. Bonesteel III 대령, 딘 러스크 대령)의 지혜로운 미국 장교 덕택에 한반도 전체가 공산화되는 위험을 피할 수 있었다. 그들은 이토록 오랜 세월 동안 자신들이 한국을 지키기 위해 자국 병력을 한국에 주둔시키리라고는 꿈에도 생각하지 못하였을 것이다. 미국을 바라봄에 있어서 이런 시각을 갖는 것이 아주 중요하다.

1949년 6월, 이승만 정부의 여러 차례에 걸친 제지와 간곡한 부탁을 뿌리치고 미국은 남한으로부터 완전 철수를 단행한다. 주한 미군의 철수는 소련과 북한이 기획한 음흉한 의도와 치밀한 계획에 따라 이루어졌다. 그로부터 1년이 되지 않는 시점에 6·25전쟁이 터졌다. 현재 북핵 위기의 본질은 북한의 핵무기가 단순히 남한을 과녁으로 삼은 것만이 아니라는 사실이다. 동맹국인 미국과 일본은 북한 핵무기가 자국을 목표로 하고 있다는 분명한 인식을 갖고 있다. 이것은 한반도 상황이 과거와 비교할 수 없을 정도로 위기로 치닫고 있음을 뜻한다. 따라서 제6장에서는 이 위기 상황에 대해 일반 시민들과 지도자들이 어떤 인식을 가져야 하는지 그리고 어떤 대비책을 마련해야 하는지를 살펴본다.

01

시민의
선택

발생 가능한 시나리오에 대한 정확한 전망

북한의 기만적인 행동은 어떤 상황에서든 계속될 것이다. 핵무기 완성이라는 최종 목표를 높이 세우고 시간을 벌 수 있는 모든 조치를 다 취할 것이며, 한국과 이해 당사자 국가들이 제공하는 모든 선의는 철저하게 악용될 것이다. 1993년 북한의 핵확산금지조약NPT 탈퇴 선언 이후 북한이 국제 사회를 대상으로 취했던 모든 행위는 궁극적인 목표 달성을 위한 시간 벌기와 핵무기 개발을 위한 자원 확보였으며, 한국의 역대 지도자들은 철저하게 기만의 대상이 되어왔다. 이런 술책은 앞으로도 계속될 것이다.

북한은 핵무기 완성이라는 목표를 달성하는 순간부터 미국 및 일본과의 직접 접촉을 시작할 것이다. 북한이 내세울 조건은 미국과 일본에 대한 핵무기 사용을 자제하는 대신에 한미 군사 합동 작전 중지, 평화협정 체결 그리고 주한 미군 철수가 될 것이다. 이런 와중에서 한국 내부는 '평화 대 안보'란 프레임하에 남남 갈등이 본격화될 것으로 보인다. 선전 선동에 능한 세력들은 한반도 평화를 내걸고 선전 선동에서 괄목할 만한 성과를 거둘 것이다. 여기에 국민들의 안이한 안보 불감증과 좌익 세력에 대한 근거 없는 안심이 어려움을 가중시킬 것으로 보인다.

북한의 핵무기 완성을 전후하여 한국과 미국은 정책 공조에서 불협화음이 일어날 가능성이 높다. 집권 세력 내부에 한반도 평화와 우리 민족끼리라는 환상에 매료된 사람들이 의외로 많기 때문이다. 이미 북한 핵무기는 한반도에 사는 사람들의 손을 떠났다. 여기서 핵심 포인트는 북한 핵무기가 한국만을 타격 대상으로 하고 있지 않다는 점이다. 북한 핵무기는 미국과 일본을 조준하기 때문에 한반도 위기이자 미국과 일본 본토에 대한 전무후무한 안보 위기를 뜻한다. 우리가 새롭게 인식해야 할 것은 이제껏 동맹국들이 우리를 도왔다면 이제는 우리가 동맹국을 보호해야 하는 임무를 짊어져야 한다는 사실이다. 이런 시각에서 현재 문제에 접근해야 하는데, 여전히 한국 사회는 북한의 핵무기 완성이 한반도 문제라는 시각이 우세하다.

미국은 2가지 선택의 기로에 설 것으로 보인다. 미국과 일본을 보호하는 조건으로 한국 정부와의 결별을 시도하는 것이 한 가지 선택이다. 쉽게 말해서 하와이와 로스앤젤레스 그리고 도쿄를 보호하기 위해 서울을 포기하는 것을 뜻한다. 다른 하나는 북한의 요구를 단호히 거절하고 원칙적인 해결책을 실행에 옮기는 것이다. 이는 인구가 집결된 한국에 피해를 줄 가능성을 염두에 두고 미국과 일본이 주도해서 북한 핵무기를 제거하는 전략을 전격 실시하는 것이다. 이 과정에서 한국 정부가 협조할 것인가 아닌가는 대다수 한국인들의 바람이나 여망과 관계없다. 오로지 한국의 집권 세력들이 갖고 있는 안보관에 따라 선택이 달라질 것이다.

안심하지 말고 현실을 있는 그대로 직시하는 것

"선의를 베풀면 호의로 되돌아올 것이다." 이것은 의도하였든 의도하지 않았든 핵무기 개발에 힘을 더한 한국의 지도자들이 범한 결정적인 실책이었다. "악과는 절대로 타협하지 않아야 한다"는 불변의 진실을 포기한 대가로 이 땅의 사람들이 두고두고 지불해야 하는 비용은 너무 크다. 북한 정권 수립 70년이 지났지만 북한은 단 한 번도 한반도 공산화에 대한 의지나 집념을 포기한 적이 없다. 남북한의 체제 경쟁이자 이데올로기 경쟁은 한반도에서 끝난 적이 없다. 다만 끝났다고 생각하는 사람들이 점점 늘어왔을 뿐이다. 경제력의 격차는 숫자상의 차이일 뿐이다. 핵무기의 완성은 일거에 수십 년의 군사력 증강 노력을 물거품으로 만들어버리는 대사건이다. 핵무기의 소유는 경제력 격차 같은 것은 아무짝에도 소용없는 것으로 만들어버릴 것이다. 복종과 굴종 외에 다른 대안이 없기 때문이다.

문제는 한국의 대다수 사람들이 '설마 우리가 공산화되겠는가?'라는 생각을 갖고 있다는 점이다. 또한 '저 양반들도 같은 민족인데 설마 그런 생각을 하겠는가?'라는 안일함이 더욱더 큰 내부의 적이다. 그뿐 아니라 북한의 대남 공세에 적극 호응하는 남한의 좌익 세력들은 '평화'라는 구호, '우리 민족끼리'라는 구호로 한국 사람들의 눈과 귀를 가리고 오랜 평화에 젖은 사람들로 하여금 방심의 나락에 빠지게 할 가능성이 있다는 점을 걱정하게 된다. 6·25전쟁 전과 마찬가지로 한국 사회는 안보와 관련해서 극도로 이완되어 있으며 경제력 격차에 바탕을 둔 논리가 성행하고 있다. 마치 6·25전쟁 발발 전에 아무 준비도 되어 있지 않은 상태에서 "점심은 평양에서 저녁은 신의주에서"라고 떠들면서 북진 통일을 떠벌렸던 형국과 비슷한 상황이 벌어지고 있다.

북한의 평화 공세에 적극적으로 호응하는 것이 다수의 뜻이 아니더라도 얼마든지 소수가 다양한 이벤트를 기획해서 끌어갈 수 있다. 안보는 경제와 달라서 단 한 번에 모든 것을 잃어버릴 수 있다는 경각심을 가진 시민들이 많이 나와야 한다. 당신의 자유가, 당신의 재산이, 당신의 생명, 당신의 미래가 날아가 버릴 수 있다는 사실을 자각할 수 있어야 한다.

역사적 교훈을 상기하는 것

미 군정으로 한반도에 진주한 주한 미군이 여러 번의 만류 끝에 철수를 완료한 시점은 1949년 6월 30일이다. 무초 주한 미국 대사가 애치슨 국무장관에게 5월 30일 보낸 전문은 주한 미군 철수에 따른 서울의 두려움을 이렇게 기록하고 있다.

병력의 철수에 대해 본인의 예상을 훨씬 넘는 두려움과 소란이 일었다. 한국의 고위층을 포위하였던 위기감이 일반 대중에게까지 퍼져 공황의 단계로 넘어가는 것 같다. 그 책임은 미국 병력의 주둔을 목표로 한국 정부가 조장한 선전 노선, 최근의 한국군과 해군 소해정의 월북 및 중국의 붕괴 등에 있다.

당시 사람들의 불안감은 까닭 없는 것이 아니었다. 집권 세력이 한국을 자력으로 지킬 수 있는가에 대한 의구심이 있었다. 미국 철수 후 정확하게 1년이 채 되지 않아서 한반도는 전쟁의 소용돌이로 빠져들고 만다.

현재는 어떤가? 미국이 한반도에서 손을 떼는 경우 한국군은 스스로 국가를 지킬 수 있는 능력이 있을까? 군사 전문가가 아닌 필자가 단정적인 결론을 지을 수는 없다. 그러나 한 가지 확실한 것은 전쟁은 현대화된 병기만으로 싸우는 것은 아니라는 점이다. 첨단 무기도 중요하지만 그 무기를 운영해서 작전을 수행할 수 있는 능력을 얼마나 배양하고 있는가가 중요하다. 주한 미군이 철수한 상황에서 한국군이 자력으로 안보를 책임질 수 있는 능력이 있는가에 대해서는 시민으로서 의구심을 갖고 있다. 그것은 미군이 철수하였을 때 생기는 유형의 군사력 격차만을 뜻하지 않는다. 한국 사회의 교육, 정치, 문화 등 무형 분야에서 더디게 이루어진 성장 때문이다.

한마디로 지적 인프라의 부족이 주한 미군 철수 이후의 한국 안보를 어렵게 하는 요소다. 이런 상황에서 핵무기 완성을 눈앞에 둔 북한의 협박을 미국이 어떻게 받아들일 것인가? 한국인과 한국의 집권 세력들이 어떻게 받아들이는가는 현실에 대한 인식을 어떻게 하는가에 달려 있다. 늘 자신의 능력보다 과장된 것을 좋아하는 습성이 있는 우리 중에는 "떠나고 나면 우리가 하지"라는 막연한 낙관론을 가진 사람들도 있을 것이다. 대단히 위험하고 몰락으로 가는 지름길과 같은 생각이다. 그때나 지금이나 한국은 자력으로 북한에 맞서는 일이 만만치 않을 것이다. 더욱이 지금은 북한이 핵무기를 손에 쥐는 것을 눈앞에 두지 않았는가! 미군 없는 한반도 방위는 물리적 군사력만의 문제는 아니다.

동맹국들과의 상호 신뢰를 굳건히 하는 일

북한의 핵무기는 미국인의 안위에 결정타를 먹일 수 있다. 한마디로 미일 동맹국 안보가 위협받는다는 것이 북한 핵무기의 실체이자 핵심이다. 미국의 입장에서 "이건 당신들의 문제가 아니라 바로 우리 문제요"라고 이야기하고 싶을 것이다. 북한 핵무기의 성능에 대해서는 전문가에 따라 여러 의견이 있을 수 있지만, 미국 지도자들은 실질적으로 북한 핵무기를 미국 본토 공격용으로 인식하고 있다. 여기서 사실도 중요하지만 사실 여부에 관계없이 인식이 더욱더 중요하다. 인식은 판단을 낳고, 그 판단은 실행을 낳기 때문이다. 핵무기의 성능에 대한 논의는 불필요한 것이다.

우리 입장에서만 생각하지 말고, 상대방 입장에서 더 많은 생각을 해야 한다. 자국 중심으로만 현상을 보면 오해를 살 행동을 할 수밖에 없기 때문이다. 미국이 깡패 국가로 간주하는 적대 세력으로부터 직접 본토가 타격을 받을 수 있다는 사실을 받아들일 수 있다고 생각하는가? 이 점에 대해서 한국인들이 한국식으로 생각하지 않도록 해야 한다. 한국인들은 인간적인 방법을 선호한다. 서로 좀 양보할 수도 있다. 억지를 부릴 수도 있고 어리광을 부릴 수도 있다. 그러나 미국인들은 원칙적인 방법을 선호하는 경향이 매우 강하다. 쉽게 말하자면 인간적으로 친한 것은 좋은데 넘지 말아야 할 선을 분명히 정하고 그것을 넘지 않도록 해야 한다는 것을 매우 중요하게 여긴다. 북한 당국자들이 미국인들의 특성을 정확히 알고 있는지 정말 궁금하다. 한국의 집권 세력들도 미국인들의 이 같은 특성을 정확히 알고 있는지 궁금할 때가 있다. 예를 들어 미국에서 폴리스 라인이 있다면 그것을 넘으면 무자비하다고 할 정도로 공권력이 개입된다. 그가 누구이든지 간에 말이다. 30여 년간 미국과 미국인을 접촉하면서 느낀 것은 원칙에 대한 추상같은 엄격함과 단호함이다. 그 원칙을 지키기 위해 상당한 비용을 지불하는 것을 크게 꺼리지 않는 나라가 미국이다. 미국의 선제 타격 가능성은 우리식으로 생각하면 '설마'라는 반응이 나오겠지만, 미국 입장에서 보면 '당연한 일'이 될 수 있다.

미국이란 동맹국의 본토가 위협받는 상황에서 '우리끼리'를 외치면서 북한과 공조하는 듯한 모습이 미국인에게 어떻게 비추어질지를 깊이 생각해야 한다. 그들의 눈에는 적대 세력에 동조하는 것으로 받아들여질 수도 있다. 이민 국가를 구성하는 사람들의 입장에서 하나의 민족 같은 것은 그렇게 가슴에 와닿지 않을 것이다. 어떻게 저런 세력과 보조를 맞추면서 동맹 관계를 계속할 수 있는가? 이런 의문을 던지는 일은 얼마든지 일어날 수 있다.

미국이란 동맹국과 일본이란 동맹국이 직접 위협을 받는 상황에서 그들 입장에서 철저하게 생각해야 한다. "우리 민족끼리"라는 말에 현혹되었다가는 필패를 면하지 못할 것이다. 오히려 그런 행보가 미국 조야에 한미동맹의 유효성에 대한 회의감을 증폭시킬 수도 있다. "저 양반들은 도대체 뭘 하자는 건가?"라는 볼멘소리가 튀어나올 수 있다. 현재 북한 핵 문제는 중요한 선택권이 한국에 있지 않다. 그것은 한국과 북한 관계를 넘어서는 문제로 확장되고 말았다. 동맹국 자신들이 위협받는 상황이라는 점을 충분히 감안하지 못하면 한미동맹의 균열을 피할 수 없을 것으로 본다.

순진한 생각에 빠지지 않도록 하는 것

핵무기로 무장한 북한과 함께 갈 수 있을까? 수십 년간 적의와 적대감으로 무장한 세력들은 하루하루 연명해야 할 정도로 자원이 없다. 그들의 입장에서 보면 적대감과 질투심을 오래 참을 수 없다. 바로 지근거리에 수십 년간 금은보화를 축적해온 부유한 국가가 있다면 그리고 그 국가가 자신을 방어할 수 있는 별다른 도구를 갖고 있지 않다면 어떻게 행동할까? 한국은 철저하게 속국의 위치로 전락하고 말 것이다. 하나는 노예화의 길을 걷는 것이다. 마치 조공을 바치는 것처럼 현물로 그들이 요구하는 대로 돈이든 물자든 갖다 바치는 방법이 있을 것이다. 다른 하나는 가공할 무기를 활용하여 남한을 정복하는 일이다. 더욱 확실한 방법은 결정적인 시기를 활용해서 남한을 집어삼키는 일이 될 것이다.

한국을 흔들고 위협하고 어지럽히는 것은 어제오늘의 일이 아니다. 북한이 70년 동안 해온 일은 오로지 한국을 괴롭히는 것이었고 그것을 통해서 그들이 궁극적으로 지향하는 것은 한국의 공산화였다. 힘이란 것은 계속 확장되면 마치 궤도를 따라 도는 진자와 같다. 핵무기를 가진 상태에서 점점 가속도가 붙기 때문에 처음에는 10가지를 요구하지만 다음에는 100가지를 요구하고 그다음에는 1,000가지를 요구하는 식으로 기하급수적으로 조공 액수가 늘어날 수밖에 없다.

북한 핵을 이고 사는 일은 한국으로서는 어려운 일이 아니라 불가능한 일이다. 그것은 타이밍이 문제가 될 뿐 적화로 가는 길이다. 해방 이후 북한은 끊임없이 남한을 정치적 혼란으로 내모는 일을 획책하였다. 해방정국에서는 남로당이 그 중심 세력이었다. 지금 와서 당시 자료를 보면 "한국이 적화되지 않은 것이 기적"이라는 말밖에 사용할 수 없다. 6·25전쟁 전까지 요인을 납치하고 암살하고 순천, 대구, 제주 등지에서 끊임없이 폭동을 획책하였다. 1947년 남로당 당원 숫자는 37만 명에 달하였다. 김충남 박사의 『대통령과 국가경영』(오름, 2011)에 따르면 해방 후부터 6·25전쟁까지 공산주의자들의 도발로 목숨을 잃은 사람은 10만 명에 달하였다. 주된 이유는 남한을 파탄내기 위한 북한의 사주 때문이다. 그 세력들은 잠시 숨을 고르다가 1970년부터 다시 발흥하여 1980년대에는 운동권까지 침투해 주체사상으로 무장한 인물들을 배출하였다. 1990년 베를린 장벽이 허물어지고 난 다음인 1990년대에도 반미 종북 운동이 사라질 기미를 보이지 않았다. 그때 훈련을 야무지게 받았던 사람들 가운데 전향한 사람들도 많지만 모호한 스탠스를 유지한 채 사회 곳곳에서 지도층으로 살아가는 사람들이 있다.

북한은 줄곧 평화협정 체결과 주한 미군 철수를 획책해왔고, 만일에 핵무기를 갖는 일이 가능해지면 그때는 한국으로서는 벗어날 다른 길이 없다. 이미 이 땅에는 수적으로 다수는 아니지만 선동 전략에 능한 세력들이 포진하고 있다. 이들의 거센 목소리는 앞으로 더욱더 힘을 받을 것이다. 유일한 아킬레스건에 해당하는 주한 미군만 철수시킬 수 있다면, 그들이 그리던 세상이 될 수 있기 때문이다. 핵과 더불어 살아가는 일은 불가능하다. 더욱이 주한 미군이 부재한 상태에서 핵과 살아가는 것은 생존과 직결되는 문제임을 명심해야 한다.

가치 동맹의 중요성을 인식하는 것

어떻게든 미국과 일본과의 친밀한 협력 관계로 난국을 타개해야 한다. 앞에서 이미 충분히 살펴본 바와 같이 중국은 교역 파트너로 중요한 국가임이 틀림없지만 가치 동맹이 될 수 없는 나라다. 세상의 모든 일에는 우선순위가 있다. 우선은 생명이고 그다음이 번영이다. 생명을 잃고 난 다음에 번영을 찾을 수는 없다. 경제 문제가 중요한 사안임은 틀림없다. 그러나 더욱 중요한 것은 국가의 안위를 보장하는 한도 내에서 경제 문제를 염두에 두는 일이다. 이 우선순위를 명확히 해야 한다.

한미동맹은 생명을 지키는 일만이 아니라 번영을 달성하는 데 필수적이다. 미국은 19세기 말엽 미국 선교사 파견으로부터 시작해서 70여 년간 한국을 도왔다. 미국으로서도 한국을 포기하는 선택을 내리기는 쉽지 않다. 그것은 자유의 보루로 자임해온 미국으로서 자존심이 상하는 일이다. 그러나 쉽지 않다는 것이지 불가능하다는 것은 아니다. 미국인들은 실용주의자들이다. '계속 이렇게 갈 수 없다'고 판단하면 접을 수 있는 사람들이다. 그들은 상황 변화에 따라 실용적인 선택을 하는 데 익숙하다. 포기하거나 접는 데 익숙하다는 말이다. 과거에 대해 그렇게 연연해하지 않는다. 미국인과 미국 문화의 특성 가운데 유연성과 이동성이 포함된다. 고여 있지 않고 항상 변한다는 것이 그들의 특징이다.

우리가 명심해야 할 점은 우리가 미국을 필요로 하는 것처럼 미국 역시 우리를 필요로 해야 한다는 사실이다. 미국이 필요한 한국이 되어야 미국을 도울 수 있다. 미국 입장에서 동맹의 조건으로 꼽을 수 있는 것을 깊이 생각해야 한다.

이 부분에 대해서는 한국 문제에 정통했던 로버트 스칼라피노 Robert Scalapino, 전 버클리대 교수가 이상우(전 한림대 총장)에게 해준 이야기에 핵심이 담겨 있다. 이념적 상응성, 전략적 중요성, 경제적 중요성, 자생 능력이다. 여기서 가장 중요한 것은 한국이 선명한 자유민주주의와 자유시장 경제를 옹호하고 중시하는 나라로 남을 때 미국과의 동맹 관계를 지속할 수 있다는 점이다.

근래에 한국 사회는 이념적으로 모호해지는 모습을 보이고 있다. 전략적 중요성은 냉전 시대에 비해 크게 감소하고 말았지만 나머지 3가지에서는 우리가 노력하기에 따라 얼마든지 미국에게 필요한 나라, 미국이 지킬 만한 가치가 있는 나라로 남을 수 있다. 특히 한국인들이 자유를 지키기 위해 기꺼이 싸울 수 있는 용기를 갖고 있어야만 미국은 한국을 도우려 할 것이다. 동시에 미국이 위협받는 상황을 충분히 인정하고 미국의 움직임에 협조할 수 있어야 동맹국으로 인정받을 수 있을 것이다.

중국은 앞으로도 자국의 이익을 위하여 겉으로는 북한 제재의 목소리를 높이면서도 뒤로는 북한을 후원하는 일을 계속할 것이다. 그들에게는 옳고 그름이 중요한 것이 아니라 이익이 중요하기 때문이다. 세상을 살면서 사람은 많지만 진정한 친구를 만나기는 가뭄에 콩 나는 것처럼 어렵다. 나라 사이에도 마찬가지다. 특히 강대국 가운데서 호혜의 원칙하에 대우를 받으면서 함께 비전을 갖고 전진할 수 있는 대국을 만나는 일은 행운 가운데 행운이다. 현대 문명은 자유의 확산을 위해 오랜 항해를 계속해왔다. 여기서 미국만큼 든든한 파트너이자 후견인이 되어줄 수 있는 나라는 없다. 그러나 근본적으로 생각이 다른 사람들이 이 땅에는 제법 많으므로 한국의 앞날이 어떻게 될지 확신할 수는 없다.

의존도를 줄여나가는 것

경제적 이익은 질기고 강하다. 사실 당장 돈이 되는 활동을 뒤로 미루거나 그 활동을 줄이는 일은 쉬운 선택이 아니다. 한국의 대외 교역에서 중국이 차지하는 비중은 한국 수출의 26%(한국 수입의 16%) 정도다. 한 국책 연구소의 보고서는 향후 5년 안에 중국 의존도가 35%까지 증가할 것으로 내다보고 있다. 기업인들이 당장 이익이 되는 활동을 늘리는 일에서 손을 떼라고 할 수는 없는 일이다. 그리고 그런 조언은 자유시장 경제 원리에도 반한다. 그러나 국가 차원에서 긴 장래를 보고 국가 전략을 수립할 필요가 있다. 단임제 정부가 지배하는 한국에서 이제 더는 장기 전략을 수립하는 것은 쉬운 일이 아니다. 하지만 중국에 대한 경제적 의존도가 커지면 커질수록 경제는 물론이고 정치와 안보까지 중국의 영향력하에 들어가는 어려운 상황을 피하기 힘들다.

이런 면에서 이번 사드 조치는 기업인들에게도 귀한 교훈을 주었다. 사업 포트폴리오를 재조정함에 있어서 중국에 대한 노출 비중을 줄이는 노력을 기울여야 한다는 각성을 일으켰다. 사업이든 나라든 위험 관리가 무척 중요하다. 잘나갈 때는 별문제가 없지만 위기 상황이 닥치면 타격을 받게 된다. 사드 배치와 핵 위기를 헤쳐가면서 경제적인 문제에서 우리가 서둘러야 할 것은 가능한 산업별로 중국에 대한 의존도를 줄여나가는 방안을 정부와 기업이 머리를 맞대고 찾아내는 일이다.

우리보다 먼저 중국의 도발로 인해 피해를 입었던 일본이나 대만에서 많은 것을 배울 수 있을 것이다. 특히 대만은 우리와 비교할 수 없을 정도로 대중 경제 의존도가 국가의 생존 전략과 연결되어 있기에 배울 방안이 있을 것이다. 어떤 사람은 정부 개입보다는 기업 자율에 맡겨두는 것이 바람직하다고 이의를 제기할 것이다. 물론 그런 원칙을 견지하는 자세가 필요하다. 그렇지만 눈앞의 사익이 너무 질기기 때문에 시장에만 맡겨두면 계속 대중 의존도가 더 높아질 수밖에 없다. 적정한 가이드라인이 만들어지면 기업들은 새로운 출구를 다른 시장에서 찾아낼 것으로 보인다.

이즈음에서 우리가 다시 한번 상기해야 할 것은 한 나라가 타국에게 어떻게 대우받느냐는 갖고 있는 것에 달렸다는 점이다. 상대에게 줄 것이 많으면 많을수록 상대가 우리를 바라보는 시각이 우호적일 수밖에 없다. 최근 중국의 무례함은 상대적인 중국의 약진과 한국의 침체에도 크게 연유한다. 개인 관계든 나라 관계든 곳간이 든든해야 뒷심을 가질 수 있다. 온 국민이 힘을 합쳐서 나라를 한 단계 더 도약시킬 수 있도록 해야 한다. 가난하면 구박을 받을 수밖에 없음을 기억하고 늘 중국이 부러워하지 않을 수 없는 훌륭한 나라를 만들어낼 수 있도록 힘을 합쳐야 한다. 우선은 날이 갈수록 국내 사업 환경이 너무 악화되고 있기 때문에 걱정스럽다. '이런 환경에서 누가 이 땅에서 투자하고 고용하겠는가'라는 생각이 자주 든다. 이데올로기에 너무 사로잡히지 말고 실용적이고 구체적인 방법으로 경제 활성화에 힘을 모아야 한다. 항상 시장 원리에 친화적인 정책이 중장기적으로 나라 경제를 살리는 길임을 잊지 않아야 한다.

생존을 생각하는 깨어 있는 국민일 것

1940년대부터 1970년대 자료를 보다 보면 눈물이 흐를 때가 자주 있다. 이 나라가 백척간두에 섰을 때가 한두 번이 아니기 때문이다. 대한민국을 폄하하는 사람들도 있지만, 이만 한 나라를 만들어낸 것은 참 대단한 일이다. 개인이든 나라든 훌륭함에 대한 열망이 있어야 한다. 그저 먹고살 만한 나라 정도가 아니고 훌륭한 나라가 되기 위한 비전이 있어야 더 헌신하고 더 노력할 수 있다. 거대한 강국의 틈바구니에서 대한민국의 생존을 확보하고 자유롭고 번영된 나라로 나아가는 길은 국민 개개인이 깨어 있어 자기가 서 있는 자리에서 최선을 다해 자신이 해야 할 일을 훌륭하게 해내는 것이다.

나라의 반석은 자유민주주의와 자유시장 경제 위에 더욱더 굳건하게 세워야 한다. 1940년대 자료를 보면서 그리고 1980년대 학생 운동권을 보면서 인간 본성에 대한 오판이 얼마나 많은 유능한 사람들을 좌익의 길로 이끌고 말았는지를 볼 때면 안타까운 마음이다. 그러나 어떻게 된 셈인지 이 나라에서는 아직도 그 길이 우리가 가야 할 길이라고 믿고 분투 노력하는 사람들이 있음에 놀라지 않을 수 없다. 지구 최악의 적대 세력이 호시탐탐 생명을 노리는 상황에서 적대 세력을 색출하는 정보기관들이 낱낱이 까발려지고 무력화하는 일에 대해 걱정하지 않을 수 없다.

어떤 분야에서든 열심히 살아온 사람들은 다른 사람들의 생에 대해 예의와 경의를 갖게 된다. 사는 일이 어느 시대이든 만만치 않음을 잘 알기 때문이다. 앞으로도 대남 공작의 초점은 끊임없이 남한 사회에 갈등을 부추기는 일이 될 것이다. 정보기관이 무력화되고 '왜 나라를 위해 일해야 하는가'라는 의구심이 우리를 파고들 때 적대 세력들의 공세는 더욱더 심해질 것이다. 평화 공세를 통해서 그들이 집요하게 추구하는 것이 하나로 모인다. 그것은 자신들에게 우호적인 세력을 집권시키는 것이다. 이들 집권 세력을 기반으로 해서 나라의 안전장치들을 해제한 다음 궁극적으로 친북 정권의 등장을 돕는 일일 것이다. 그런 상황이 벌어지지 않기를 바란다. 그런 상황이 벌어지기 시작하면 결국 여력이 있고 생각이 있는 사람들은 이 땅을 떠날 것이다.

우리의 무지가 자만과 방심과 오판을 낳고, 그 자만과 방심과 오판이 급속한 몰락과 비참한 멸망을 낳는다는 사실을 잊지 않아야 한다. 다시 한번 강조하고 싶은 것은 70여 년간 북한은 하나도 바뀌지 않았다는 점이다. '설마가 사람 잡는다'는 옛말이 있지만, 북한의 조직적인 대남 전략에 대해 이상우가 《월간조선》에서 언급한 내용은 주목해야 한다. 나이 든 사람들의 지혜와 경고를 간과해서는 안 된다.

북한은 선거에서 이기기 위한 결정적 요소로 조직 지원, 정치 자금, 정책 조율 3가지를 꼽았다. 조직 지원을 위해 지하 조직이 여러 가지 형태로 움직였다. 정치 자금은 처음에는 조총련을 통해 들어오는 공작금을 활용했다. 그게 여의치 못하게 된 후에는 금강산 관광과 개성 관광 등을 통해 들어온 자금이 사용됐다. 우리 돈으로 북한이 공작을 해온 셈이다.

'북풍北風'이란 실은 북한이 자기 편을 지원하기 위해 그때그때 정책 조율을 해주는 것이었다. 북한은 3단계 집권 전략을 세웠다. 1단계는 완전히 자기들 편은 아니지만 자기들에게 상당히 동조적인 사람, 대통령을 꼭 하고 싶어 하는데 할 수 없는 사람을 지원해 대한민국 대통령으로 만드는 것이었다. 그러면 50% 성공하는 것이었다. 그 사람이 대통령이 됐을 때 국가보안법 폐지 등 활동 조건을 개선하고, 좋아진 환경을 활용해서 5년 후에 더 친북적親北的인 후보를 대통령으로 만드는 것이 2단계였다. 여기까지 오면 75% 성공하는 것이다. 그리고 더 좋아진 환경에서 3단계로 친북 정권을 세우면 (적화)통일이 되는 것이다.

— 배진영, 「이상우 전 한림대 총장에게 듣는 2018년 대한민국과
한반도 정세」, 《월간조선》, 2018년 1월호

02

집권 세력의
선택

북한 핵무기 완성의 의미를 정확히 이해하는 것

북한에 의한 완성된 핵무기의 보유, 그 핵심과 의미는 무엇인가? 집권 세력이 이 점을 정확하게 이해하고 있는 그대로를 받아들여야 한다. 민족적 감정, 평화에 대한 염원, 대화에 대한 미련, 막연한 신뢰나 믿음, 개인적 선호 등으로 눈을 가리면 한반도 위기는 관리할 수 없는 영역을 향해 달려나갈 것이다. 지금보다 더는 냉철할 수 없을 정도의 합리적 현실주의자로서 집권 세력이 무게중심을 잡아야 한다.

북한의 핵무기는 우리 민족끼리의 문제를 이미 벗어났다. 실체가 그런지 아닌지를 떠나서 미국과 일본은 자국에 타격을 입힐 수 있는 공격용 무기로 받아들이고 있다. 따라서 한국이 미국과 적극 협조하고 보조를 맞추는 것이 동맹국으로서의 최소한의 의무이자 책임이다. 미국은 시애틀과 로스앤젤레스와 하와이가 공격 대상이 될 수 있는 가능성을 절대로 용인하지 않을 것이다. 상식이나 설득이 통하지 않는 비정상 국가가 핵무기를 갖고 자국의 안보를 위협하는 것은 미국이 인정할 수 없는 일이다. 이런 점에서 북한 핵무기 위협 대상이 서울만이 아니라는 점을 이해할 때 동맹 관계에서 발생할 수 있는 균열을 방지할 수 있다. 그런데 우리 한국인들은 너나없이 우리 중심으로 생각하는 데 익숙한 편이다. 우리가 위협받는 문제 중심으로 현재의 문제에 접근하면 한미동맹의 균열 조짐은 불가피할 것이다. 문제가 무엇인지를 정확히 꿰뚫어볼 수 있는 집권 세력의 지혜와 혜안과 용기가 필요하다.

그들이 위협받는다는 점을 우선해야 한다. 이렇게 해야 미국이 우리에게 협조하고 따라와야 한다는 생각에 지배되지 않을 것이다. 미국이 직면하고 있는 '본토가 공격받을 수 있다'는 위협을 과소평가하지 않아야 한다. 미국이 당면하고 있는 위협에 우리가 적극 협조해야 한다는 점을 늘 상기해야 한다.

하지만 그동안 집권 세력이 선택하는 여러 정책들을 지켜보면서, 여전히 한국 중심적 사고를 벗어나지 못하고 있다는 판단을 내리게 된다. 이처럼 우리 중심적 사고를 벗어나지 못한 채 계속 엇박자를 내면 결국 한미동맹의 균열 가능성은 피할 수 없을 것이다. 믿음과 신뢰와 공감이 사라지고 나면 각자의 길을 갈 수밖에 없음을 우려하게 된다. 다시 한번 강조하면, '우리 본토가 공격받을 수 있다'는 미국의 불안과 걱정에 한국의 집권 세력이 겉만이 아니라 속으로도 충분히 공감할 수 있어야 문제 해법을 제대로 찾아낼 수 있다.

이 시대의 과제를 명확히 하는 것

어디를 향해 갈 것인가? 이 질문에 대한 답을 정확하게 찾을 수 있다면, 그다음에 구체적인 해법을 구하는 일이 상대적으로 쉬워진다. 정치든 경제든 한 나라가 나아갈 방향을 정확히 하는 것만큼 중요한 것은 없다. 방향을 설정하는 일은 시민이 아니라 나라의 일을 맡은 집권 세력의 몫이다. 시민이 해야 하는 일이 있는 것처럼 나라의 일을 맡은 사람들이 수행해야 하는 일이 어느 시대든 있기 마련이다.

역사 발전의 뚜렷한 방향은 보편적 가치가 확장되는 것이다. 한국은 산업화와 민주화를 통해서 절대적 빈곤으로부터 탈출할 수 있었고 한시적인 군부 독재 체제를 넘어서 대의민주주의에 바탕을 둔 자유로운 국가로 전진할 수 있었다. 이제껏 우리가 잘해온 것처럼 가일층 노력해서 주변국들로부터만이 아니라 세계 각국에게 모범적인 대의민주주의를 실현한 나라, 자유시장 경제로 성공한 나라로 나아가야 할 것이다. 여기서 첫 단추는 '우리가 잘해왔다'는 것을 기꺼이 인정할 수 있는 열린 마음과 반듯한 역사관을 갖는 일이다.

어느 정도 성장 궤도에 올라간 나라들이 나아갈 바를 두고 방황하는 경향이 있지만 대한민국은 그런 방황의 덫에 빠질 여유도 없고 필요도 없다. 왜냐하면 우리 한국인들에게 먹고사는 문제를 넘어서 대의를 갖고 추구해야 할 숙명적이고 운명적인 국가적 과제가 이미 주어져 있기 때문이다. 이 시대 대한민국의 국가적 과제이자 소명은 무엇인가? 이 시대의 한국과 한국인들의 인류사적 책무는 무엇인가? 단순 명쾌하게 결론을 낼 수 있다. 너무나 오랫동안 폭정에 시달려온 북한의 보통 사람들에게도 보편적 가치를 향유할 기회를 제공하고 그들이 인간적인 삶을 살아갈 수 있도록 돕는 일이다.

우리 사회가 보편적 가치를 향유하고 이를 통해 자유롭고 번영된 국가를 이룩한 것처럼 우리에게 주어진 이 시대의 소명은 명확하다. 북한을 정상적인 국가로 되돌리기 위해 노력하는 일이야말로 이 시대의 과제이자 소명이 아니고 무엇이겠는가! 역대 정부의 집권 세력들은 필요하다면 악과도 타협할 수 있다고 보았고 이를 실천에 옮겼다. 그러나 일찍이 경영학의 대부 피터 드러커Peter Drucker 교수가 설파한 것처럼 "악과 타협하는 것은 악의 조건이지 인간의 조건은 아니다." 드러커 교수는 자신의 생애를 통해 얻은 악을 다루는 원칙을 2가지로 요약한다. 하나는 "인간은 어떤 조건으로든 악과 흥정해서는 안 된다. 그 조건은 악의 조건이지 인간의 조건이 아니기 때문"이고 다른 하나는 "악을 이용하거나 악과 손을 잡는 순간 누구든 악의 도구가 되고 만다"는 것이다.

북한을 정상 국가로 바꾸는 일은 설득이나 타협이나 원조나 호소로 되지 않는다는 사실을 역대 정부가 증명해주었다. 이런 관행을 절대로 반복해서는 안 된다. 북한을 변화시키는 방법은 '당신들이 할 수 있는 것'과 '당신들이 절대로 할 수 없는 것'을 명확히 가르쳐주고 이것에 상응하는 조치를 하는 일이다. 설령 그 조치가 단기적인 손실이라도 국민들에게 적극적으로 설명하고 국민과 함께 이를 헤쳐나갈 수 있어야 한다.

인간성과 적의에 대해 깊이 이해하는 것

"우리가 이만큼 해주면 저쪽도 알아서 잘해주지 않겠나." 이런 막연한 믿음이 대북 정책에서 엄청난 실패를 초래하고 말았다. 1994년 NPT를 탈퇴한 북한은 철저하게 한국을 비롯한 주변국을 갖고 놀았다. 사기와 기만이 판을 친 지 18년이 흘렀다. 북한은 제네바합의를 통해 경수로의 건설 지원을 챙겼고, 1999년 미국의 빌 클린턴Bill Clinton 행정부가 핵 개발에 대한 의심을 거두지 않자 남북 정상회담이라는 기발한 위기 탈출책을 고안해냈다. 그 탈출책에 한국의 집권 세력들은 북한의 의도가 어디에 있는지에 눈과 귀를 막은 채 쌍수를 들고 환영하였다. 북한 당국자들은 그 아이디어의 대가로 최소 6억 달러 이상의 비자금을 챙겼다. 그 돈은 고난의 행군을 극복하는 데 힘이 되었고 오늘날 핵 탑재 대륙간 탄도 미사일ICBM의 일등 공신 역할을 담당하였다.

20세기의 교훈은 인간 본성에 대한 미세한 오판이 잘못된 선택을 낳고 그런 선택이 수많은 사람을 기아와 가난으로 내몬다는 것이다. 인간 본성에 대한 깊은 성찰이야말로 우리가 지금 맞고 있는 위기 극복의 초석이 될 수 있다. 어떤 경우든 적대 세력은 자신들의 속내에 갖고 있는 적대심을 버리지 않는다. 만면에 웃음을 띠고, 어깨동무하고 "우리가 남이가"를 외치지만 결국 모든 것은 딱 한 가지 목표로 통한다. 그것은 그들의 적의를 마음껏 발산할 기회를 잡는 일이다. 결정적인 그날이 올 때까지 최대한 적의를 숨기면서 상대방을 이용하는 것이 우리와 맞서고 있는 적대 세력의 생존책이다.

한 나라를 이끄는 지배 세력이 적대 세력의 그런 속내를 정확히 이해하지 못하면 공동체를 위험한 상황에 빠뜨릴 수 있다. 위장 평화 공세로 "우리가 남이가"를 외치면서 술잔을 높이 들 때도 일반 시민 중에는 지혜로운 사람들이 많았다. '저것이 모두 속임수이고 거짓이고, 언젠가는 비수로 돌아올 텐데'라는 합리적인 의심을 갖고 공동체의 앞날을 걱정하는 사람들이 많았다. 천지가 경동하는 일이 터지더라도 북한의 목표는 핵무기를 이용해서 일거에 남한을 적화시키는 것 그 이상도 아니고 그 이하도 아니다. 너무나 명백한 목표를 애써 감춘 그들의 헛된 웃음과 교활한 책략에 놀아나지 않는 집권 세력이 되기를 바랄 뿐이다.

일찍이 로마의 철학자 키케로Marcus Cicero는 적의나 적대감의 본질을 정확하게 지적한 바가 있다. 결정적인 시기가 올 때까지 기다리는 것이 바로 적대감의 실체다. "적대감은 복수할 기회를 호시탐탐 찾고 있는 분노다."

미국과 중국 사이의 차이를 이해하는 것

중국과 미국은 강대국이라는 이름을 공유하지만 달라도 너무 다르다. 앞에서 우리는 미국과 중국의 차이가 어떤 것인가를 명료하게 살펴본 바 있다. 한국의 지배 세력들이 두 나라의 구조적인 특성을 정확히 이해하는 것을 기초로 현명한 선택을 내려야 한다.

오래전에 '동북아 균형자론'이 한미동맹에 그림자를 드리운 적이 있다. 원론적인 의미로 대한민국이 주도적으로 동북아시아에서 균형추 역할을 해야 한다는 주장이었다. 그런 용어들이 집권 세력에 의해 제시되었을 때 미국이라는 동맹국 입장에서 과연 어떤 생각을 하였을까? '사안에 따라 미국 쪽에 섰다가 또 다른 사안에 대해 중국 쪽에 선다면 그것이 어떻게 동맹국일 수 있는가?' 이런 생각을 하였을 것이다.

2005년 3월 육군3사관학교 졸업 및 임관식에 참석한 대통령 연설에서 이 제안이 나왔을 때 바로 다음날 한 신문 사설은 이렇게 말한다. "세력 균형자 역할을 하려면 그에 필요한 힘을 갖추고 있어야 하고, 주변국들이 한국의 역할을 인정해줘야 하는데 그게 가능한가?" 또 한 신문은 "자기 능력과 역할을 과대평가해서는 곤란하다"는 따끔한 충고를 했다.

교역 상대국으로서 중국은 뛰어난 파트너다. 이제까지 경제 면에서 협력 관계를 발전시켜온 것처럼 앞으로도 노력해야 할 것이다. 그러나 구조적으로 안보, 군사, 정치 등과 같은 면에서 중국과 동맹에 준하는 관계를 맺기는 불가능하다. 달라도 너무 다르기 때문이다. 세상에는 노력해서 될 수 있는 일이 있고 노력해도 할 수 없는 일이 있다. 서로가 추구하는 정치 체제 자체가 엄청나게 다르다. 중국은 여전히 공산당 일당 독재 체제다. 화려한 언어로 포장을 하더라도 주권재민에 바탕을 둔 의회민주주의 국가와는 크게 다르다. 정치 체제의 차이는 지향하는 가치가 서로 다르기 때문에 영원히 평행선을 그릴 수밖에 없다. 그렇다고 해서 우리가 다시 수십 년 전의 전체주의 체제에 가까운 곳으로 돌아갈 수 없는 일이 아닌가!

우리가 정치, 국방, 안보 면에서 선택할 수 있는 유일무이한 동맹국은 미국이다. 이따금 이상한 논리로 한미동맹 외에 다른 대안이 있다고 말하는 허무맹랑한 '쓸모 있는 바보'들도 있지만, 사람이 나이를 먹는다고 공부를 많이 한다고 해서 모두 철이 드는 것은 아니다. 지식과 지혜는 또 다른 차원의 것이기 때문이다. 공동체를 어려움에 빠뜨리지 않는 지혜를 가진 지도자들의 활동을 기대한다.

의지가 있어야 지킬 수 있음을 아는 것

평화를 지키기 위해서는 전쟁을 결심할 수 있어야 한다. 과연 한국은 자유와 생명과 재산을 지키기 위해서 전쟁을 결심할 수 있는 나라인가? 우리 사회에서 평화 운동이나 반전 운동이 관심을 끌 때면 떠오르는 생각은 이렇다. '가까운 거리에 수도권을 향한 다연장 로켓포가 수십 분 안에 서울을 초토화시킬 수 있고, 단 한 발의 핵폭탄이 나라를 무너뜨릴 수 있는 상황에서 평화를 외치는 저 사람들 머리에는 도대체 무엇이 들어 있을까?' 참으로 위선적인 사람들이라는 생각이 머리를 떠나지 않는다.

전쟁의 승리는 무기에 달려 있지 않다. 이기려면 국민들이 지키려는 의지를 갖고 있어야 한다. 우리의 집권 세력이 진정으로 관심을 가져야 하는 것은 우리 국민들로 하여금 힘을 합쳐서 나라를 지키려는 의지를 만들어내도록 돕는 것이다. 이것은 우리의 자유와 생명과 재산을 지켜내려는 것으로부터 나온다. 여기서 중요한 것은 '우리'다. 자신이 발을 딛고 서 있는 공동체를 운명 공동체로 여기고 공동체의 발전에 기꺼이 공헌하려는 사람들이 많아야 한다. 안타까운 것은 한반도는 먼저 남북으로 갈리고, 다음에는 동서로 갈리고, 그다음에는 분열과 반복과 갈등을 거듭한다는 점이다.

정치는 공동체의 힘을 결집시키는 기능을 수행해야 한다. 정부가 바뀌면 끊임없이 과거사 정리가 진행된다. 어떤 정파에 속하지 않는 침묵하는 다수들은 진절머리를 치게 된다. 우리 사회는 왜 이렇게 반목하고 질시하고 갈등하고 분열되는 것일까? 우리는 왜 한 방향을 향해 힘을 모으는 능력을 발휘하지 못하는 것일까? 이런 일들이 상처를 남긴다. 사람들이 공동체의 일에 대해 무관심하거나 방관자의 자세를 취하도록 조장한다. 정치가 하기에 따라서 사람들은 서로에 대해 친애(우애·시민적 연대감)를 갖기도 하고 무관심이나 적대감을 갖기도 한다. 자신이 몸담은 공동체를 사랑해야 총을 들고 나갈 것이 아닌가! 공동체를 사랑해야 기부도 하고 자선도 하지 않겠는가! 공동체를 사랑해야 힘이 들더라도 이 땅에 투자해서 사업을 확장하지 않겠는가! 진짜 적은 바깥에 있는데 우리 사회는 내부의 적을 끊임없이 양산한다. 놀랍게도 이 일에 정치가 적극적인 역할을 담당하곤 한다. 정치가 수행해야 할 일은 공동체의 갈등을 해결하고 분쟁을 해소하는 것이다. 치유하고 갈등을 해소하고 상처를 봉합하고 화합의 길로 이끄는 정치력을 발휘해야 한다.

지적 교만에 빠지지 않는 것

20세기 100년을 통해 우리는 충분히 거대 국가의 폐해를 체험하였다. 우리가 가야 할 방향은 거대 국가로의 길이 아니다. 이것은 20세기 100년의 역사적 경험이기도 하고 이론적인 검증 결과이기도 하다. 오늘날 우리 사회에서는 "더는 작은 정부는 아니다"라는 주장들이 집권 세력 내부로부터 나오고 있다. 공무원을 늘려서 일자리를 얼마나 만들 수 있겠는가? 청년 실업이 문제라고 해서 전 청년들의 공무원화를 실행에 옮길 수는 없지 않은가! 아주 간단하게 이야기하면 정부가 사용하는 재원은 대부분 투입 재원보다 훨씬 적은 생산물을 만들어낸다. 흔히 투자 승수가 1 이하인 경우가 정부가 주도하는 프로젝트의 결과물이다. 시중에 유행하는 용어로 표현하면 쓸

데없는 일거리를 만들어 하는 이른바 '삽질'과 같은 것이 많다는 이야기다. 그래서 가능한 정부가 처분하는 자원보다 민간이 가용하는 자원을 늘려야 투자 승수를 1 이상으로 만들 수 있다. 이것은 상식이기도 하고 역사적 경험이기도 하다. 그래서 사회주의나 공산주의나 복지 국가 등이 모두 어려움을 겪을 수밖에 없다.

정치 지도자들은 스스로 지적 교만의 덫에 빠지지 않도록 주의해야 한다. 경제는 복잡하고 정교한 네트워크와 같다. 수없이 많은 사람이 참여해 상호작용을 통해서 만들어진 복잡한 질서다. '내가 알고 있다'거나 '지시하는 대로 돌아간다' 등과 같은 믿음에 빠지지 않도록 조심해야 한다. 지적 겸손을 갖고 개입해야 할 부분과 개입하지 말아야 할 부분을 가려서 조심스럽게 접근하고 최소한의 개입에 그쳐야 한다. 일자리가 만들어지지 않는다고 장관을 채근할 수는 없다. 일자리는 장관들이 만들어내는 것이 아니기 때문이다. 일자리는 '경제하려는 마음'에서 생겨난다. 그리고 일자리의 주인공은 사업가들이다. 그들 입장에서 생각하고 해법을 내야 경제를 살릴 수 있다. 지시나 명령이나 채근으로 경제를 살릴 수 있다면 세상에 경제 문제로 어려움을 겪는 나라가 없을 것이다.

안보를 비롯하여 모든 것들이 궁극적으로 튼튼한 경제력에 의해 뒷받침되어야 한다. 정치인들이 그토록 바라는 재집권도 경제 상황에 의해 크게 좌우된다. 인기 정책은 기대보다 효과가 빨리 사라지고 후유증이 크기 마련이다. 기본에 충실한 정책을 써야 나라도 살고 정치인들이 원하는 재집권에도 성공할 수 있다. 기본에 충실한 정책은 시장 원리에 기초한 정책들이다. 현장을 뛰는 사람들의 입장에 자주 서보라. 그들에게 물어보라. "우리가 뭘 해주면 더 많이 투자하겠습니까?"

북한 핵무기로 인해 나라 상황이 백척간두 같은 상황으로 내달리고 있다. 북한의 선전 선동이 이 땅의 보통 사람들을 불편하게 한다. 또한 그런 선전 선동에 동조하는 듯한 한국의 모습이 동맹국들과 세계인들에게 어떻게 비추어지고 있을까를 걱정하게 된다. 이 나라의 지도자들에게 선물하고 싶은 지혜는 악한 세력을 다루는 명확한 기준과 올바른 방법에 대한 것이다. 현자 피터 드러커의 지혜가 핵 위기를 극복하는 데 도움을 줄 것이다. 절대로 '악의 도구'가 되지 않도록 해야 한다.

인간은 어떤 조건으로든 악과 흥정해서는 안 된다. 그 조건은 언제나 악의 조건이지 인간의 조건이 아니기 때문이다. 악을 자신의 야망에 이용하겠다고 생각할 때 인간은 악의 도구가 된다. 그리고 더 나쁜 짓을 막기 위해 악과 손을 잡을 때 인간은 또한 악의 도구가 된다.

Unstable Peace

How can we overcome it?
The choice between Korea and US

Byeong-Ho Gong
(Director, Gong Institute)

The United State set its foot on the Korean peninsula in August 1945 as World War II came to an end. After signing the ROK-US Mutual Defence Treaty, the U.S. has continued to play a significant role in securing the safety of South Korean citizens and maintaining peace in Asia. Although the US temporarily withdrew its troops stationed in Korea during the Korean War from 1949 to 1950, the U.S. has continued to show its commitment to South Korea's defense. Even compared to the historically tumultuous relationship between the South and North during the last 70 years of South Korea-United States alliance, the recent developments in Korea and more broadly, Asia, is more precarious than ever before.

North Korea has completed developing an ICBM (intercontinental ballistic missile). The rogue nation's nuclear weapons can now reach not only North Korea's immediate surrounding areas, such as South Korea, China, and Japan, but also Hawaii and California. This book attempts to help Koreans,

Americans and the current and next generation of world leaders understand the unique history of this divided nation fraught with colonial pasts and vestige of the Cold War. It also attempts to shed light onto the current nuclear crisis brewing in the Korean peninsula and suggest possible solutions for overcoming the crisis. Koreans and Americans must remember and learn about the historic relation between the U.S. and South Korea, as the current deadlock can only be resolved through close cooperation between the two nations. Correct understanding enables sound judgment, which in turn leads to prudent policies.

Chapter One, "The History Behind South Korea and the U.S." It explains the history of the relationship between the two countries. Topics include various types of assistance that South Korea has been receiving from the U.S. such as the works of American missionaries during the Korean Imperial Reign, aid from the U.S. during economic hardship after the liberation period, military support from the U.S. during the Korean War and the continued support from the U.S. throughout the period of South Korea's postwar rehabilitation and economic development. For instance, the U.S. has provided South Korea with grant-type aid worth $3.4 billion between 1945 and 1960, excluding military support. From 1945 to 1983, the US offered to Korea grants worth approximately $5 billion. During the Korean War, the U.S. injected $30 billion (equivalent to $341 billion dollars accounting for inflation at 2011), for expenses directly related to the war. The U.S. taxpayers bared most of the war expenses incurred during the Korean War. Around 37,000 US soldiers were killed during the Korean War – 91 percent of the soldiers were affiliated with the United Nations (UN).
The U.S. played a crucial role in helping South Korea become a democratic and capitalist country without having to rely solely on its own military prowess. The ROK-US Mutual Defense Treaty signed on August 8th, 1953 was a pivotal moment in Korean history.

Chapter Two, "South Korea – Present" deals with the close relationship between the two countries by focusing on six key areas: Value Alliance, military alliance, economic trade, human resources (HR), cultural exchange, and education. The following paragraph in this chapter emphasizes that the South Korea-US alliance is a Value Alliance that shares both nation's foundation and belief in the values of humanity such as freedom, human rights, equality and property: "Freedom, human rights, equality, life, honesty, good sense, human dignity, protection of property rights, liberal democracy, free market economy, rule of law, division of powers, sovereignty and the right to vote, etc. are universal values. The universal values of mankind are the shared values of countries that have pursued, since modernization, a political system based on liberal democracy founded on the basis of the belief that power comes from the people. The US has been at the forefront of the efforts to realize these values throughout the world. Therefore, it can easily be believed that these universal values are America values, but they are not necessarily values that are confined to the US" - quote

Chapter Three, "Korea's View of America," discusses the diverse perspectives that South Koreans have toward the U.S. It aims to by introduce varying views Koreans have of the United States. In particular, this chapter explains the catalyst that sparked the rise of the anti-American movement in the 1980s and the lasting impact it's had in the modern history of Korea. This chapter will help the readers better understand varying perspective Koreans have on the U.S.

Chapter Four, "The Future of America," provides theories on the future of the U.S. as an ally of South Korea. The chapter analyses 15 different perspectives and provides different reasons as to why the U.S., unlike other nations, empires, tribes in history, has the capability to continue its dominance as the model democratic nation. Both the U.S. and South Korea share core values, prioritizes political stability, adheres to strict rule of law, respects property rights, and the value of immigration. The U.S. is a relatively young country, innovation-focused and commercially oriented culture. The U.S. continues to maintain a vibrant environment conducive to growth of businesses, excellent ability to recover from troughs, abundant natural resources, a generous culture of giving, the most powerful currency, and most importantly, the best education system. A close examination of US' potential will naturally attract young and ambitious Koreans. One of the major arguments of this chapter is as follows: "Some people argue that the US cannot avoid a decline like other empires in history, but the US is clearly distinctive from other great powers in that it has a special ability to modify the challenges faced by its community based on the nation's flexibility. Therefore, the era of the US will last for a long time"- quote

Chapter Five, "U.S. vs. China - why and how they are different" explores 8 different reasons U.S. and China are different: values, history, system, idea of alliance, risks, media, ambition, and justice. Through these, the readers can gain an understanding of the U.S. and China's main differences, help Koreans appreciate the Korean-US alliance, and penetrate the fundamental flaws of the Chinese Model. China and the United States are vastly different. In fact they are the opposite. How big is the difference between a great nation that seeks universal values, justice and rights for all humans, and a nation that pursues its own interests? There are historical and structural differences between the two nations on idea of truth. Under the current system, the ruling party in China will not change.

Chapter Six, "Korea's Choice," offers an alternative to the current North Korean nuclear crisis by dissecting the choices presented to the South Koreans and its politicians. The shortcut to overcoming the escalating deadlock in the Korean peninsula is to strengthen the ties between South Korea and the U.S. The North Korean threat is real and it affects the safety of citizens not only the closest neighbors, but also, the United States. Both South Koreans and Americans are native if they continue to underestimate North Korea's very immediate threat to its states. Cooperation is in the interest of both nations for the preservation of its citizens.

Ultimately. The North Korean poses a real threat to the United States. South Korea has a responsibility and duty as an ally to actively cooperate with and work with the U.S. Both nations cannot continue to let the rogue Kim regime of North Korean threat its citizens. Hawaii recently experienced a false nuclear attack. The world should take note of North Korea's abilities. This is not a Korean problem and responsibilities go beyond any one nation.

Table of Contents

Preface: Ignorance leads to misjudgment and arrogance

354

6. Relatively young country

7. Innovation-oriented culture

8. Commercial-oriented culture

9. Vibrant dynamics and productivity of corporations

10. Excellent self-correction ability

11. Will to protect the country

12. Advanced education system

13. Natural resources, donation, dollar

Chapter 5: The Difference between the U.S. and China

1. Values

2. History

3. System

4. Idea of Alliance

5. Risks

6. Media

7. Ambition

8. Justice

Chapter 6: Korea's Choice

1. Citizen's Choice

2. Politician's Choice

KI신서 7321

불안한 평화

1판 1쇄 인쇄 2018년 2월 21일
1판 1쇄 발행 2018년 2월 28일

지은이 공병호
펴낸이 김영곤 **펴낸곳** (주)북이십일 21세기북스

정보개발본부장 정지은
정보개발3팀장 문여울 **책임편집** 윤경선
출판영업팀 이경희 이은혜 권오권
출판마케팅팀 김홍선 최성환 배상현 신혜진 김선영 나은경
홍보기획팀 이혜연 최수아 김미임 박혜림 문소라 전효은 염진아 김선아
디자인 제이알컴
제휴팀 류승은 **제작팀** 이영민

출판등록 2000년 5월 6일 제406-2003-061호
주소 (10881) 경기도 파주시 회동길 201(문발동)
대표전화 031-955-2100 **팩스** 031-955-2151 **이메일** book21@book21.co.kr

(주)북이십일 경계를 허무는 콘텐츠 리더

21세기북스 채널에서 도서 정보와 다양한 영상자료, 이벤트를 만나세요!
페이스북 facebook.com/21cbooks **블로그** b.book21.com
인스타그램 instagram.com/21cbooks **홈페이지** www.book21.com

서울대 가지 않아도 들을 수 있는 명강의! 〈서가명강〉
네이버 오디오클립, 팟빵, 팟캐스트에서 '서가명강'을 검색해보세요!